우아한 루저의 나라

독일인 3인, 대한제국을 답사하다

우아한 루저의 나라

독일인 3인, 대한제국을 답사하다

고혜련 지음

차례

일러두기

1. 번역문의 'Korea'는 조선으로 번역하였다. 수도 'Seoul'은 조선시대와 대한제국 시기는 한성, 일제강점기에는 경성으로 번역하였다. 그 외 'Korean'은 조선인으로 통일하였다.

크노헨하우어의 강연문 「Korea」(1901). 원문: Bruno Knochenhauer, Korea. Vortrag gehalten in der Abteilung Berlin-Chalottenburg der Deutschen Kolonial-Gesellschaft. (Berlin 1900/1901), 75-124쪽.

예쎈의 「답사기: 조선의 일본인」(1913). 원문: Peter Jessen, Die Japaner in Korea. In: Kunstgewerbeblatt, 28(1917), 137-144쪽.

라우텐자흐의 「조선-만주 국경에 있는 백두산의 강도여행」(1933). 원문: Eine Räuberreise zum Weisskopfberg. An der koreanisch-manjurischen Grenze. In: Die Umschau 12(1935), 1-7쪽.

2. 번역문의 소제목은 필자가 추가하였다.

3. 번역문 중 문장 안에 생략된 주어 혹은 부가 설명을 필자가 (괄호) 형식으로 추가하였다.

4. 필자 주는 [ ]로 표기했다.

5. 번역문 중 잘못된 역사 지식은, [크노헨하우어가 갖고 있는 잘못된 역사 지식이다.] 혹은 [예쎈이 갖고 있는 잘못된 역사 지식이다.]로 부분마다 명기하였다.

6. 외국인명은 (성, 이름 생몰년도)의 형식이다. 대한제국에 주재한 외교관일 경우 한자 이름을 첨가하였다.

7. 옛 문헌, 단행본, 전집은 겹낫표(『 』)로, 논문, 논설, 기고문, 강연문, 회화작품은 홑낫표(「 」)로, 정기간행물은 홑꺾쇠(〈 〉)로, 직접 인용한 경우는 큰따옴표(" ")로 표기했다.

6

하이델베르크대학 도서관에서 대한제국 찾기

2017년 5월부터 2019년 2월까지 독일 하이델베르크대학에서 연구년을 보냈다. 당시 독립기념관으로부터 3·1운동 100주년 기념사업의 일환으로 관련 자료 수집을 의뢰받았다. 나의 작업은 일제강점기 1904년부터 1945년까지 독일 주요 일간지에서 보도한 조선과 관련된 기사를 수집하고 번역하는 일이었다.[2019년 3월 독립기념관 자료집은 한국독립운동사 자료총서 제43집 『독일어 신문 한국관계기사집』으로 출간되었다.]

매일매일 어스름 날이 어두워지면 자료 조사를 위해 하이델베르크대학 중앙도서관의 수만 개 책장이 만든 미로에서 입구 찾기를 반복하였다. 대학 중앙도서관은 독일어로 Universität Bibliotek이라고 하며, 줄여서 UB라고 한다. 나의 작업은 UB 사서들에게조차 생소한 자료였기에 어쩌다 문의라도 하면 그들은 고개를 설레설레 저었다. 점점 시간이 흐르면서 유럽인들의 동쪽에 숨어 있는 작은

하이델베르크대학 도서관 내부

노이엔하이머팰트 지질학과 도서관 348동

하이델베르크대학 도서관 전경

나라, 조선에 관한 독일 자료를 찾기란 쉽지 않음이 예상되었다.

그래도 다행히 내가 2000년부터 2년여 재직했던 중국학과 도서관의 디지털 자료실 EVOCS(European Virtual OPAC for Chinese Studies)를 이용하면서 자료 찾기에 속도를 낼 수 있었다. 그 후 독립기념관 신문자료 목록과 별개로 19세기 후반부터 조선을 다녀간 독일인들의 여행기 목록이 만들어졌다.

1장에 있는 크노헨하우어의 「Korea」 강연문은, 어느 날 하이델베르크대학의 도서관 사서가 지질학과 도서관에 있다고 알려줬다. 나는 시내에서 버스로 20분 정도 떨어져 있는 자연과학과 의과대학 건물이 산재해 있는 노이엔하이머펠트 캠퍼스에 있는 지질학과 도서관까지 가야만 했다. 그곳은 수십 동의 똑같은 건물이 번호로 표시되어 있었다. 지질학과 도서관은 348동에 위치했다.

지나가는 학생들에게 물어물어 겨우 찾은 파일에는 '자료 분실'이라고만 표시된 채 아무것도 없었다. 담당자는 당황하며 메일로 자료를 보내주겠다고 약속했다. 몇 주 후 자료로 받은 크노헨하우어 강연문은 A4 55쪽에 달하며, 그가 1898년 Korea를 방문하여 직접 경험한 내용이었다. 그는 베를린 식민지연구회에서 자신이 보고 온 조선에 관해 강연하였다. 이 책의 구상은 그때 시작되었다.

2장에 등장하는 조선 여행기의 주인공 예쎈 박사는, 19세기 말 독일에서 동아시아학회가 결성되던 시기 자기 주관이 뚜렷하고 공예사를 중시하는 연구자였다. 그는 내가 속한 독일 예술사 연구자 사회에서 잘 알려진 인물이다. 그가 주장하는 생활공예품의 예술사적인 평가, 그리고 문헌을 통한 예술사 연구방법론의 기본 조건을 충족시켜주는 예술사도서관구축 등은 독일 예술사학에서 여전히 높이 평가되고 있다. 2008년, 그가 태어난 지 150주년 되는 해 베를린에서 그를 기념하는 도록이 발간되었다.[『독일제국부터 자유민주국가까지 박물관 일상Museumalltag vom Kaiserreich bis zum Demokratie: Chronik des

Berliner Kunstgewerbemuseum, 2008』] 그는 1913년 미국을 거쳐 일본→
조선→중국→러시아를 여행했다. 도서관에서 아직 아무도 언급하
지 않은 그의 조선 여행기를 발견한 순간, 나는 온몸에 전율이 흐르
고 가슴이 설레었다.

   하이델베르크대학 도서관은 독일 내에서 발행된 잡지와 책을
모두 구할 수 있다고 자부하는 곳이다. 이곳에서 어느 날 다른 주제
와 함께 뒤섞여 깊숙이 숨어 있던 다섯 장 분량의 백두산 여행기가
이 책의 3장 내용이다. 라우텐자흐 교수의 1933년 조선 여행기는
지리학회지의 주요 논문 목차 다음의 짧은 답사 기록일 뿐이었다.
나는 그의 답사기와 당시 사진을 통해 백두산 지역에 이주한 조선
인들의 생활 모습이 독일 교수의 연구노트에서 발견된 것이 놀라웠
다. 그의 이베리아반도 지형 연구는 동일한 북위도상에 자리한 조
선반도에 대한 호기심을 유발시켰다. 그는 궁핍한 연구자였지만 독
일에서 블라디보스토크까지 동서를 가로지르는 유럽 시베리아 횡
단열차 이등칸에 기꺼이 몸을 던졌다. 수십 년 동안 그가 경험한 유
럽의 지형학이 과연 동아시아 조선의 지형과 어떤 차이점이 있고
또 어떤 유사성이 있을까. 길고 긴 그의 여정은 기대감에 부푼 그의
숨결이 고스란히 전해지는 순간순간들이다.

광산 채굴권을 얻기 위해 대한제국을 방문한 독일인

'1. 대한제국은 동아시아의 황금사과인가?'는 1898년 2월 제물 포항에 도착, 1899년 6월까지 강원도 김성(金城) 당고개(당현堂峴) 금광 에 머물면서 채취작업을 관리한 독일 산림청 공무원 크노헨하우어 (Knochenhauer, Bruno 1861-1942)의 강연문 「Korea」 전문이다. 그는 베 를린 독일식민지협회에서 1901년 2월 25일 조선에 관한 대중강연 을 통해 당시 동아시아에 관심 있는 자본가, 상인과 동아시아 관련 학자에게 조선의 역사와 문화를 소개하고 그의 최종 목적지인 당고 개의 지형과 금광 채굴 과정에 관하여 매우 상세하게 설명하였다. '동아시아의 황금사과인가'는 번역 후 필자가 붙인 제목이며 유럽

대한제국 금광지역을 탐사하러 떠나기 전, 제물포 세창양행을 배경으로 크노헨하우어와
그의 처남 짐머만, 볼터(왼쪽)가 함께 촬영했다. 1898.3.20

대륙에서 보는 대한제국의 지정학적인 의미를 상징한다.

프랑케

1899년 6월 크노헨하우어는 대한제국을 공식적으로 방문한 하인리히 왕자(Heinrich Albert Wilhelm, Prinz von Preussen 1862-1929)를 따라 군함을 타고 칭다오를 거쳐 귀국길에 오른다. 그로부터 3개월 후 프랑케(Franke, Otto 福蘭閣 1863-1946)가 1899년 9월 13일부터 10월 9일까지 대한제국을 방문하였다. 프랑케는 1889년부터 1901년까지 약 13년 동안 베이징의 독일 영사관에서 통역관으로 근무하였다. 근무 당시 중국은 물론 몽고, 러시아, 일본을 샅샅이 여행하였고, 귀국길에 대한제국, 포모사(대만)를 여행하였다. 그는 귀국 후 1910년 함부르크대학에 중국학과를 만든 장본인이다. 또한 1909년 자오저우만(교주만) 칭다오대학 창립에 관여하였으며, 그의 저서『중국사Geschichte des chinesischen Reiches 1932-1952』는 랑케(Ranke, Franz Leopold 1795-1886) 역사관을 바탕으로 저술되었다. 따라서 독일의 대표적인 역사관, 랑케와 람프레흐트(Lamprecht, Karl 1856-1915)의 히스토리(Historie)와 게쉬히테(Geschichte)의 논란은 프랑케에 의해 중국사까지 영향을 끼치게 되었다. 랑케에게 역사는 "있는 그대로를 서술"하는 것이고, 람프레흐트에게 역사는 "왜 그렇게 됐는지를 이해"하는 것이다. 이후 프랑케의 중국역사서는 서구의 역사발전단계의 관점에서 중국사를 무리하게 해석하였다는 비판을 받게 되었다.

프랑케는 제물포에 도착하여 한성을 거쳐 1899년 9월 23일 당고개를 방문하였다. 그가 방문할 당시 바우어(Bauer, Louis 1861-1905, 당고개 주재 기간 1898-1903)가 당고개 광산 책임자였으며, 당고개 숙소에는 7명의 독일인들이 거주하고 있었다. 그곳에는 대한제국에서 금광 채굴을 위한 독일 투자자 모임, 베를리너 디스콘토-게젤샤프트 사무실이 설치되어 있었다.

겐테

프랑케가 금강산을 여행하고 원산항에서 다음 여정으로 떠나고 난 후, 베이징과 톈진의 의화단사건을 취재하러 온 〈퀠르니쉐 짜이퉁〉 지그프리드 겐테(Genthe, Siegfried 1870-1904) 기자가 1901년 6월 13일부터 11월 30일까지 대한제국을 방문하였다. 그는 당고개를 방문한 후 당시 독일 영사였던 바이페르트 박사(Weipert, Heinrich 瓦以璧 1855-1905)의 주재로 고종을 알현할 수 있었다. 말은 통하지 않았지만 고종의 백성을 사랑하는 진정성 있는 마음을 느꼈다고 하였다. 또한 그는 외국인 최초로 한라산 등반에 성공하였으며 3주 동안 경험한 제주도 여행기는 『하멜 표류기』 이후의 생생한 제주도 모습을 전하고 있다. 그는 대한제국에서 만주를 거쳐 시베리아, 유럽에 이르는 대륙횡단 철도노선를 이용하여 귀국하였다.

조선의 고대 문화와 일본 식민지 정책을 시찰

예쎈

'2. 우아한 루저의 원형'은 독일 예술사학자 예쎈(Jessen, Peter 1858-1926) 박사가 1913년 미국을 거쳐 일본을 답사한 후 쓴 「답사기: 조선의 일본인Reisestudien: Japaner in Korea」내용이다. 이 여행기에서 우리는 식민지 정책을 통해 자국의 문화가 소멸되어 가는 조선, 이왕가박물관을 만든 이유와 유물 참관기, 당시 일본인들이 자국의 고대 문화를 경시하고 서양 문화를 흠모하는 화혼양재의 모순된 의식구조를 살펴볼 수 있다. 예쎈은 미국을 거쳐 일본을 경유하였으며, 1913년 4월 부관연락선을 이용해 조선으로 들어왔다. 일본 관광청은 만주 펑톈(봉천奉天)까지 철로를 개설하고, 시모노세키 항구에서 부산으로 입국하는 관광객들에게 조선 여행을 관광상품으로 적극 광고하였다. 예쎈은 조선에 도착하여 일본의 고대 문화 원류가 조선에 있음을 깨달았다.

예쎈은 예술공예잡지 〈Kunstgewerbeblatt〉에 9차례에 걸쳐 여행기를 게재하였다. 그는 독일을 떠나 첫 번째 여행지 미국에 도착하여 식민지 건축양식과 박물관, 도서관을 둘러봤다. 미국은 이민자들에게 새롭게 다시 시작할 수 있는 용기와 기회를 주며 국민을 독려했지만, 예쎈의 눈에 미국은 단지 고대 문화를 소유하지 못한 뿌리 없는 신생국가에 불과하였다.

미국에서 동아시아의 고대 문화를 찾아 일본으로 건너간 예쎈은 충격에 빠졌다. 이 나라가 진정 20세기 전 세계가 동경하는 자포니즘이 탄생한 곳인가? 그의 눈에는 그저 전쟁 야욕으로 꽉 찬 군국주의 국가일 뿐이었다. 일본의 고대 예술과 문화를 동경하는 독일인의 꿈이 파괴되는 순간이었다. 한 국가가 소유한 고대 유물을 통하여 그들의 문화를 간접적으로 인식해 온 예쎈은 그들의 역사와 예술품을 통해 그 나라 국민들의 저변에 깔려 있는 국민성을 이해할 수 있다고 생각하였다.

그가 책을 통하여 경험한 일본인의 예술과 공예품에는 인간들의 삶과 영혼을 표현하고자 하는 노력이 보였다. 그러나 예쎈이 직접 경험한 일본은 서구의 비예술을 무차별적으로 수용하고 있었으며, 그들의 전통예술은 비문명화의 대명사가 되었고 점차 소멸되어 가는 중이었다. 국가정체성, 전통 의상, 가정생활 및 예술혼을 지키고자 애쓰는 이들이 얼마나 강력하게 버틸 수 있을지 의문을 품게 되었다. 그는 일본 마을을 지나다가 게다를 신고 짧은 작업복을 입은 머릿수건을 질끈 동여맨 3명의 노동자가 어깨 위에 가마를 메고 가는 모습을 보았다. 오래된 목판화(우키요에)에서 보이는 윤곽과 정확히 일치하는 일본인을 발견하곤 안도의 숨을 내쉬었다.

오랫동안 독일은 신일본, 즉 승리와 정복국가의 표상이 된 일본이 중국, 러시아, 미국에 대항하여 제국주의 국가가 되는 과정을 별생각 없이 지켜보았다. 예쎈은 과거 일본을 안다고 자부하는 지식인으로서 일본이 북쪽 섬 홋카이도 그리고 조선과 만주에서 어떻게 식민지 정치, 행정, 예술보호 정책을 실행하고 있는지 관찰했다.

지극히 평범한 사람의 삶에서 그들이 추구하는 오래된 고대 문화를 찾을 것이라고 그는 믿었다. 따라서 조선 여행기에서 그가 왜 일상 모습의 조선인을 살펴봤는지 미루어 짐작할 수 있다. 또한 2장에서는 고대 예술과 전통을 중시한 예쎈의 생각을 담은 조선 여행기와 그가 속한 베를린 동아시아 예술사 분야의 흐름을 파악하고자 하였다.

이베리아반도와 조선반도

라우텐자흐

'3. 백두산 가는 길'은 1933년 8월부터 9월까지 압록강 어귀부터 백두산 천지까지 여행한 라우텐자흐 헤르만(Lautensach Hermann 1886-1971)의 「조선-만주 국경에 있는 백두산의 강도여행Ein Raüberreise zum Weisskopfberg an der koreanische-mandschurischen Grenze」이다. 그는 같은 해 7월부터 10월까지 조선의 지형학, 식물, 농업 등 경제 현황을 탐사하기 위해 15,000km를 여행하였다. 그중 8,900km는 낡은 포드 자동차로, 1,600km는 도보로, 4,500km는 기차 혹은 배로 여행했다. 그 여정은 경성부터 남으로는 지리산, 제주도, 동으로 울릉도까지, 그리고 북으로는 백두산까지 이어졌다. 제주에서 백두산까지 겨울 기온의 변화를 설명하며, 북위 43도에서 33도까지 위도 9도 내에서 1월 평균 기온 25°C의 차이를 보이는 곳은 지구상에서 조선이 유일하다고 하였다.

백두산에 오르기 위해 압록강을 거슬러 올라가는 삼판 뗏목 내용이 그의 여행기에 나온다. 그는 독일 기쎈에서 러시아 블라디보스토크까지 대륙횡단 기차를 타고 지구의 동쪽에 도착하였다. 러시아를 포함한 동아시아에서 그의 총 답사 기간은 10개월 보름이었다. 그는 백두산을 오르며 1,000m 미만의 고도에서 10~12시간 지속적으로 산을 오르려면 낡은 포드 자동차보다 짐꾼과 조랑말이 더 유용하다고 하였다. 그는 백두산에 분포된 1,100종의 식물을 수집하였으며, 이후 한라산에 오르며 조선의 수종을 비교하였다. 조선의 식물은 같은 위도상의 유럽의 식물과 많이 달랐다. 그 이유는 빙하기를 거치며 많은 수종이 살아남았기 때문이다. 제주도의 식물은 대륙과 공통 수종이 많이 발견되고, 육지와 소통 관계는 울릉도보다 훨씬 이르다고 말하고 있다.

그는 백두산에 올라 바라본 풍경은 지구상에서 가장 매혹적인 광경 중 하나라며 감탄을 금치 못했다. 천지는 완만한 현무암의 경사 때문에 물이 고여서 여름에는 수십억 마리의 모기가 서식하는 광대한 늪지대를 형성하였다. 그의 여행기에는 해발 2,050m에 분포된 원시림을 강도숲이라고 명명하고 그곳에 숨어서 활동하는 게릴라 강도를 만난 얘기를 자세히 묘사하였다. 이들은 생명을 위협하는 위험한 집단이지만 라우텐자흐 교수는 오히려 이들로부터 무언의 호위를 받으며 무사히 백두산 천지의 지형 조사를 끝냈다. 그가 속한 백두산탐사단을 보고도 못 본 척하며 마치 숨바꼭질 같은 게릴라 강도의 행적이 여행기에 생생하게 서술되었다.

라우텐자흐 교수의 연구 주제는 유럽 서쪽 끝에 위치한 이베리아반도였다. 그는 1910년 박사학위와 1928년 하빌리타찌온[Habilitation 독일 대학의 교수가 될 수 있는 과정이다. 박사학위를 끝내고 박사학위와 다른 시대와 영역의 저서를 출간해야만 한다.]을 통해 반도 지형의 연구를 축적한 후, 1933년 북위 38도의 서쪽 끝 포르투갈의 반도 지형과 동쪽 끝 조선의 지형학을 비교하고자 조선 답사 계획을 세웠다. 그는 조선의 기후, 식물 분포, 농업 등에 관심이 있었다. 그는 일본인들이 평양 근처 논밭에서 사탕무를 재배하려고 노력했고 낙동분지에서 "전통적인 조선쌀 품종이 수확량이 높은 일본 품종으로 완전히 대체되었다"고 지적했다. 마지막으로 그는 경성에 있는 조선총독부 화강암 건물이 "전 왕실 거주지[경복궁]의 다른 건축과 현저하게 충돌한다"는 글을 솔직하고 재미있게 기록했다. 그의 동아시아 지형에 관한 관심은 '동아시아의 문화지리학과 정치지리학'이라는 새로운 연구분야를 제시하였으며 19세기 말부터 서구 유럽에 번진 제국주의 식민지 개척의 산물이라고 볼 수 있다.

나는 지금도 하이델베르크대학 도서관에서 연구년을 보낸 2년여 시간이 가끔 떠오른다. 내게는 마치 거대한 호기심과 궁금증으로 꽉 찬 동굴에서 진귀한 보물을 찾는 행복한 시간이었다.

또한 독일 신문을 들춰내며 일제강점기 조선을 다룬 기사를 발췌하는 동안 19세기 말 서구 유럽 제국주의 국가들이 동아시아 국가에 개항을 요구하는 목적과 그에 따른 국제정세의 복잡한 관계 등이 무엇이었는지 분명하게 파악할 수 있었다.

나는 이 책에서 번역한 3편의 여행기를 통해 독일인들이 조선 역사를 어떻게 인식하고 있었으며, 어떤 생각이 이들의 여행기 속에 스며들어 있는지 알고 싶었다. 그리고 문득, 의문이 들었다. 그렇다면 이들에게 신세계(Terra Incognita)였던 조선은 1876년 개항 이후 1897년 대한제국을 거치면서 1910년 한일병합까지 그저 제국주의 국가의 희생양 노릇만 했을까? 19세기 말 20세기 초 근대화를 향한 조선이 생각한 외교는 과연 무엇이었을까? 이러한 의문은 이 책의 원고를 정리하면서 조금씩 풀리기 시작했다.

대한제국의 낯선 이방인

조선에서 대한제국으로

1864년(양력) 어린 고종이 조선의 26대 왕이 되면서 흥선대원군 (이하응 1821-1898)의 섭정이 시작되었다. 흥선대원군은 1873년 운현궁 으로 축출되기 전까지 관제 정비, 경복궁 중건, 서원 철폐, 토지개 혁, 쇄국정책을 단행하였다. 그의 쇄국정책으로 미국 상선 제너럴 셔먼호는 불타고 병인양요, 신미양요를 겪었으며 메이지 천황이 대 정봉환(1867)과 메이지유신(1868)을 알려왔지만 모두 묵살되었다.

마침내 친정을 하게 된 고종은 운요호사건으로 1876년 일본과 조일수호조규(강화도조약)를 체결하고 조선의 3개 항구를 개항하였다. 이를 기다렸다는 듯이 1882년부터 미국, 영국, 독일, 러시아, 프랑 스 등 11개 서구 제국주의 국가들과 수호조약을 체결하였다. 고종은 강화도조약이 관세 불평등조약이란 것을 깨닫고 조규에 있는 3개 항구 중 제물포항을 개항하기 전에 국제법 전문가를 찾았고 리홍장(李鴻章 1823-1901)의 추천을 받아 독일인 묄렌도르프(조선 재직 기간 1882-1885)를 조선에 초빙하였다. 또한 강화도조약에 따라 1881년 김기수, 박정양 등 조선의 대신들은 조사시찰단(신사유람단)을 만들어 메이지유신의 근대화 과정에 있는 일본을 견학하기 위해 파견되었다.

고종은 왕이 중심이 되는 조선의 개화를 구상하였다. 조선의 개화사상은 오경석, 박규수, 유홍기(유대치)까지 거슬러 올라간다. 이들은 청나라가 서구 제국주의 국가에게 번번이 당하는 이유를 파악하고, 조선의 자주적 개화를 주장하였다. 조선 개화를 위해 북촌 양반 청년들인 김옥균, 유길준, 박영효, 서광범 등을 교육하였다. 1872년 22세의 김옥균이 장원급제를 하였다. 조선의 개화파가 탄생되는 순간이었다. 그러나 왕권이 약하고 수구파가 강했던 조선왕실에서 개화파의 활동은 일본의 근대화 속도를 따라가지 못했다. 일본은 메이지유신이 실현되고, 정신적 지주 후쿠자와 유키치(福澤諭吉 1835-1901)의 『탈아론』은 동아시아의 제국주의 국가가 되려는 일본 외교정책의 사상적 배경이 되었다. 유키치의 영향을 받은 조선의 개화파 김옥균, 박영효, 홍영식, 서재필 등은 청나라의 종주권 주장에 반대하며 조선의 자주근대화를 위하여 1884년 갑신정변을 일으켰다. 갑신정변은 3일 천하로 끝나고 주동자들은 거의 모두 망명했으며, 리홍장과 이토 히로부미(伊藤博文 1841-1909)가 톈진조약(1885)에 서명하면서 마무리되었다.

1894년 동학농민운동이 발발하자 조선은 청국에 군대 요청을 하였다. 그러나 톈진조약에 따라 청국이 조선에 파병할 경우 일본에게 통지하여야만 했다.

동학농민은 전주성 점령 후 서울로 진격할 계획이었지만, 청과 일본의 군사 주둔에 빌미를 주지 않기 위해 정부와 화약을 맺기로 하였다. 전주화약으로 관군과 전봉준의 동학군은 더 이상 싸울 이유가 없어졌다. 그러나 이미 조선에 주둔한 청일 양국 군대는 조선의 철수 요청에도 불구하고 신경전을 벌였다. 일본군은 조선에 머물 수 있는 명분을 찾아 경복궁을 습격하였다. 그 결과 청일전쟁이 조선에서 발발했다.

전쟁에서 승리한 일본은, 1895년 4월 청일양국강화조약(시모노세키조약)을 통해 조선의 독립된 주권을 조항에 넣었다. 조선이 곧 대한제국으로 거듭나야만 하는 가장 큰 이유였다. 경복궁 점령 이후 김홍집은 1894년 7월 1차 내각의 재상이 되었다. 같은 해 12월 일본으로 망명을 갔던 박영효가 귀국하여 김홍집과 2차 내각을 결성하였다. 그리고 조선의 전근대적 제반 문제를 직시하는 홍범 14조 갑오개혁을 단행하였다. 고종과 김홍집은 3차 내각까지 강대국의 세력균형을 위하여 일본에서 벗어나고자 친러정책을 취하였다. 그러나 1895년 시모노세키조약으로 얻은 뤼순항을 삼국간섭(러시아, 독일, 프랑스)으로 빼앗기자 초조해진 일본은 경복궁에서 명성황후를 살해하는 을미사변을 저질렀다. 을미사변(1895)이 일어난 후 자신의 안전조차 불안했던 고종은 선교사와 친러파 대신들의 도움으로 경복궁을 탈출, 러시아 공사관에 몸을 의탁할 수밖에 없었다.

1894년 7월부터 1896년 2월 실행된 김홍집 개혁 내각은 조선 건국 이래 처음 개국(開國) 연호를 사용하였다. 조선을 건국한 1392년이 원년이다. 1895년 음력 11월 17일을 양력 1월 1일로 정하고 연호를 건양(建陽)으로 정하면서 개국 연호는 대체되었다. 1896년 고종은 내각을 폐지하고, 1897년 10월 조선의 26대 왕 고종은 1년여 러시아 공사관에서 아관파천을 끝내고 경운궁(덕수궁)으로 환궁, 대한제국을 선포하였다. 대한제국은 1897년 10월 12일부터 1910년 8월 29일까지의 조선의 국명이다.

〈독립신문〉 논설을 보면, 금월 13일 조칙에 의해 조선 국명이 변하여 대한국이 되었다. 지금부터 조선인민은 대한국인민이라 부른다는 내용이 실렸다. 조선은 독립주권국가 대한제국을 선포하고 연호를 광무(光武)로 정하며 고종은 황제 국가의 수장이 되었다. 태극기와 이화 문장은 제국의 상징이며, 1901년 독일인 에케르트는 대한제국의 국가 애국가를 작곡하고 고종의 50세 생일에 덕수궁에서 시연하였다. 대한제국은

<독립신문> 10월 16일
대한제국 선포 기사

대청제국, 대일본제국, 더 나아가 러시아제국이나 대영제국과 대등한 독립국임을 천명한 것이다. 고종 황제는 광무개혁을 추진하며 서재필이 미국에서 가져온 근대적 토론 문화의 산실 만민공동회와 독립협회를 아우르며 1899년 근대 헌법 대한제국 국제를 반포하였다. 그는 대한제국 황제가 주도하는 조선의 근대화 정책을 추진하고자 하였으나, 대원군의 쇄국정책과 불평등조약에 따른 개항, 제국주의 국가들의 이권 다툼의 틈바구니 속에서 균형을 잡기에는 취약한 재정구조, 근대화되지 못한 군사조직, 황제 자신을 스스로 지킬 힘도 부족한 군주일 뿐이었다.

19세기 조선 권력층의 갈등은 왕권과 척신세력 그리고 사대부가 속한 신진세력의 대립으로 지속되었으며, 결국 조선을 망국의 길로 이끌었다. 조선 군주의 힘은 대부분 신하의 힘보다 강력하지 못하였다. 권력을 가진 양반 세력이 농민들을 수탈하는 근본 구조를 타파하려는 고종의 근대개혁 정책은 허울뿐인 개혁정책이었다. 대외적으로 사회진화론이 팽배한 약육강식 시대에 고종의 노력은 역부족이었다. 형이상학적인 신유학의 왕도 정치는 조선을 갉아먹고, 대한제국을 루저의 나라로 만들었다.

이 시기 조선을 방문한 독일 여행자들은 일본보다 높은 수준의 고대 문화를 소유한 조선의 문화를 보고 자신들의 눈을 의심했다. 실리를 따지는 중국인과 겉으로 함박웃음을 짓지만 속을 모르는 일본인 그리고 무뚝뚝해도 이방인에게 수줍은 미소를 머금을 줄 아는 순진한 조선인의 특성을 분명히 구별할 줄 알던 독일인들은 무기력한 루저 국가 대한제국의 몸부림을 안타까워했다. 한편 대한제국에 대한 열강의 요구는 채굴권, 어업권 등 이권 영역에 집중되어 있었다.

대한제국과 열강의 채굴권

1864년	흥선군 둘째 아들, 고종 즉위
1866년	제너럴셔먼호 사건, 병인양요, 프랑스 강화도 침공
1868년	오페르트 도굴사건
1871년	신미양요, 미군 강화도 침공, 대원군 척화비 건립
1873년	대원군 실각, 고종 친정 개시
1876년	조일수호조규(강화도조약) 체결, 부산·원산·제물포 개항
1882년	조미수호조약, 조영수호통상조약, 조독수호조약 체결
1882년	임오군란
1883년	묄렌도르프 통리교섭통상사무아문협판에 임명
1884년	묄렌도르프 주선으로 조러우호통상조약 체결, 갑신정변
1885년	세창양행(독일회사), 조선 정부에 차관 2만 파운드 제공
1886년	조불수호통상조약
1894년	동학농민운동, 고종 동학농민군 진압 위해 청에 파병 요청
1895년	을미사변, 민 왕후 시해, 운산 금광 채굴권(미국)
1896년	아관파천, 고종 러시아 공사관으로 피신, 독립협회 창설, 독립신문 창간, 압록강 울릉도 산림 채벌권(러시아)

1897년	고종 환궁, 10월 12일 대한제국 선포, 광무 건원, 광무개혁 실시, 당현 금광 채굴권(독일)
1898년	독립협회, 만민공동회 독자적 활동, 반제국주의 운동
1899년	대한국국제 반포, 독립협회 해산(1896-1899)
1900년	대한제국 만국우편연합에 가입, 단발령 재공포(1894년 김홍집 내각 1차 발표 조항), 직산 금광 채굴권(일본)
1901년	대정군 관노 이재수의 난, 창성 금광 채굴권(프랑스)
1902년	군수삭발령, 영일동맹 체결
1903년	대한제국 적십자사 회원 가입, 평양 무연탄 채굴권(프랑스)
1904년	대한제국 국외중립 선언, 페테르부르그 주재 한국사절단 베를린 방문, 러일전쟁 발발, 제 1차 한일의정서
1905년	포츠머스조약 제2차 한일의정서(을사보호조약), 카쓰라-테프트밀약, 고종 서양 5개국에 일본의 위압을 비난하는 국서를 보냄, 후창 광산 채굴권(일본)
1906년	강원도 전라도 항쟁, 의병활동(신돌석, 최익현 등), 대한자강회
1907년	헤이그 특사 3인 파견, 인터내셔널서클에서 이위종 〈한국의 호소〉 연설, 정미 7조약, 고종 퇴위, 순종 즉위, 국채보상운동, 신민회 결성
1909년	안중근 의사 이토 히로부미 저격
1910년	한일병합

독일인과 조선인의 만남

칼 프리드리히 아우구스트 귀츨라프(Gützlaff, Karl Friedrich August 1803-1851)는 1826년 자바섬에 도착하여 중국어를 습득하고, 우여곡절 끝에 1831년 유럽인 최초로 상하이에 도착한 루터교 선교사이다. 그는 1832년 2월 말 영국 상선 로드 에머스트호를 타고 마카오를 출발하여 7월 25일 조선의 홍주 고대도(현재 충남 보령시 삽시도에서 북쪽으로 4.5km 떨어진 섬)에 도착했다.

칼 프리드리히 아우구스트 귀츨라프의 모습. 후에 청에 귀화하였다.

홍주 고대도

프로이센 왕국 사람으로는 최초로 조선에 왔으며 조선 관리 홍주목사 이민회(李敏會)와 대면한 사람이기도 하다.[프로이센 왕국 Königreich Preußen(1701-1918). 독일 제국(1871-1918)은 연방국의 형태로 프로이센 왕국을 포함한 4개의 왕국-바이에른, 뷔템베르그, 작센 왕국, 6개의 대공국, 5개의 공국, 7개의 제후국, 3개의 자유시와 엘사스-로트링겐으로 이루어졌다. 이민회 기사는 순조실록 32권, 순조 32년(1832) 7월 21일 을축 4번째 기사이다.]

고대도교회

그는 중국어로 번역된 성경과 약재 등을 가져와 조선인들에게 나눠주었으며, 감자 기르는 법과 식용법을 알려주었다. 그리고 당시의 경험을 기록한 여행기『중국 해안을 따라 시암, 조선, 류큐국까지의 여행기』를 1834년 런던에서 출판하였다. 고대도에는 1982년 귀츨라프 선교사 기념교회인 고대도교회가 세워졌고, 교회 2층에 그에 관한 자료를 보관해 놓았다. 귀츨라프가 방문한 7월 25일은 귀츨라프의 날로 지정되었다.

오페르트

오페르트(Oppert, Ernst Jacob 1832-1903)는 귀츨라프가 조선을 방문한 해에 함부르크에서 태어난 상인이다. 그로부터 34년 후 오페르트는 흥선대원군의 아버지 남연군의 묘를 훼손시킨 장본인으로 조선 역사에 기록되었다.

1854년 일본이 개항하자 오페르트는 몇 년 후 일본을 방문하였고, 청나라 상인들의 귀동냥을 통하여 조선과 무역을 하려는 욕망을 품게 되었다. 1866년 상하이에서 가장 유력한 영국계 상사 중 하나인 자단메티슨상회(Jardin Matheson & Co. 이화양행)의 상하이 지사장 위톨(Whittall, James 1827-1893)도 오페르트의 조선 진출에 관하여 흥미를 가졌다. 그러나 조선과 수도 한성은 위톨에게 너무나도 생소한 곳이었다. 그는 오페르트에게 재정적인 지원 조건으로 조선의 서해안과 한강 입구, 한성을 5일 내에 탐사하라고 지시하였다.

1866년 3월 오페르트는 강화도에 도착했다. 성급한 성격의 오페르트는 권총으로 조선 관리를 위협하며 통상 계획을 실현하려고 했지만 성공하지 못했다. 두 번째 조선행은 같은 해 8월이었다. 오페르트는 프랑스 선교사에게 전달할 병인박해 내용을 담은 편지를 가진 조선인 천주교 신자 3인을 배에 태우고 그들의 도움으로 겨우 한강 어귀를 찾아 강화도에 이르렀다. 하지만 오페르트는 또다시 조선의 완강한 통상 반대에 부딪치고 상하이로 되돌아와야만 했다. 오페르트가 1866년 3월과 8월 두 번이나 조선을 방문한 같은 해 10월 로즈 제독이 이끄는 프랑스 함대 7척이 강화도를 점령하고 프랑스 선교사 박해와 통상을 요구하는 병인양요가 일어났다.

일본 개항 이후 1859년경 오페르트사(Oppert & Co.)는 성공한 유럽회사 중 하나였으나 두 번의 조선 탐사 실패로 1868년에 그의 빚은 180,000냥(Tael)에 달하였다[1868년 기준 1냥(Tael)은 34.246g(상하이)]. 재정 위기에 봉착한 오페르트는 파리외방전교회 신부 페론(Stanislas

Féron 1827-1903)과 다시 한번 조선에 진출할 계획을 세웠다. 이미 두 차례에 걸친 조선 탐사의 실패, 오페르트상사의 파산으로 어떻게든 조선과의 통상을 성공시켜야만 하는 절박한 상황에 몰린 것이다.

1866년 1월 기독교박해 때 조선에 체류한 12명의 프랑스 선교사 중 9명이 죽고 3명은 극적으로 청나라로 도망쳐 살아남았다. 3명 중 한 사람이던 페론은 이미 10년여 거주한 경험이 있어서 조선은 그에게 익숙한 환경이었다. 오페르트와 페론의 계획은 남연군 이구(南延君 李球 1788-1836)의 묘를 훼손해 기독교인의 박해를 중지하고, 무역을 위한 조선의 개항을 요구하는 것이었다.

1868년 4월 28일 조선을 향하여 세 번째 상하이를 떠난 오페르트는 나가사키에서 소총과 칼, 권총을 장만해 조선 연안으로 들어왔다. 그러나 이들이 배에서 내린 구만포(九萬浦 현재 충청남도 예산군 고덕면 구만리 포구)에서 목적지인 남연군의 묘는 6시간 정도를 걸어가야만 하는 곳이었다. 게다가 그들이 가지고 간 장비로는 석묘를 파헤칠 수가 없었다.[Oppert, Ernst Jakob 『Ein verschlossenes Land. Reisen nach Corea. 』(Leipzig 1880), 189-292쪽]

그는 일단 강화로 철수한 후 대원군에게 남연군의 묘를 파헤쳤다는 가짜 협박 편지를 보낸다. 그러나 오페르트의 이 무모한 행동으로 조선의 기독교 박해는 더욱더 심해지고, 쇄국정치를 더욱 강화하는 결과를 초래하였다.

1869년 함부르크로 돌아간 오페르트는 조선에서 벌인 무모한 행동 때문에 징역형과 벌금형을 선고받았다.[Hauschild-Thiessen,

Renate, Ernst Oppert(1832-1903). 「Ein Hamburger beschreibt Korea.」In: 『Hamburgische Geschichtes-und Heimatblätter.』Verein für Hamburgische Geschichte. Hamburg 1988/92, Bd.12, 108쪽]

다음은 오페르트의 대법원 판결문 내용이다.

오페르트의 행동은 모험적인 것일 뿐만 아니라, 매우 위험한 탐험이었다. 이는 해당 국가인 조선인뿐만 아니라 그가 고용한 사람들에게도 마찬가지이다. 탐험의 목표였던 국제무역 개시와 기독교 전파를 위해 그가 사용한 수단은 절대 정당화될 수 없다. 따라서 3개월 동안 복역과 재판 수사의 모든 경비를 부담한다.

그는 출소 후 함부르크에서 조용히 남은 여생을 보냈으며, 1878년 런던에서 『A Forbidden Land』를 출간하였고 곧이어 1880년 라이프찌히에서 같은 내용의 독일어 『Ein verschlossenes Land. Reise nach Corea』를 출간하였다. 조사한 바에 의하면 1880년 발행한 오페르트의 책 『금단의 나라Ein verschlossenes Land. Reisen nach Core』에서 볼 수 있는 조선인 사진들은 모두 지볼트(Philipp Franz Balthasar von Siebold 1796-1866)의 책 『Nippon, Archiv zur Beschreibung von Japan und dessen Neben-und Schutzländern Jezo mit den südlichen Kurilen, Sachalin, Korea und den Liukiu-Inseln.』(Hrsg. von seinen Söhnen. 2 Bände. Leo Woerl, Würzburg/ Leipzig 1897)에서 그대로 인용한 것이다.

지볼트

지볼트는 뷔르츠부르그에서 태어났으며, 뷔르츠부르그대학에서 의학을 전공하였다. 일본 데지마에서 의사로 근무하며 일본 최초로 서양의학을 가르쳤다. 그의 이름 Siebold는 현재까지 일본의 식물과 동물학명에 사용되고 있다. 그는 1823년부터 1829년까지, 1859년부터 1862년까지 일본에 체류하였다. 그의 책 『Nippon』에 서술된 일본 역사와 조선 역사는 『일본서기』의 내용을 그대로 발췌한 것이며, 따라서 많은 오류가 발견된다.

지볼트는 조선을 답사하지 않고 일본에 체류할 때 조선에서 온 표류인들을 통해 들은 이야기로 그의 책 「Korea」 부분에 서술하였다. 지볼트 이전 조선에 관한 지식과 정보는 하멜이 1668년 유럽에서 출간한 보고서 형식의 조선 여행기뿐이었다. 따라서 지볼트 책이 유럽에 알려지면서 조선에 대한 새로운 인식이 생기기 시작하였다.

『Nippon』에서 묘사된 조선인 표류인

조선의 개항 시대 고문, 묄렌도르프

프로이센 왕국은 예수회 선교사뿐만 아
니라, 1859부터 1862년까지 동아시아로
진출하기 위해 오일렌브르크 백작(Grafen
Eulenburg, Friedrich-Albrecht zu 1815-1881)을 주
축으로 탐사단을 조직하였다. 오일렌브르
크 탐사단(프로이센 동아시아 탐사단Preussische
Ostasien-Expedition 1859-1862)이라고 부르기

오일렌부르크 백작

도 하였다. 탐사단의 목적은 동아시아 국가
들과 친선, 통상, 항로 개설을 추진하는 것
이었다. 오일렌브르크 백작의 탐사단에 동
행했던 리히트호펜(Richthofen, Ferdinand von
1833-1905)은 동아시아의 지형을 조사하였다.
그의 답사 보고서를 기반한 저서 『중국』에서
처음 언급한 자이덴슈트라쎄(Seidenstrasse 비

리히트호펜

단길)는 중국에서 중앙아시아를 경유하는 고
대 교역로가 되었다. 그는 2년여 동안 동아
시아를 탐사한 후, 미국으로 건너갔다가 1868년부터 1872년에 걸
쳐 청, 일본 등 동아시아를 재탐사하였다. 이들은 산둥반도에서 조
선의 원산만까지 이어지는 지질학적 자원 연결고리와 청나라의 진
령산맥과 일본 남부의 연결고리에 관한 자원 조사를 마쳤다. 이러

한 그의 탐사활동을 통하여 자연과학인 지질학은 인문학 요소가 첨가된 인문지리학의 효시가 되었다. 1897년 독일 선교사 2명이 산둥에서 살해되고, 독일제국은 그 해결책으로 조차지를 할양받을 수 있게 되었다. 리히트호펜은 산둥반도의 자오저우만 지역을 추천하였으며, 1898년부터 향후 99년 동안 자오저우만은 독일제국 조차지가 되었다.

리히트호펜의 후임자인 펜크(Penck, Albrecht 1858-1945)의 제자 라우텐자흐(Lautensach, Hermann 1886-1971) 교수는 이베리아반도를 연구하면서 유럽 북서쪽에 있는 반도와 그 반대 위치인 북동쪽의 조선반도가 어떤 연관관계가 있는지 의문을 갖게 되었다. 그 후 그는 경성(Keijo)의 환경과 지질학적 조사를 끝내고, 태백산맥과 소백산맥의 지형을 탐사하였다. 그는 조선, 북만주, 백두산까지 탐사하며 독일학계에서 조선에 관한 지정학 연구의 대표 학자가 되었다.

리히트호펜이 동아시아에 머무르며 살펴보던 시기의 조선은 1866년 병인양요, 1871년 신미양요가 발생했다. 이들은 개항을 요구하였지만 조선은 여전히 쇄국정책을 고집하며 시대 흐름에 역행하고 있었다. 그러나 1873년 척양척왜를 주장하던 흥선대원군이 물러나고, 1875년 운요호사건이 발생했다. 1년 후 조선은 250여 년 동안 고수하던 쇄국정책을 폐지하고 일본과 강화도조약을 맺는다. 이로 인해 부산항이 개항되었고, 이어 원산항과 제물포가 차례로 개항되었다. 당시 조선은 1864년 12살의 나이로 왕이 된 고종과 약 10여 년 권력의 핵심이었던 그의 아버지 흥선대원군의 시대였다. 청나라는 1839년부터 1860년까지 두 번의 아편전쟁과 전쟁 패배로 인한 두 번의 불평등조약으로 유럽 제국주의 세력에게 시달리는 시기였다. 한편 일본은 1854년 미일화친조약, 4년 후 미일수호통상조약을 통해 동아시아에서 제일 먼저 서구 제국주의와 불평등조약을 체결하고 개항을 하였다. 일본은 1868년 메이지유신을 실시하며, 동아시아의 전통적 문화 흐름을 역행할 수 있는 기선을 잡게 되었다.

조선은 1876년 강화도조약 이후 서구 유럽의 개항 요구가 물밀듯이 밀려왔다. 고종은 해관과 외교에 능통한 자문관이 필요하였다. 고종은 청의 리훙장에게 자문하였고, 리훙장은 그와 친분이 있던 독일인 묄렌도르프(Möllendorff, Paul Georg von 1848-1901, 한국 이름은 목인덕)를 추천하였다.

관복을 입은 묄렌도르프

톈진 주재 독일 영사였던 묄렌도르프는 1882년 12월 4일 톈진을 떠나 산둥성 지부(芝罘 산둥반도 옌타이煙臺의 옛 이름)에서 12월 6일 제물포로 향했다. 2일 후 제물포 근처 섬에 도착하고 1882년 12월 9일 월미도에서 하선하여 12월 13일 한양에 도착하였다.[Moellendorff, Rosalie von, 『P.G. von Moellendorff. Ein Lebensbild』(Leipzig 1930), 41쪽]

고종은 1882년 11월 외교와 통상을 위해 통리아문을 설치하였다. 그리고 조영하를 변리통리아문사무, 김홍집을 협판통리아문사무, 묄렌도르프를 참의통리아문사무에 임명하였다. 고종은 그로부터 한 달 후, 묄렌도르프를 협판교섭통상사무(현재 차관급 인사)로 추천하였다. 그는 조선어를 열심히 배우고 익혔다. 12월 26일 고종을 처음 알현할 때, 예의에 어긋난다고 하여 안경을 벗고 조선어로 인사를 했다. 당연히 고종은 흡족해했으며 협판직을 하사하였다. 또한 고종은 그의 가족을 위해 경복궁 옆의 백동(현재 수송동)에 집무처와 사저를 겸할 수 있는 저택도 하사하였다.

그의 부인 로잘리 묄렌도르프가 쓴 책을 보면 당시 머문 저택에 관하여 다음과 같이 묘사하였다.

"훌륭하고 전통적인 조선식 건물이며, 바닥에는 양탄자 대신 양모로 만든 녹색 깔개가 있고, 창호지 창문에는 보라색 커튼이 있다. 벽과 기둥에 조선의 그림과 주련이 걸려 있었으며, 유럽식 가구로 편안한 분위기를 연출했다. 나중에 두 개 건물 중에 집무처인 큰 집 앞에는 테니스장과 정원을 만들 것이다. 사저 건물 옆에는 손님이 오면 머물 수 있는 집과 하인이 머무는 집, 부엌, 작은 정원이 있다.[Moellendorff, Rosalie von, 『P.G. von Moellendorff. Ein Lebensbild』(Leipzig 1930), 52~54쪽]

당시 묄렌도르프는 조선의 개화기에 가장 힘 있는 외국인이었다. 그의 임기는 1882년 11월부터 1885년 가을까지 고작 3년여분이었으나, 그의 집무처와 사저가 함께 있던 한성 집은 독일인뿐만 아니라 모든 유럽인이 자유롭게 드나들 수 있는 사적인 외교장소였다고 한다.

조선 개화파보다 수구파의 입장을 옹호한 묄렌도르프는 갑신정변의 수습을 위해 일본에 갔다가 조선과 러시아의 비밀협약을 추진 했다는 이유로 1885년 7월 27일 협판직을 포함한 모든 직책에서 사 임하게 되었다. 조러밀약 때 러시아는 조선에 러시아인 군사교육 강사를 지원하고 청과 일본이 갈등이 생기면 조선을 도와주기로 약 속하고 원산 앞바다 영흥만을 반대급부 조건으로 내걸었다.[Nahm, Andrew C. 「Korea and Tsarist Russia: Russland Interest, Policy, and Involvement in Korea, 1884-1904.」 In: 『Korea Journal』, Bd.22, Nr. 6 (1982), 6쪽; Moellendorff, Rosalie von, 『P.G von Moellendorff, Ein Lebensbild』(Leipzig 1930), 81-84쪽]

묄렌도르프의 활약은 1882년 체결된 조미수호통상조약의 비준 부터 1883년 조독수호통상조약, 1883년 조영통상조약, 1884년 조 러통상조약, 조이통상조약에서 볼 수 있다. 현재 묄렌도르프 연구 에 따르면, 그는 조선을 위해 열심히 일하다가 그를 추천한 청나라 를 배신하고 러시아와 군사협약을 맺는 일에 앞장서 토사구팽당한 것이라고 본다. 그는 1888년 고종의 요청으로 다시 조선에 돌아왔 다가 1901년 중국 닝보에서 생을 마쳤다.

그 외 조선과 독일 문화의 접촉에서 빼놓을 수 없는 인물은 대한제국 애국가를 작곡한 에 케르트(Eckert, Franz 1852-1916)이다. 그는 바이페 르트(Weipert, Heinrich) 영사를 통해서 고종의 부 름을 받고 1901년 2월 대한제국에 도착하였다. 이보다 먼저 에케르트는 일본 측의 외국인 초 빙사 일환으로 해군 군악대를 양성할 음악가

에케르트

를 찾는 일에 선발되어 1879년부터 1899년 3월까지 약 20여 년 일본에 체류한다. 그는 일본 근대음악의 선구자 역할을 한 장본인이다. 에케르트는 대한제국에서 부름을 받았을 때 양악기와 악보를 가지고 입국했으며, 그의 오케스트라 구성원은 24명이었다가 곧 70여 명으로 증원될 정도로 호평을 받았다. 1900년 고종의 칙령으로 설치된 서양식 군악대는, 에케르트가 도착한 후 1901년 9월 7일 고종의 50회 탄신일에 덕수궁에서 최초로 연주했다. 그는 대한제국에게 바그너 등 독일 음악을 선물하였다. 대한제국 애국가는 1902년 9월 처음 공연되었다.[에케르트가 작곡한 대한제국 애국가는 헐버트가 영어로 가사를 적은 「바람이 분다」 멜로디를 차용했다는 의견이 있다.]

에케르트의 군악대는 1907년 제실음악대로 개칭되었고, 한일병합 이후 이왕직양악대로 개칭되었다. 1915년 7월 22일부터 1916년 8월 31일까지 〈매일신보〉에 의하면 매주 목요일 밤 8시부터 10시까지 탑골공원 주악대에서 경성 시민을 위해서 연주하였다.[에케르트의 군악대는, 군악대-제실음악대-양악대-이왕직양악대-경성악대로 명칭을 바꾸면서 근근이 실존하였다.] 1924년 5월 3일 〈알게마이네 짜이퉁〉에 의하면, 경성을 방문한 이탈리아 기자 아르날도 치폴라(Arnaldo Cipolla)는 순종 황제를 만나고자 하였다.[2019년 3월 14일 연합뉴스 기사 "아편쟁이 80대 폐인······ 50세 순종" 참조] 접견 약속을 기다리는 동안 치폴라 기자는 경성에 현존하는 경복궁의 공진회 행사장을 엿볼 수 있었다. 그는 조선인의 노동력과 농업생산, 문명화 전과 후에 관한 전시를 보았고, 경회루 건너편에 마련된 음악당에서 독일의 목동 노래를 연주하는 양악대

대한제국 애국가

순종을 만난 치폴라 기자, <알게마이네 짜이퉁> 1924년 5월 3일 기사

경복궁 경회루 건너편 음악당

음악당에서 양악대 연주 모습

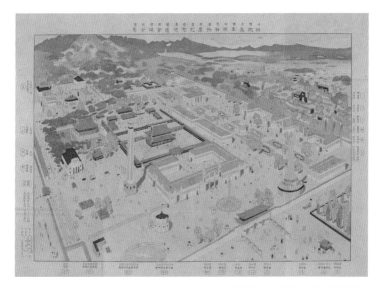

1915년(시정 5주년) 경복궁 조선물산공진회 엽서

를 경험했다. 조선총독부는 경복궁의 건물을 헐고 전시회장을 만들어 1915년 9월 11일부터 50일간 시정 5주년 조선물산공진회를 개최하였다. 이것은 한일병합 후 문명화의 길로 들어선 조선의 변화를 보여주려는 의도였다. 그 후 1923년 조선부업품공진회, 동계전람회, 1925년 조선가금공진회 그리고 1929년 시정 20주년 기념 조선박람회가 경복궁을 개조하여 개최되었다.

1915년 경복궁공진회 탑과 광화문

상트 오틸리엔수도원 현재

머리말

Von den 40 gegenwärtig in Korea lebenden Deutschen sind etwa 25 Mittelpunkt derselben ist die Abtei Tukogen. Auf einer Terrasse romanischem Stil errichtete Abteikirche, an die sich die Wohn- und hundert Meter von der Abtei entfernt erhebt sich das Priesterseminar geistlichen Beruf vorbereitet werden. Tukogen bildet unter der Leit geistige Zentrum des koreanischen Deut

베버 신부   덕원수도원

대한제국이 망하고 1911년 조선을 방문한 베버(Weber, Norbert 1870-1956) 신부는 독일 성베네딕도회 상트 오틸리엔수도원 주교(총 아빠스, 재직 기간 1902-1931)이다. 성 베네딕도회는 1908년 조선에 2명의 선교사 파견을 요청하였다. 1909년 한성 혜화동에 백동 수도원을 세우고 선교교육사업을 하다가 1927년 함경도-간도 관할지 덕원수도원(원산)으로 옮긴다. 1952년 덕원수도원과 연길 수도원이 경상북도 왜관수도원으로 이전하면서 현재에 이르고

베버 신부의 뮌헨 강연과 협회 소식

베버 신부가 만난 안중근 의사 가족

있다. 베버 신부는 1925년 조선을 두 번째 방문하고 『고요한 아침
의 나라Im Lande der Moregenstille(1915)』, 『금강산In den Diamantenbergen
Koreas(1927)』을 저술하였다. 그가 1916년 5월 20일 독일 뮌헨예술사
박물관에서 'Korea und die Koreaner'이란 강연을 했다는 것은
내가 찾아낸 독일신문자료집에 처음 언급되고 게재되었다. 그는 뮌
헨 동양회(Orientalischen Gesellschft) 회원들에게 그의 애정이 듬뿍 담
긴 사진으로 매력적인 조선을 소개하고 있다. 사진 속의 수줍은 조
선인들이 일본에 합병되어 고통을 당하고 있으며, 이들을 도울 방
법을 찾아야 한다고 대중에게 호소했다.

그의 강연 활동과 저서, 베네딕트수도원의 분도출판사는 현재까지 독일과 한국의 민간 외교사에서 빼놓을 수 없다. 특히 1911년 조선을 방문한 베버 신부는 처형당한 안중근 의사의 본가, 황해도 신천군을 찾아갔다. 한일병합 이후, 안 의사의 가족을 찾아간 그의 행동은 조선인을 사랑하는 그의 마음을 느낄 수 있는 감동적인 부분이다. 경상북도 칠곡에 있는 성베네딕도회 왜관수도원과 그 상급기관인 독일 바이에른주 상트 오틸리엔수도원에서 현존하는 일제 강점기의 문화사는 어두운 암흑기를 헤매고 있는 조선에 비춰진 한 성직자의 사랑으로 가능했다.

1

대한제국은
동아시아의 황금사과인가?

세계 제국주의 열강 가운데 놓인 조선

19세기 중반 동아시아는 서구 제국주의가 운항하는 근대화라는 물결에 휩쓸려 요동쳤다. 1839년 청나라는 아편전쟁에서 패배하고 1842년 영국과 난징조약을 통해 5개의 항구를 개항해야만 했다. 하지만 영국은 기대했던 것보다 청과 교역이 원활하지 않자 1856년 2차 아편전쟁 발발, 1858년 톈진조약, 1860년 베이징조약으로 결국 영국은 주룽(九龍)반도를 할양받는다. 이때 러시아는 조약 체결을 위한 중재를 맡고 17세기부터 골칫거리였던 청러 국경의 분쟁을 마무리 지으며, 1858년 아이훈조약으로 헤이룽(흑룡, 아무르)강 이북 지역과 스타노보이산맥 사이의 영토를 획득할 수 있었다. 이어서 베이징조약으로 연해주와 하바롭스크 지역을 할양받았다. 이와 같이 제국주의 국가들이 청나라에서 실속을 찾고 있는 시기, 일본은 1854

년 미국과 미일화친조약을 통해 쇄국의 문을 열었다. 약 2천 년 동안 존재하던 동아시아의 질서와 역사의 흐름이 소용돌이치며 급변하고 있었다. 동아시아 3국 중 1876년 일본과 조일수호조규를 체결하며 가장 늦게 개항한 조선은, 지정학적인 위치 때문에 러시아와 다른 제국주의 국가의 관심을 받게 되었다. 1882년 조미조약 이후, 1883년 독일과 조독수호통상조약을 통해 외교관계가 시작되었다. 독일은 당시 동아시아에 펼쳐진 복잡한 국제관계 속에서 처음부터 무역 등 경제 부분에 국한된 관계를 원했다.

1883년 조독수호통상조약 이후 조선 주재 독일 영사들이다.

오토 젬브쉬(Zembsch, Otto 曾額德 1841-1911) 초대 영사, 조선 주재 기간 1884-1885

헤르만 부틀러(Budler, Hermann ㅏ德樂 1846-1893) 조선 주재 기간 1885-1886

페테르 캠페르만(Kempermann, Peter 景佰曼 1845-1900) 조선 주재 기간 1886-1887

페르디난드 크리엔(Krien, Ferdinand 口麟 혹은 具麟 1850-1924) 대한제국 주재 기간 1887-1898

루드비히 W. F. 레인도르프(Reindorf, Ludwig W. F. 賴思德 1858-1932) 대한제국 주재 기간 1898-1900

하인리히 바이페르트(Weipert, Heinrich 瓦以璧 1855-1905) 대한제국 주재 기간 1900-1903

콘라드 폰 잘데른(Saldern, Conrad von 謝爾典 1847-1908) 대한제국 주재 기간 1903-1905

고트프리드 네이(Ney, Gottfried 那爾 1874-1952) 대한제국 주재 기간 1905-1906

프리드리히 크뤼거(Krüger, Friedrich 1857-1937) 대한제국 주재 기간 1906-1914

1884년 러시아와 맺은 조러조약은 마침 남하정책을 추진하던 러시아에게 함경도 경흥에 조차지를 제공하면서 현실화되었다. 또한 갑신정변 이후 청을 견제하기 위해서 미국과 러시아를 가까이하려는 조선 정부는 베베르 공사(Waeber, Carl Friedrich Theodor 韋貝 1841-1910)의 조언을 환영하였다. 하지만 러시아의 원산 영흥만 남하정책은 1884년 이를 견제하는 영국의 거문도 점령사건으로 번진다. 영국은 1887년 조선이 러시아에게 조차지를 주지 않는다는 조건으로 철수하였다.

1876년 일본과 조일수호조규를 체결할 당시 조선은 수천 년 전통이 녹아 있는 동아시아 질서 속에서 교린정책의 일환이었고, 일본은 국제법에 의거한 계약이었다. 1884년 근대적 개념의 독립된 주권을 주장하는 개화파에 의해서 갑신정변이 발생했으나, 위안스카이(袁世凱 1859-1916)의 지휘를 받는 청군에 의해 실패로 돌아갔다. 조선 근대화의 첫 걸음을 방해한 청일 양국은 1885년 톈진조약을 맺고 조선에 출병할 때, 상호 간에 미리 알린다는 조항을 넣었다. 이로 인해 1894년 동학농민혁명이 발생했을 때 청은 조선에 출병하기 전 일본에 알렸고, 조선은 또 한 번 자의에 의한 근대화의 길에서 뒤처지게 되었다. 전봉준이 이끄는 동학농민들은 전주화약 이후에 평화롭게 제자리로 돌아갔지만, 조선에 야욕을 품은 일본은 경복궁을 점령하며 청군이 먼저 철수를 해야 한다고 요구하였다. 일본은 청군 함대에 발포, 선전포고를 하며 청일전쟁이 조선 땅에서 발발한다.

당시 동아시아 정세는 1895년 청일양국강화조약 이후 급변하게 되었다. 청일전쟁 이후 뤼순(Port Arthur)을 차지한 일본은 삼국간섭(독일, 프랑스, 러시아)에 의해서 청나라에게 다시 되돌려줘야만 했다. 러

독일 조차지 산둥성 자오저우만 1914년 지도

시아와 영국보다 뒤늦게 동아시아의 제국주의 세력 다툼에 합류한
독일은 1897년 11월 14일 자오저우만과 칭다오를 무단으로 점령하
고, 2주 전 산둥성 거야현에서 죽임을 당한 독일인 선교사 2명의 책
임을 물었다. 다음 해 3월 독청조약을 맺고 이 지역을 향후 99년 동
안 조차한다.

1907년 7월 27일 Allgemeine Zeitung

Die Umwälzung in Korea.

Die Umwälzung in Korea.

* München, 26. Juli.

크뤼거 박사는 대한제국이 부당하게 강압적으로 병합되었다는 것을 무효화시킬 수 있는 방법을 알고 있었지만, 독일의 입장을 고수했다. 〈알게마이네 짜이퉁〉, 1907년 7월 27일 기사

독일의 등장으로 러시아는 긴장했지만 1898년 3월 27일 뤼순과 랴오둥반도를 조차할 수 있게 되었다. 그로부터 8주 후 러시아가 뤼순에 머무는 조건으로 산둥반도 웨이하이웨이에 영국 깃발을 휘날리는 군함들이 들어섰다. 1904년 러일전쟁 이후 일본이 포츠머스조약 조건으로 마침내 뤼순을 차지하자, 일본이 뤼순에 머무는 동안 영국은 웨이하이웨이를 계속 조차할 수 있었다. 영국은 홍콩(1842-1997)과 웨이하이웨이(1898-1930) 항구를 차지하며 동아시아 세력권에서 실속을 차릴 대로 차렸으며, 1902년 영일동맹 이후 조용히 일본에게 손을 들어주는 나라가 되었다.

고종은 동아시아 세력 다툼에서 그동안 믿고 의지하던 러시아가 러일전쟁에서 일본에게 참패를 당하고, 랴오둥반도까지 세력을 확장한 일본의 속셈이 무엇인지 알아차렸다. 불안한 신변과 조선의 현실에서 강구책을 마련

해야만 했다. 고종은 한성 주재 독일 변리공사 잘데른에게 좀 더 강력한 양국 우호관계를 전달하였으나, 독일은 중립적 노선을 강조하며 간곡히 거절하였다. 1905년 을사조약으로 조선이 일본에게 외교권을 강탈당한 후, 1907년 서울 주재 독일 총영사 크뤼거 박사는 자신의 전공인 국제법을 적용한다면 조선을 일본의 무단점령으로부터 충분히 보호할 수 있었고 그것은 불가능하지 않다고 하였다. 이는 군사 점거 아래 이룬 서명이며, 서명 또한 고종 본인이 하지 않은 것이 밝혀졌기 때문에 계약은 무효였다는 것이다. 그러나 그가 부임한 한성의 독일 영사관은 이미 도쿄의 외교부에 속한 상태였으며, 조선은 외교자치권을 포기한 상태였다. 현실을 파악한 독일은 중립적 노선을 취하며 자국 문제가 아닌 이상 두 나라의 정치 상황에 간섭하지 않는다는 방침으로 일관하였다.

개항 후 조선에 설립된 서양 무역회사

1880년부터 조선에는 제국주의 열강들이 서로 자국의 이권을 찾아 각축을 벌이기 시작하였다. 그들은 외교사절단, 상인과 동아시아 관련 학자 그리고 광산 채굴권을 획득하기 위해 전문 인력을 파견하여 조선을 샅샅이 탐색하였다.

1882년 묄렌도르프가 조선 정부의 관리가 되어 떠나게 되자, 톈진에는 독일 함부르크의 마이어[Meyer, Heinrich Constantin Eduard 1841-1926, 그는 1886년 첫 번째 조선의 명예영사(Honorarkonsul)가 되었다.]의 마이어회사(Meyer & Co.), 상하이에는 영국 회사 자단메티슨[Jardine, Matheson & Co. 이화양행(怡和洋行), 현재 한국어 표기는 미국식 발음을 따른 자딘매시선이다. 이 책에서는 영국식 발음에 의해 자단메티슨이라 한다.]이 조선에 관심을 보였다.

미국인 타운센트(Townsend, Walter David 1856-1918)는 요코하마의 미국 무역회사에 파견된 후 제물포로 건너와서 1895년 타운센트

BILDER AUS KOREA - Hafen von Chemulpo.

Vornehmer Koreaner.

LIEBIG's FLEISCH-EXTRACT.

리비히 광고에 보이는 제물포항 조선인

사(Townsend & Co.)를 건립하였고 그 후
제2차 세계대전까지 조선에 거주하였
다. 그는 주로 면화와 쌀, 기름을 거래
하였으며 청일전쟁 때 돈을 벌어 자산
규모를 키웠고, 조선에서 도망친 중국
인 소유 재산의 관리인이 되는 행운을
얻었다.

영국인 회사 홈링거상사(Holme &
Ringer Co.)는 나가사키에 본사를 두었

타운센트사 석유 광고

개항 후 조선에 설립된 서양 무역회사

Rondon, Plaisant & Co.

Wine and Spirit Merchants.

General Storekeepers

SEOUL & CHEMULPO.

A CHANCE TO THE CONNOISSEURS

WE HAVE RECEIVED A SMALL CONSIGNMENT

OF THE FOLLOWING

"GRANDS VINS."

CHATEAU YQUEM, "LOS SALUCES."

Vintage 1898.

CHATEAU MOUTON ROTSCHILD

Vintage 1893.

CHATEAU LAFITE, "PAUILLAC,"

Vintage 1893.

These above "GRANDS VINS" are

GENUINE and BOTTLED at

the "CHATEAUX"

and

All the principal growths of Bordeaux from J. Caly & Co., and of Burgundy from "Charles Nivot" Nuily.

롱동 플레쟌 와인 광고

으며, 베넷(Benett, Walter)은 1909년 베넷상사 (Bennett & Co.)를 조선에 설립하여 제2차 세계대전까지 조선에 존재하였다. 프랑스 회사 롱동 플레쟌(Rondon, Plaisant & Co. 대창양행)은 1905년 〈Korea Daily News〉(1904년 창간된 대한매일신보 영문판) 신문에 서양 음식과 와인 등 알코올 음료 광고를 게재한다.

조선이 독일과 조독수호통상조약을 맺은 것은 1883년 11월이었다. 요코하마 총영사 차페(Zappe, Eduard 1843-1888)와 그의 통역관 부틀러가 참여하였다. 1883년 10월 24일 군함 라이프치히호를 타고 제물포항에 도착해 독일 국왕이 보낸 신용장을 전달하였고, 5일 후 수호조약이 체결되었으며, 1883년 12월 1일 다시 일본으로 떠났다. 부틀러는 1884년 6월 24일 제물포의 부총영사 자격으로 다시 조선에 왔으며, 1884년 10월 14일 총영사 잼브쉬가 제물포에 도착할 때까지 모든 영사 업무를 관장하였다. 그는 또다시 1885년 8월 11일부터 1886년 5월 17일까지 영사관의 모든 업무에 관한 총영사 대리 역할을 수행하였으며 캠페르만이 도착하여 업무 인수인계를 하였다. 캠페르만은 1년여 머무른 후 1888년 방콕으로 떠났다.

리훙장의 추천으로 1882년 조선에 온 묄렌도르프는 협판교섭통상사무로 임명되고, 고종은 1883년 1월 묄렌도르프가 이끄는 조선사절단을 중국에 보냈다. 사절단의 임무는 조선의 근대화 자금을 위한 신용장을 발행하는 일이었다. 그는 1월 말부터 4월 9일까지 상하이와 톈진에 머물렀다. 상하이에 있는 자단메티슨과 선박, 무역 그리고 광산특허권을 논의하였으며, 톈진에서는 에드아르트 마이어와 만나서 제물포에 지사를 설립하도록 설득하였다.

1883년 마이어는 함부르크 상인 볼터(Wolter, Carl A. 華爾德 1858-1916)에게 마이어회사의 지사를 설립하는 전권을 위임하였다. 볼터는 1884년 상하이에서 배를 타고 제물포로 향했다. 그리고 그해 세창양행(E. Meyer & Co.)이라는 이름으로 제물포에 지사를 세우고 작은 규모로 무역업을 시작하였다. 1910년 세창양행의 동업자와 직원의 규모를 살펴보면, 쉬어바움(Schierbaum, Paul), 바우만(Baumann, Paul Friedrich), 헹켈(Henkel, Hermann), 헨셀(Henschel, Otto), G. 마이어(G. Meyer), R. 헥

세창양행 이름이 적힌 편지

크셔(R. Heckscher) 등 6명의 독일인과 일본인 2명, 중국인 1명이 있었다.

조선은 상업적 가치가 없다

　　1883년 11월 영국 회사 자단메티슨은 조선의 해운에 관심을 보였다. 상하이와 조선의 계약 항구 사이에 증기선을 운영하기로 합의했으나, 2주마다 운행하는 이 노선은 승객과 화물 부족으로 어려움을 겪었다. 칼 볼터도 1884년 이 회사의 증기선을 타고 제물포에 입항하였다. 자단메티슨은 조선 정부와 쌀 수출의 세금 협상이 실패하자 조선 정부가 요구한 대출을 거부하였다. 따라서 광산 채굴 계약은 성사되지 않았다. 그 결과 자단메티슨의 상하이 본사 책임자는 "조선은 앞으로 오랫동안 상업적 가치가 없을 것 같다"라고 결론을 내리고 1884년 11월 15일 조선 사무실을 폐쇄하기로 결정했다.

　　그러나 볼터는 1885년에 상하이에서 임대한 소형 독일 증기선

으로 해운업을 시작하였다. 그는 조선 정부가 보장하는 5% 이윤으로 목포 항구에서 제물포까지 쌀을 운송하는 세곡 운송선 권리를 획득한다. 당시 독일 영사 부틀러가 세창양행을 대신하여 쌀을 선적하기 위한 추가 제안을 조선 정부에 전달했다. 조선은 1886년 쌀 3만 섬을 인도하고, 세창양행은 그 대가로 5,000년 한국 역사에서 차관 대출을 제공한 최초의 서양 기업이 되었다. 당시 2,000파운드를 대출받고 연리 10%를 지불하는 조건이었다. 1886년 1월 21일에 세창양행은 6장의 수표로 위의 금액을 전달했다.

　　1884년 2월 17일 묄렌도르프는 전환국 총판에 임명되었다. 그는 세창양행 그리고 조선 정부 자본으로 독일에서 조폐 기계를 주문하였다. 이는 당시 역대 최대 규모의 수입과 투자로 간주되었다. 1883년 근대화폐를 주조하기 위해 설치된 전환국에서 동전을 주조할 목적으로 독일에서 수입한 동전 주조 도장 3대, 드로잉 머신 2대, 프레스 1대, 선반 2개, 커터 2개, 드릴 1개, 롤링 머신 3대 등이 조선에 도착하였다. 또한 회사는 전환국을 위한 새 건물을 계획하고 장비를 운영할 독일 엔지니어 3명을 모집했다.

1888년부터 화폐 주조가 시작되었다. 그러나 생산 비용이 너무 높아서 주화 제조는 중단되었다. 1892년에 재개되었으나, 그로부터 불과 10년이 지난 1904년 이후 조선 화폐는 일본의 오사카조폐국에서 주조되었다. 대한제국은 일본 엔화에 고정된 통화를 사용할 수밖에 없었다. 1892년 10월 고종은 조선 정부의 미국 법률 고문 그레이트하우스(Greathouse, Clarence Ridgley 1846-1899)에게 요청하여, 중국에서 6%의 이자로 돈을 빌려 10만 량의 대출 총액을 세창양행에 상환했다.

볼터는 일본 해운회사 Nippon Yusen Kaisha[일본우선주식회사(日本郵船株式會社)는 3대 해운회사의 하나이다.] 및 Osaka Shosen Kaisha[쇼센미쓰이(商船三井) 1964년 Mitsui Lines와 Osaka Shosen Kaisha가 합병하여 Mitsui OSK Line(MOL)이 탄생하였다.]와 더 이상 경쟁할 수 없게 되면서 소형 증기선 운영을 중단했다. 그러나 그는 간헐적으로 조선 해운에 관여했다. 1885년 8월 그의 회사는 궁내부에 증기선 2척을 인도하게 되었다. 그러나 조선 정부는 즉시 증기선 가격을 지불할 수 없었기 때문에 1887년 12월 독일 영사는 증기선 깃발에 태극기를 계양해달라는 외무대신의 요청을 거부했다. 1899년 조선 정부가 추가 지불을 마칠 때까지 세창양행은 조선 국영증기선(Corean Government Steamers)의 공식 에이전트로 광고 효과를 누릴 수 있었다.

세창양행(마이어) 선박 상표는 상업 및 국가 상징이 혼합되어 있으며, 기둥에 교차된 두 개의 깃발이 있다. 하나는 1883년에 채택된 조선 국기이고, 두 번째 깃발은 독일제국의 흑-백-적색 깃발 위에 Meyer의 M을 중앙에 배치하였다. 1899년 9월 14일 ⟨The Independent⟩의 광고를 통해 세창양행은 해운업뿐만 아니라 보험업까지 확장했음을 알 수 있다.

독일 의회는 동아시아 독일 증기선 노선에서 대한제국을 제외했지만, 1903년 Hamburg-Amerika Line은 독일 우편 서비스를 제물포까지 확장했다. 세창양행은 1904년 상하이-제물포 노선과 칭다오-조선-일본 노선을 맡았다. 1904년부터 1905

Hamburg-Amerika Line의 독일 우편 서비스 광고

년까지 브레멘/함부르크에서 출발하는 아메리카 대륙 노선과 노르
드도이취 일로이드의 청과 일본 노선을 모두 광고했다. 이 회사는
또한 1907년에서 1910년 사이에 대한매일신보 영문판 〈The Korea
Daily News〉에 국제화물선 배송 광고를 게재했다. 국제우편선
NDL(Norddeutscher Lloyd Imperial German Line)은 2주에 한 번씩 함부르

크-사우샘프턴-나폴리-수에즈-콜
롬보-페낭-싱가포르-홍콩-상하이-
나가사키-고베-요코하마를 왕복하
였다.

　청과 러시아와 일본이 조선에서
일으킨 두 번의 전쟁은 세창양행의
해운사업에 도움이 되었다. 1904년
러일전쟁 말년에 제물포로 향한 독
일 증기선은 59척에 이르렀지만, 전
쟁이 끝나고 한일병합 이후 1913년
독일 선박은 단 4척만이 조선에 입
항했다. 이때 조선을 식민지로 만든

국제화물선 배송 광고

일본 증기선은 4,123척, 일본의 친절한 동맹국 영국 선박은 40척이
입항했다. 제1차 세계대전에 이르러 독일은 조선 정부의 해운 중개
자가 아닌 일반 운송 사업자로 전환되었다.

　볼터는 조선 정부가 독일 무기를 사용하고 독일 군대 교관을 고
용하도록 설득하였다. 그러나 당시 독일 정부는 정치와 상업이 결
합되는 것을 지지하지 않았고 대한제국 정부도 그의 제안을 거부
했다. 세창양행이 수입한 1900년 대한제국의 무기 주문서를 보면
1,200개의 총알, 소총 2상자, 대포 6대다. 1912년까지 독일 크루프
무기제조업체에서 판매한 대포 수량이 일본 3,282대, 중국 2,510대
와 대조적으로 대한제국은 8대에 불과하였다. 물론 세창양행 외에

덕수궁과 대한제국 군인, 리비히 광고

다른 독일 회사도 존재하였다는 것을 감안하더라도 제국주의 국가들의 위협 아래 대한제국 정부가 무기를 수입할 수 있는 재정 여건이 여의치 않았고, 숫자로 판단할 때 세계 흐름에 대한 현실적인 대처 능력이 전무했다는 것을 짐작할 수 있다.

묄렌도르프는 조선 근대화를 위한 자금으로 땅속 지하자원을 이용하기 위해 본국에 있는 지질학자 고췌[Gottsche, Carl Christian 居最 1855-1909 고췌는 1881년 일본에 와서 도쿄대학에서 지리학을 강의하였다.]를 1883년 8월 조선으로 초대하였다. 그는 1883년 조선에 왔다가 1년 후 1884년 6월 일본인 기사 1명과 8개월에 걸쳐 조선의 지하자원을 조사하였다. 2차에 걸친 조사를 끝낸 후 그는 조선의 금광 자원은 중국의 지형과 비슷하게 분포되어 있으나 전국에 골고루 분포된 것 같지는 않다고 보고했다. 다만 대동강과 청천강 근처에 석탄이 많다고 하였다. 1885년 세창양행은 광산 채굴권을 요청하였으나 허가받지 못하였고, 독일 영사 부틀러가 이를 재차 요구하였다.

1885년 3월 독일 의회 논쟁에서 한성 주재 외교관을 파견할 경우 영사관과 영사 1인 규모 및 비용은 24,000마르크로 책정하고, 세창양행의 경제적 이익과 제국의 예산 지출이 합당한가를 논의하였다. 의회의 비판에도 불구하고 독일 정부는 한국에 총영사와 부관을 파견하기로 했으나, 실제로는 1887년 이후 16년 동안 이 직책 중 한 명만 파견되었다. 1899년 한국을 방문한 하인리히 왕자는 그의 형 빌헬름 2세에게 제국의 평판과 위엄을 위해 자국 외교 대표의 지위를 강화해달라고 호소하기도 하였다.

1900년 독일 영사관

금을 채취하면 가난한 나라가 될 것이다

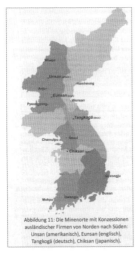

Abbildung 11: Die Minenorte mit Konzessionen ausländischer Firmen von Norden nach Süden: Unsan (amerikanisch), Eunsan (englisch), Tangkogä (deutsch), Chiksan (japanisch).

대한제국 금광 분포 지도

1887년 조선 광무국의 광사로 미국인 피어스(Pierce, Aillerd I. 皮於瑞)가 초빙되었고 미국은 1895년 평안북도 운산 금광 채굴권을 획득하였다. 1896년 미국은 외교관 알렌(Allen, Horace N. 1858-1932)이 활약하여 철도 건설 입찰에 성공하였다.[미국인 제임스 모스(Morse, James R.)는 경인철도 부설권을 받아 타운센트와 함께 한국개발공사를 설립하였다. 그러나 자금난에 봉착하게 되자 1898년 12월 일본인들의 만든 경인철도인수조합으로 넘겨버린다. 1899년 9월 노량진-제물포 구간

33.2km 철도가 개통되었다. 그 후 1905년 경부선, 1906년 경의선, 1914년 호남선, 1928년 충북선, 1942년 중앙선이 개통되어 군수물자와 지하자원을 수송하였다.]

1896년 세창양행이 노량진-제물포 철도 건설 입찰에 독일이 초대받지 못했을 때 독일 영사 크리엔은 독일 이익이 심각하게 훼손되었음을 강조하는 항의 편지를 조선 조정에 보냈다.

독일은 1895년 평안남도의 은산 금광 채굴권을 원했으나 영국에게 빼앗겼다. 이완용은 독일 영사 크리엔에게 앞으로 2, 3년 내에 다른 광산 지역을 찾지 않으면 채굴권은 무효라고 하였다. 조선 정부와 오랜 협상 끝에 1897년 가을 세창양행은 마침내 광산 채굴권을 획득하고, 독일 산림청 공무원 크노헨하우어에게 조선의 금광 지역을 찾는 프로젝트를 위임하였다.

크노헨하우어는 1897년 11월 독일을 떠나 1898년부터 1899년까지 약 1년 반 동안 대한제국에 머물면서 광물 지질 분포를 파악하기 위해 수차례 답사하였다. 크노헨하우어는 그의 일기에 이는 별로 내키지 않는 일이며, 금광을 찾는다는 것은 희망적이지 않다고 하였다. 그의 눈에 비친 조선은 지구상에서 제일 먼 동쪽에 숨듯이 위치한, 조용히 자연에 적응하면서 그저 평화롭게 살고자 하는 나라였다. 그가 본 조선인은 동아시아 3국 중에 제일 멋진 신체 조건을 갖추었으며, 외국인에게 친절한 중국인과 일본인과 달리 이방인 앞에서 수줍어했다. 성품이 순박한 조선인은 조용하고 과묵하지만 삶을 즐길 줄 아는 민족이었다.

제물포항에 도착한 크노헨하우어는 볼터와 함께 전국 각지를 탐사한 후 평안도 은산 금광을 대신할 곳으로 강원도 금성군 당현(당고개) 금광을 결정했다. 그러자 조선 정부는 당현은 왕의 재산으로 궁내부 소속이므로 허가할 수 없다고 하였다. 그리고 공문을 들고 온 외부대신을 영사관 문 앞에서 폭력을 가한 사건이 발생했다. 이에 관한 기사는 〈독립신문〉(1898년 7월 2일/7월 4일/7월 6일/7월 7일), 〈매일신문〉(7월 1일/7월 2일)에서 찾아볼 수 있다. 크리엔 영사의 행위가 폭력적이라는 여론이 형성되었지만, 크리엔의 항의와 외교적 압력 덕분에 1898년 7월 18일 독일은 강원도 당현 금광 채굴권을 획득하였다.

당고개 전경

볼터는 노동자들이 원시적인 방법으로 채굴하는 금, 은, 납, 구리, 철, 석탄을 보고 흥분했다. 그가 채굴권을 얻기 위해 수차례 시도를 했지만 모두 좌절된 이유는, 산에서 금을 채취하면 가난한 나라로 변할 것이라는 조선 정부의 인식과 통념 때문이라고 보고했다. 하지만 크리엔 영사의 열정과 노력으로 조선 정부의 수동적인 저항을 깨뜨렸다고 평가했다. 그리고 외국인 회사와 조선 정부의 일반적인 관행이었던 고종에게 채금 이익의 25% 상납을 약속하였다. 이와 같은 채금 이익은 고종의 내탕금(內帑金 왕의 판공비)으로 사용하여 헤이그에 보내는 특사와 각 의병활동의 지원금으로 사용되었다. 이후 대한제국은 1900년에는 영국에게 평안도 은산 금광, 같은 해 일본에게는 충남 직산 금광, 1905년 이탈리아에게 평북 후창 금광 채굴권을 허가하였다.

당시 독일에서 광산은 곧 국가 자본이며 부의 척도였다. 지구의 동쪽 어딘가에 금이 많다는 소문은 1897년 4월 금융기관 연합체의 형태로 코리아-신디게이트를 결성하기에 이르렀다. 뒤셀도르프의 광산산업은행은 라인란드, 함부르크, 베를린의 투자자들의 펀드를 모아 투자하였다. 이것의 공식 명칭은 베를리너 디스콘토-게젤샤프트(Berliner Diskonto-Gesellschaft)이다.

크노헨하우어는 1861년 포츠담에서 태어났으며, 예나대학에서 지리학을 공부하였다. 1887년부터 본에서 산림청 관료가 되기 위해 예비수습생이 되었다. 독일에서는 수습 기간이 끝나고 국가자격시험에 합격하면 산림청 관료가 되었다. 크노헨하우어는 1889년 남아

볼터와 크노헨하우어가 답사에서 돌아와 당고개로 결정한다는 기사

베를린 디스콘토 본사

베를린 디스콘토 상호

대한제국은 동아시아의 황금사과인가?

프리카의 트란스발 금광 지역을 탐사하였고, 1892년 니더작센주 클라우스탈 지역의 산림청 관료가 되었다. 1897년 대한제국 제물포에 주재한 세창양행이 그에게 의뢰한 금광을 찾기 위해 생애 처음 조선으로 향하게 되었다.

1897년 11월 3일 브레머하펜에서 그의 처남인 리하르트 짐머만과 함께 동아시아로 향하는 프린츠 하인리히 선박에 올랐다. 선박은 1895년 2월 1일부터 운항했으며 노르드도이취 일로이드 해운회사 소유다. 일등석 85명, 이등석 80명, 그 외 1,000명의 승객을 실을 수 있는 규모다. 그가 승선한 배는 브레머하펜에서 출항하여 나폴리만을 지났다. 11월 20일 수에즈운하와 홍해 사이를 운항 중인 선박에서 크노헨하우어는 36세 생일 축하연을 가졌다.

그의 항로는 크레타→포트사이드→수에즈운하→아덴→소코트라→실론→수마트라→싱가포르→홍콩→상하이에 도착, 1898년 새해를 맞이하였다. 그의 여정은 독일에서 상하이까지 약 3개월이 걸렸고, 그곳에서 4주 동안 머물면서 조선의 광산 탐사에 필요한 장비를 구입하였다. 그 후 일행과 함께 1898년 2월 1일 제물포항에 도착하였다.

대한제국에 도착한 그의 여정은 1898년 3월 20일부터 제물포→수원→안성→직산읍(북천안)→목천→청주→문의면→원주→춘천→금성(김화)→당고개(당현)에 이르렀다. 크노헨하우어와 처남 짐머만은 조선의 광산 채굴권을 획득할 수 있는 지역을 찾고자 동서남북을 종횡단하며 6주 동안 약 2,500km를 답사하였다. 1898년 그들은 동

크노헨하우어가 강연에서 소개한 조선 지도. Tang Kogä가 보인다.

해안 일대 산악지대의 석탄 광산 지역을 돌아봤으며, 당고개 지역
에서 사금을 걸러내는 노동자들을 눈여겨보았다.

　당고개에서 작업하면서 그들은 조선인으로부터 생명의 위협을
느껴 항상 무기를 휴대하였다. 1898년 크리스마스 때 채금 광부들
이 시위를 하였고, 이들은 총을 사용하여 당고개 광부들을 통제하
려 했지만 상황은 좋아지지 않았고, 결국 관군이 투입되어 진정시

대한제국은 동아시아의 황금사과인가?

켰다. 이때는 동학농민혁명 발생 후 몇 년이 채 지나지 않은 시기라 당고개 원주민들의 반항은 새로운 모습이라기보다 광부들의 자의식 표출이었다고 본다. 크노헨하우어는 1899년 6월 조선을 공식적으로 방문하여 당고개 광산을 둘러본 하인리히 왕자와 함께 산둥성 칭다오, 미국을 거쳐 다시 독일로 돌아왔다.

크노헨하우어가 귀국한 후 당고개 지역은 1901년부터 독일의 코리아-신디케이트가 650평방킬로미터의 토지를 소유하였다. 이곳은 베를리너 디스콘토-게젤샤프트가 운영할 것이고, 1899년 6월 1일부터 당고개 광산의 책임자는 바우어가 맡았다. 바우어는 1899년 2월 21일 독일에서 뉴욕으로 향하는 증기선을 탔다. 미국의 몇몇 광산 지역을 방문하고, 최근에 활용되는 광산 채굴 방법을 습득하였다. 그는 샌프란시스코에서 호놀룰루를 거쳐 1899년 3월 10일 제물포항에 도착하였다. 당고개 채금에 관한 이권 소유 기간은 25년이고, 채금의 25%를 왕에게 세금으로 바친다는 조건이었다. 이곳은 동아시아에서 산둥성 칭다오조차지 이후 독일 무역의 또 다른 거점으로 전환되기를 희망했다.

크노헨하우어의 강연문 「Korea」(1901)

　　다음은 세창양행이 1897년에 채굴권을 취득하고 적당한 광산
채굴 지역을 둘러보기 위해 대한제국을 방문한 크노헨하우어의 강
연문 「Korea」의 전문이다. 당시 독일인은 동아시아로 파견된 선교
사를 제외하고 조선이란 나라를 거의 알지 못했다.

　　1901년 2월 25일 베를린-샬로텐부르그 독일 식민지협회 분과에
서 산림청 공무원인 크노헨하우어가 강연을 하였다.

신사 여러분

조선은 우리에게 그저 이름만 알려진 나라였습니다. 조선에서 청일전쟁이 발생하고 두 나라가 주도권 싸움을 하자 최근에서야 이 나라에 대한 관심이 조금 생겨나기 시작했습니다. 그러나 우리는 조선을 거의 모릅니다. 현재 동아시아가 우리의 관심사가 되었지만, 우리는 조선에 관해서 많은 것을 듣지 못했습니다.

그렇습니다! 우리는 오늘날 아프리카에 관해서는 자세히 알고 있습니다. 수십 년 전부터 지도에 표시된 넓은 백인 점령지를 아시아 극동의 한반도보다 더 잘 알고 있는 것이 사실입니다. 조선은 고대부터 문화국가인 반면, 우리는 아프리카의 야만인들만을 상대하였습니다. 그 이유가 뭘까요?

아시아 제국들을 오랫동안 관찰해보니 그들은 쇄국정책으로 나라를 개방하지 않았고 특히 조선은 쇄국의 기간이 가장 깁니다. 고대 문화를 보유한 조선은 아프리카 흑인 국가보다 유럽 문명의 침략에 훨씬 더 강하게 저항했습니다. 동아시아 삼국 중 조선의 저항(쇄국정책)이 오랫동안 유지될 수 있었던 이유는 (제국주의 국가들이 추구했던 경제적인 관점에서) 가장 쓸모 없는 나라라고 여겼기 때문입니다.

중국과 일본은 이미 오래 전 외국인들에게 개방되었고 이들과 계약한 몇몇 항구에는 이미 유럽인들의 거점이 설치되었습니다. 심지어 조선이 여전히 쇄국정책을 실시했던 시기였지만, 독일은 상하이에 독일-아시아은행을 설립하고 있었습니다.[Deutsch-Asiatische Bank는 1889년 2월 12일 외교부의 허가로 500만 량 자산으로 설립했다.]

크노헨하우어의 강연문 「Korea」(1901)

상하이 독일은행. 덕화은행

조선은 1880년대 중반부터 유럽 제국주의와 협약을 체결했습니다. 그때부터 선교사, 상인, 연구원들이 이 나라를 여행하였지만 우리는 그들에 관해서 너무나 무지하였습니다.

그렇습니다. 우리는 조선 사람들의 기원과 이웃 국가 청나라와 일본과의 관계에 대해서도 아는 바가 없습니다. 조선인을 타타르 출신이라고 말합니다. 그들의 키는 중국인과 일본인보다 약간 더 큽니다. 복식과 언어는 다른 두 나라와 확연히 다르지만 부분적으로 중국의 관습, 부분적으로 일본의 특성이 보이기도 합니다. 조선은 사실 중국과 일본, 두 민족 간과 연관성이 보이며 교두보 역할을 한다고 봅니다. 우리가 동아시아의 고대 문명 국가를 다루고 있다는 것은 의심할 여지가 없습니다.

그렇습니다. 모든 문화 흐름이 조선을 통해 중국에서 일본으로 건너왔을 것이라는 개연성을 보입니다. 현재 조선이 중국, 특히 일본보다 문화 수준이 훨씬 높다는 것은 더 이상 놀라운 일이 아닙니다.

조선의 역사

조선을 이해하기 위해서는 이 나라의 역사를 알아야 하지만 우리에게는 오리무중이며, 1세기 이전의 역사에 관해서는 전혀 아는 바가 없습니다. 2세기 때 역사도 아직 많은 것을 알지 못하며, 단지 3개국[고구려, 백제, 신라]의 나라가 한반도를 나눠서 다스렸다는 것만 알고 있습니다.

(조선 땅의) 3개국은 거의 천 년 동안 수많은 전쟁을 치렀습니다. 마지막으로 북쪽의 카오리(Kaoli) 혹은 코리(이후 조선의 명칭)라 불리는 왕은 다른 두 국가(후백제와 신라)를 정복했지만 중국의 지원을 받았습니다. 중국은 매년 공물을 받는다는 조건으로 도움을 주었습니다. 그때부터 중국과 종주권 관계가 시작되었습니다. 그리고 몇 년 전에 서명한 시모노세키평화조약[정식 명칭은 청일양국강화조약]까지 그 관계가 이어졌습니다. 그러므로 조선은 (이웃 국가와 종주권 관계에서) 역사적으로 그런 결과가 있었습니다.

일본인들은 12세기부터 조선을 주시했습니다. 때로는 한반도의 남쪽 전체, 심지어 신라조차도 일본 소유였습니다.[크노헨하우어가 갖고 있는 잘못된 역사 지식이다.] 그 후 일본은 다시 쫓겨났고, 14세기경 조선에는 번영기가 있었습니다. 일본은 16세기에 20년 동안 잔인한 전쟁으로 조선을 정복했습니다.[크노헨하우어가 갖고 있는 잘못된 역사 지식이다.] 그리고 평화협정으로 내건 조건이 얼마나 잔인했는지 상상해 보십시오. 조선인은 매년 36명의 인간 피부를 일본에 전달해야만 했습니다. 나중에 이 고통은 완화되었지만 농산물 등이 이를 대신했습니다.[크노헨하우어가 갖고 있는 잘못된 역사 지식이다.] 점차 일본에 대한 모든 공물 수급이 느슨해지자 일본인들은 더 이상 손해 보지 않을 상업 식민지를 설립하였습니다.

이번에는 다른 상상을 해봅시다. 조선은 중국의 조공국가입니다. 조선의 왕은 중국 황제로부터 봉토 작위를 받고, 온갖 종류의 조문단, 축하단 등의 사신단을 베이징에 보내야 합니다. 그리고 매해 달력[중국이 사용하는 음력 달력]과 그 외 것을 받아 옵니다. 여기서 중국과의 관계를 논의하고 발전단계를 분석하기에는 그 양이 너무나 방대합니다. 그러나 이러한 역사적 인지가 꼭 필요한 이유 중 하나는 약 1,000년 동안 조선은 친절한 이웃 국가들의 황금사과이거나 이들의 전쟁터였다는 점입니다.[Zankapfel, 그리스 신화에 등장하는 에리스가 여신들 앞에 가장 아름다운 자가 먹을 수 있다고 말하며 황금사과를 던졌다. 헤라, 아테나, 아프로디테가 서로 자기 것이라고 싸웠던 사과이다. 여기서는 조선의 지형학적인 위치를 상징한다.] 아무 일 없이 평화롭고 조용한 시기에는 조선은 잔인하기까지 한 조공 의무를 다해야만 했습니다.

　이것이 현재 조선에 어떤 영향을 미쳤는지 분명하게 알 수 있습니다. 정부는 조공을 바쳐야 하고, 따라서 관리들은 백성들을 착취해야 했습니다. 결과적으로 나라 전체가 부패할 수밖에 없었으며, 다른 한편으로 백성들의 폭동과 국내 정세가 불안해지는 상황이 초래하였습니다. 1894년 동학농민운동은 농민봉기였으나, 한편 청일전쟁의 도화선이 되고 말았습니다. 청나라 군인은 농민봉기를 진압하는 데 아무짝에도 쓸모없는 군대라는 것을 증명하였고, 일본은 경제적 이익을 도모하느라 급급하였습니다. 청나라 군대는 압록강을 건너가고 시모노세키평화협정으로 조선은 독립국가가 되었습니다.

　만약 여행자들의 표현대로 조선이 가난하고 아무짝에도 쓸모없는 나라였다면, 조선 때문에 그토록 끊임없이 다툼이 일어나는 원인은 무엇일까요? (헤쎄 바르텍과 같은) 여행자의 기록은 8일 동안 조선을 방문하고 조선 전체를 묘사한 것이며, 이것은 이미 여행을 시작하기 전에 다른 책을 보고 작성한 것입니다.[크노헨하우어는 헤쎄 바르텍의 조선 여행기(Ernst von Hesse-Wartegg, 『Korea. Eine Sommerreise nach de, Landde der Morgenruhe』1894)를 이와 같이 평가하였다.]

　조선이 사실상 쓸모없는 나라였다면, 이웃 국가들이 그들을 그토록 종속시키려고 하지 않았을 것입니다. 영국인이 북동부와 남아프리카 지역에 문명을 전파한다는 명분으로 침입한 것처럼 말입니다.

　소수의 여행기만이 농촌의 모습을 언급했거나 아예 무시하거나 터무니없는 정반대 내용을 서술하고 있습니다. 어느 여행기를 보면

크노헨하우어의 강연문 「Korea」(1901)

조선 산세의 아름다움을 말하면서 수많은 식물군 분류 때문에 감동하거나 민둥산으로 처참하게 깎여버린 산, 절벽 등과 함께 가난한 그 나라에서 진흙 집에서 끼니 걱정을 하며 살고 있는 사람들을 묘사하고 있습니다. 누가 옳은 것일까요? 그래서 저는 직접 그곳에 가서 자세히 그 관계를 살펴볼 수밖에 없었습니다.

덥고 추운 조선의 사계

우선 적어도 지리적 위치와 기후 조건 정도는 명확하게 알아봅시다. 조선은 북위 35도에서 43도 사이에 위치합니다. 시베리아를 경계로 하는 북동부 지역은 40도 북쪽에 있으며, 수도 한성과 항구 도시 제물포는 북위 37.5도에 위치하며, 리스본과 메시나와 같은 위도에 있습니다. 남쪽 항구인 부산은 키프로스와 크레타섬과 같은 위도에 위치합니다. 그리고 베이징은 나폴리와 뉴욕, 상하이는 포트사이드와 예루살렘과 같은 위도입니다.

또한 조선은 따뜻하다기보다 더운 나라입니다. 또한 우리가 조선에서 독일의 어떤 지역보다 추운 겨울을 보냈다면 믿을 수 있나요? 나는 지난 겨울 3주 동안 이곳에서 영하 26~30℃의 혹한을 경험했습니다.

여러분, 먼저 유럽의 기후 기준을 무시하고 동아시아 프로젝트를 구상해야만 합니다. 우리는 마치 당연한 듯 유럽의 좋은 기후 속에 살고 있다는 것을 잊지 말아야 합니다. 북대서양 전체와 서유럽 연안을 어루만지고 따뜻한 기후를 제공하는 사랑스러운 걸프만이 없었다면, 북독일 농부는 곡물을 생산할 수 없었습니다. 하지만 이곳의 기후 관계는 법칙이 아니라 예외일 뿐입니다.

뉴욕으로 가봅시다. 뉴욕은 나폴리 위도보다 약간 남쪽에 있지만 베를린보다 더 춥습니다. 또한 추운 겨울 이후에 더운 여름이 오면 독일 어느 지역보다 무더운 여름 기후입니다. 동아시아의 상황은 이와 매우 비슷합니다.

동아시아의 기후는 전적으로 계절풍(몬순풍)의 영향을 받습니다. 우리는 육지의 바람과 해풍의 원인과 영향력을 이미 알고 있습니다. 육지는 바다보다 낮에 빨리 더워지기 때문에, 따뜻해진 기류는 정오부터 바다의 차가운 바람을 끌어들여 공기를 순환합니다. 밤에는 그 반대 현상이 발생하므로, 바다는 따뜻한 기류를 더 오래 유지하고 육지는 빨리 식습니다. 이 순환 작용이 큰 대륙에서 발생하면 계절풍이 생깁니다. 이곳에 지구상에서 가장 큰 아시아 대륙이 있고, 가장 큰 바다 태평양이 있습니다. 여름에 아시아 내륙의 대지가 따뜻해지면 남쪽과 남동쪽 해풍이 해안을 향해 휘몰아칩니다. 겨울에는 북쪽과 북서쪽 시베리아에서 얼음처럼 차가운 바람이 붑니다. 물론 점점 남쪽으로 갈수록 이런 현상은 줄어듭니다.

특이한 현상을 들려드릴까요? 여름에는 싱가포르와 베이징의 모든 곳에서 똑같이 높은 열대열이 발생하지만 겨울에는 북쪽으로 갈수록 온기가 현저히 감소합니다. 더운 지역에 있는 홍콩조차도 추위에 민감한 사람들은 크리스마스 시기에 겨울 외투를 찾아야 하고, 베이징은 눈이 내리는 정도의 추위입니다. 실제로 7월에 싱가포르와 베이징 사이의 광대한 지역은 섭씨 25℃ 등온선에 속합니다.[일기도에서 온도가 같은 지점을 연결하여 이은 선(크노헨하우어 지도 참조)]

섭씨 25℃ 등온선은 베이징 동쪽으로 황해와 남해안을 지납니다.[신안군도와 제주도 사이를 지나며 남쪽으로 일본 나가사키를 지난다.] 조선의 겨울 등온선은 부산이 0℃ 선이고 (서울이 영하 10℃) 등온선 간격이 눈에 띄게 가까워집니다. 1월의 영하 20도 등온선은 조선의 북쪽 (함북 온성)을 지나 블라디보스토크를 통과합니다. 겨울 추위는 남쪽에서 북쪽으로 올라 갈수록 낮아집니다. 북쪽의 봄은 한성보다 4주 늦게 시작합니다. 그러나 이를 비웃듯 4주 늦은 봄이라 해도 북쪽으로 150km 더 올라간 지역은 영하 9도까지 내려갑니다. 한성의 10월은 1년 중 가장 아름다운 시기이며, 동시에 10월의 압록강에는 눈이 내리는데 이는 드문 일이 아닙니다.

5월과 6월은 이미 따뜻해지고 건조하며, 7월과 8월은 장마 기간입니다. 그리고 12월까지는 가장 북쪽 지역을 제외하고 가장 아름다운 계절 가을입니다. 가을 햇빛과 구름 한 점 없는 맑은 하늘은 조선의 일반적인 날씨입니다. 흐리거나 비가 오는 날씨가 드물고, 비가 내린다고 해도 2일 이상 지속되지 않습니다. 뇌우는 예외적인 현상일 뿐입니다. 한여름에만 비가 계속 내리고 습한 열기가 몇 주 동안 지속됩니다. 습한 열기와 함께 강우량이 감소하는데 열대 국가와 같습니다. 놀라운 것은 이런 기후 조건이 별로 돌보지 않는 토지를 비옥하고 생산성 높은 땅으로 변화시킵니다. 자그마한 나무숲 언덕이 여름이 지나면 어느새 잡목이 가득한 숲으로 변합니다.

조선의 사계절을 경험하며 봄과 여름에 같은 장소를 지나가게 된다면 여행자는 마치 다른 곳이라고 착각이 들 정도입니다. 여름의 풋풋한 녹색의 향연, 다랑논에 심은 녹색 벼들이 찰랑거리는 풍경, 시골집 지붕 위 호박과 수세미 넝쿨, 수많은 녹색 풀들이 짚풀로 엮은 지붕과 울타리를 둘러싸고 있어서 모든 것이 풍부하고 축복받은 땅이라는 인상을 받습니다.

1898년 9월 세 번째 답사를 떠났습니다. 제물포에서 북쪽으로 탐사를 떠난 지난 3월 첫 번째 탐사와는 보이는 풍경이 사뭇 달랐습니다. 한 계절 머무른 여행기와 사계절이 뚜렷한 조선에 대한 여행기가 각각 달리 묘사될 수밖에 없는 이유가 바로 여기에 있습니다. 또한 조선에 대한 갖가지 의견의 차이, 조선의 광산 채굴 가능성이 절망적이었다가 낙관적일 수밖에 없는 이유를 찾아야 했습니다. 나 또한 조선에서 탐사 여행을 시작한 초기에는 별로 희망적이지 않았습니다.

대한제국으로 가는 길

1897년 가을 제물포에 지점을 둔 독일 회사 세창양행은 조선에 있는 거의 유일한 유럽계 회사였습니다. 이들은 조선 정부와 지하자원을 탐사할 수 있는 권리와 특정 광물을 채취할 수 있는 지역을 점유하고 그곳에서 생산 활동을 할 수 있는 계약을 체결하였습니다. 따라서 당연히 금광을 찾아야 했습니다. 조선은 이미 오래전부터 많은 양의 금을 채취할 수 있다고 알려져 왔습니다. 당시 베이징에서 거래되는 대부분의 금 제품은 조선에서 생산되었습니다.

이 일을 수행하기 위해 독일에서 금광 펀드가 형성되었고 현지 사전 조사를 저에게 위임했습니다. 1897년 11월 초 우리 일행은 독일 일로이드 여객선 프린츠 하인리히호를 타고 나폴리를 출발했습니다. 이삼일마다 다채로운 풍경을 선물하는 바다는 나폴리의 베수비오산을 잊게 만들었습니다. 그리스의 신 헤라클레스가 활동한 헤르쿨라네움과 폼페이를 잿더미에 가라앉힌 활화산 베수비오를 지나니 곧 시칠리아의 메시나길(Strasse von Messina)에 이르렀습니다. 유럽에서 가장 높은 활화산 에트나(Aetna)는 서쪽 항로를 따라오다가 눈에서 사라졌습니다. 어느덧 크레타 남쪽 해변에 도착하니 흰 눈이 덮인 이다(Ida)산이 반깁니다. 이다산은 트로이 유적의 배경이 되는 산맥입니다. 곧 포트사이드(Port Said)에 이르고 수에즈운하를 통과하였습니다. 좌우에 끝없는 사막이 펼쳐지고, 수천 마리의 플라맹고가 얕은 해변에 떼 지어 서 있습니다. 멀리 북쪽을 보니 포트사이드의 건물과 돔이 석양빛에 물든 보라색 하늘에 둥둥 떠 있습니다. 얼마나 아름다운 신기루인가요.

수에즈운하를 통과하여 홍해에 들어서니 수백만 개의 붉은빛 해파리가 반 수면 위에서 반짝입니다. 우리는 아덴(Aden)에서 돛을 내렸습니다. 그곳은 너무나 황폐하고 더운 지역이지만 그래도 다행히 비가 내리고 있었습니다. 우리는 동쪽을 향하여 다시 항해를 시작했고, 케이프 가다푸이(Kap Guardafui)와 소코트라섬을 통과하며 검은 대륙이 우리 뒤편에 남았습니다.

대한제국은 동아시아의 황금사과인가?

8일 후 낙원 같은 실론에 도착했습니다. 수마트라해협이 눈앞에 나타났습니다. 싱가포르를 지나서 우리는 닻을 내렸습니다. 싱가포르를 둘러볼 수 있는 시간은 충분했습니다. 그곳은 모든 아시아 민족이 뒤섞여 있는 곳이었습니다. 그리고 4주를 더 항해한 후에 홍콩에 도착했습니다. 여러 날을 이곳에서 지낸 후에 예정에 없던 광동(Kanton)을 둘러보고 조수와 함께 1898년 신년 즈음 상하이에 이르렀습니다.

탐사 전 준비물은 17마리의 말과 26명의 사람

상하이에서 우리는 탐사 장비를 구입했습니다. 텐트, 침낭, 코펠 등 준비물을 구입한 후 4주 뒤 일본 증기선 사가미마루호를 타고 제물포로 향했습니다.

꼬박 하루가 걸려 조선 서해안의 방어벽처럼 둘러싸인 섬들을 통과하였습니다. 조선은 시적 표현으로 아시아에 존재하는 천 개의 섬 제국으로 불립니다. 그러나 황해에 안개가 뒤덮이고 밀물 파도가 치면서 더 이상 운항하지 못한 채 정체되어 위험했습니다. 제물포는 간만의 수위가 10m 차이가 났습니다. 그러나 우리는 3월 이전의 겨울 날씨임에도 불구하고 차분하고 안전하게 제물포에 도착했습니다.

황해 또는 일본과 조선 해협에서 한반도에 접근하려면 조선의 해안가는 가파르고 바위가 많아 위험합니다. 제물포, 부산, 원산 세 곳의 항구는 날씨가 도와주지 않으면 진입하기가 매우 어렵습니다. 따라서 조선 여행은 중국과 만주와는 또 다른 어려운 점이 있습니다.

만주에서는 일반적으로 이륜자동차에 탑승하여 1, 2대의 차량으로 몇 주 동안 여행할 수 있습니다. 그러나 조선에서는 불가능합니다. 우리 일행은 마치 뱃멀미와 같은 울렁거림을 일으키는 끔찍한 가마에 의존하거나, 가마가 싫다면 조랑말에 앉아서 여행해야 했습니다. 나귀는 조선에서 가장 보편적인 교통수단이며 소량 화물을 운송할 수 있는 유일한 수단입니다. 당나귀보다 체구가 작은 나귀들은 놀라운 일을 해냅니다. 80~90kg의 짐을 싣고 상당히 가파른 산을 오르고, 좁디좁은 길과 매끄러운 바위 위를 걸어 다니는 염소처럼 안전하게 다닙니다. 하지만 우리가 걸어야 할 때에는 미리 준비한 유럽산 신발로는 앞으로 전진하기가 매우 어려운 환경조건이었습니다.

그래서 제한적인 짐을 나귀 안장에 균형 있게 얹어야 하고, 마부의 안내를 받아야 합니다. 우리는 첫 탐사를 위해 텐트, 시굴용 기구를 위한 14마리의 나귀와 3마리의 승마용 말이 필요했습니다. 그리고 가마를 들어야 하는 4명의 가마꾼, 1명의 중국인 요리사, 1명의 시중 그리고 통역사를 준비했습니다. 여행에 필요한 우리 일행은 모두 17마리의 말과 26명의 사람으로 이루어졌습니다. 동물을 사람보다 먼저 말하는 것을 용서해주길 바랍니다. 모든 기수는 말을 우선순위에 두고 그다음 차례에 기수를 말하니까요. 이상하게 들리겠지만 참 독특하게도 작은 조랑말은 매우 버릇없었으며, 우리는 다니는 동안 내내 말 그대로 따뜻한 식사를 만들어 바쳤습니다.

대한제국은 동아시아의 황금사과인가?

조선인들과 답사 떠날 행장을 꾸리는 크노헨하우어와 짐머만

크노헨하우어의 강연문 「Korea」(1901)

조선에는 사료 풀인 건초가 없습니다. 다진 콩과 콩을 섞어 말과 소에게 먹이로 줍니다. 심지어 극한의 열기에서도 말이 찬물을 마시는 것을 본 적이 없습니다.

또 다른 중요한 준비물, 돈을 언급하는 것을 잊었습니다. 조선에서 일반적으로 지불하는 수단은 동전입니다. 이 동전은 중국에서도 사용되며 동전 가운데에 끈으로 묶을 수 있는 사각형 구멍이 있습니다. 동전 500개는 일본 돈 1엔, 독일 돈 2마르크 가치가 있기 때문에 지갑을 휴대하려면 최소한 2마리의 조랑말이 필요합니다. 그러나 최근에는 일본 은화가 추가되어 주석 가방에 충분히 휴대할 수 있었습니다. 다만 우리가 가려는 조선의 북쪽은 이런 화폐개혁과 상관없이 생활하는 곳입니다. 그래서 돈주머니가 조랑말 위에 늘어져 매달려 있을 수밖에 없습니다.

지도와 봉화대를 지니고 출발

우리는 여권과 정부에서 발행하는 추천서를 가지고 3월에 출발했습니다. 전국을 약 20장의 지역 지도로 나눈 조선의 오래된 지도[1861년 김정호가 제작한 대동여지도를 말한다.]는 1:240,000의 규모로 작성되었으며, 대략적이지만 우리가 사용할 수 있는 길 안내서가 되었습니다. 지도의 묘사는 간단합니다. 경로는 직선으로 그리고 산은 대개 크게 확대되어 표시되었습니다. 적어도 남부 지방에서 표시된 거리는 정확히 일치했습니다.

지도를 읽을 줄 아는 이들에게는 두 가지 중요한 기준이 있습니

대한제국은 동아시아의 황금사과인가?

다. 첫 번째는 계곡 표시, 두 번째는 봉화산입니다. 두 곳 모두 지도에 표시되어 있으며 대체로 명확하게 표시되어 있습니다. 계곡은 큰 나무 두 그루로 멀리서 인식할 수 있습니다. 주변의 모든 나무가 벌목되었으나, 계곡 입구에는 큰 나무가 성스럽게 서 있습니다. 그러나 봉화산에는 문제가 있습니다. 과거에는 밤에도 불빛이 유지되었고, 이런 식으로 어느 한 봉화산에서 다른 봉화산으로 이어 한성까지 연락되어 평화롭고 조용하게 나라를 다스립니다. 전쟁이나 폭동이 발생했을 때 두 번의 봉화불을 올렸습니다. 조선에서 많은 변화를 일으킨 일본전쟁(청일전쟁) 이후, 이 오래된 관습도 사라졌습니다만 봉화산들은 오늘날에도 여전히 존재합니다. 그것들은 가장 높은 봉우리에 설치되었으며, 정상에 이르는 길이 지그재그 모양으로 표시되어 있습니다. 전반적으로 이 두 가지 안내 수단은 훌륭했습니다.

3월 첫 탐험을 시작했을 때, 나는 북부의 혹독한 기후를 피하기 위해 남쪽으로 향했습니다. 여행 경로는 통역사가 궁내성 목록에서 얻을 수 있었던 금 생산 지역의 위치로 결정했습니다.

외교관이기도 한 조선의 통역사 오인택

우리 탐사는 통역사에 대한 신뢰와 보안에 전적으로 의존하고 있기에 통역사를 선택할 때 최대한 주의가 필요했습니다. 원주민과의 모든 거래와 질문이 전적으로 통역사의 호의에 의존합니다. 조선인은 통역사가 외부 여행자의 모든 행동을 책임진다고 생각합니다. 따라서 모든 상황에서 상호 간의 이해와 수준 있는 전략은 항시 필요합니다. 나는 대체로 좋은 통역사를 만나는 행운이 따랐습니다. 그러나 항상 그가 조선인이라는 것을 잊지 말아야 하며, 비록 우리의 관심사를 이해하더라도 상대적이며 근본적으로 아시아와 유럽의 견해 차이는 항상 존재합니다.

종종 우리의 의도를 명확하게 말하고 그가 염려하는 부분이 전혀 불필요하다는 것을 인지시킬 때까지 몇 시간 동안 논쟁을 벌여야 했습니다. 그런 다음 그는 우리가 동의할 수 있는 적절한 타협점을 찾았지만, 때때로 계획 자체를 완전히 포기할 수밖에 없는 상황이 반복해 일어났습니다.

아시아 통역사는 결코 자신을 단순한 통역사로만 생각하지 않습니다. 아시아 언어의 특수성, 언어는 형식적이지 않고 불완전하므로 통역은 항상 일종의 또 다른 해석이 필요했습니다. 이것은 중국과 조선인을 외교적으로 다루기가 어렵게 만들었고, 뒷문을 통해 또 다른 해석이 가능하게 만들기도 하였습니다. 명확하게 이해할 수 없는 그들의 불완전한 언어는 일반인들을 외교관으로 만들었습니다.

그래서 통역은 항상 어떤 이익을 위해 대변할 수 있습니다. 결국 그런 통역사는 아프리카 동료들처럼 유럽 지도자와 대화하는 상점 관리인 수준이며 자국민 앞에서 뽐내는 허영심이 가득했습니다. 원주민에게 경이로운 인간이며, 자랑스러운 자만심으로 가득 찬 통역사 오인택은 원주민과 우리가 상호 간 관습을 교환했다고 알려주었습니다.[광무 4년 청나라에서 의화단사건이 발발하자, 고종은 오인택을 파견한다.

원주민은 그저 놀랄 뿐이었습니다. 한성을 떠나 며칠 후 우리 일행이 도착한 곳은, 주민들이 태어나서 유럽인을 처음 본 곳입니다. 매 순간 수백 명의 사람들이 호기심 가득 찬 눈으로 따라다녔으며, 마을 젊은이들은 처음부터 우리가 들어가는 마지막 집까지 우리를 충실하게 호위했습니다. 우리는 마치 동물원의 동물들이 처한 상황과 비슷했습니다.

온돌이 있는 숙소

조선의 도시는 가까이 가서 보면 그다지 좋은 인상을 주지 않습니다. 조선에는 단층으로 지은 주택만 있으며 대부분이 가난한 오두막입니다. 찰흙으로 벽을 세우고 볏짚으로 지붕을 덮은 형태입니다. 수도 한성 역시 아름답고 도시적인 건물이 없어 별 차이가 없습니다. 왕이 사는 궁궐조차도 중국의 대도시에 있는 부유층의 건축물과 비교되는 정도입니다. 조선은 공공건물만 벽돌로 축조했습니다. 건축물의 몸통 부분은 매우 무거운 기와지붕을 지탱하기 위해 단단하게 지어졌습니다. 그러한 지붕의 구조는 그 자체가 매우 무거워 뛰어난 목공 기술이 필요합니다. 지붕의 처마도리는 포도나무 줄기로 묶여 있고, 서까래는 도리에 걸쳐져 차례로 놓였습니다. 그런 다음 손으로 만든 넓고 두꺼운 흙층 위에 벽돌을 쌓습니다. 집 안의 실내 구조는 열악합니다. 침대는 따로 없으며 다른 생활용품이 나열된 곳에서 생활합니다.

실제 생활 공간은 주로 한 칸짜리 작은 공간입니다. 벽과 천장은 전통적인 하얀 종이, 한지로 마감되어 있으며 바닥은 유성 종이를 바른 두꺼운 장판지를 깔았습니다. 창문과 문은 유리를 사용하지 않고 종이를 붙였습니다.

조선 주택의 좋은 점은 가장 가난한 오두막조차도 있는 온돌입니다. 일반적으로 온돌은 조리대와 연결되었으며 그 열기가 바닥에 놓인 구들장을 따라 돌아다닙니다. 외부 온도가 섭씨 30℃가 평균인 여름에 그런 방에 머무는 것이 좋을 리 없지만 조선인들은 별다른 방도 없이 뜨거운 바닥에 누워 있습니다. 난방 시설이 조리대와 분리되어 있다면 수준이 한 단계 높은 주택이라고 여깁니다.

우리는 대부분 지역에 있는 여관으로 안내되어 잠을 자야 했습니다. 이 숙소는 고위 공무원 여행자를 위한 숙소이며, 정부의 추천서를 제시하는 외국인에게도 제공됩니다. 그러나 조선에서 이러한 숙소를 배정받으려면 끈기 있게 기다려야 합니다. 먼저 관청 건물에 도착하려면 불필요한 우회 도로가 있는 사거리를 지나야 합니다. 그런 다음 무작정 관청 대문 앞에서 기다립니다. 주위에는 호기심 많은 조선인들이 우리를 구경하기 위해 서로 밀고 당기며 우리를 둘러싸고 있습니다. 통역사는 구경꾼들과 끝없이 대화를 합니다.

우리 일행의 추천서가 전달되면 관원이 나타나고 이제 다시 또 기다림의 시간! 우리를 위해 이들은 회의를 해야 합니다. 낯선 외국인 두 명이 실제로 원하는 것과 그들의 자격에 맞는 숙소를 알려줘야 하기 때문입니다. 한편 통역사는 그동안 인내심을 갖고 가마에 앉아 있지요. 더 정확하게는 웅크리고 있습니다.

마침내 관원이 추천서와 함께 다시 나타나고 이제 일행이 머물 숙소로 움직이기 시작합니다. 보통 숙소는 특정 숙박 시설입니다. 이곳은 오랫동안 공무원의 집, 학교, 경찰서 등과 같은 용도로 사용되었습니다. 숙소 주인이 신속하게 청소하는 동안 우리는 안뜰에서 말 위에 실은 짐을 내립니다. 말과 마부는 우리보다 허름한 숙소를 찾아 움직입니다. 그들이 주변의 작은 마을까지 숙소를 찾아 이동하는 것은 드문 일이 아닙니다. 숙박 시설의 상태는 대부분 특정 규칙 및 청결과 관련하여 많은 개선이 필요합니다. 몇몇 예외도 있지만 공공건물은 낡고 황량한 느낌입니다.

조선인은 중국인들과 공통점이 있는데, 공공건물과 시설에 무언가 개선되거나 재정비되는 경우가 거의 없습니다. 그리고 조선의 낡고 파괴된 공공건물은 수많은 항쟁과 민중봉기와 시간이 남겨놓은 흔적이지 일본전쟁[청일전쟁] 때문에 완전히 파괴되지는 않았습니다.[크노헨하우어가 갖고 있는 잘못된 역사 지식이다.]

어떤 상황에도 불구하고 오래된 폐허에서 새로운 삶이 피어납니다. 거의 모든 건축물이 파괴되고 새로운 정부 또는 지방현 건물은 중국과 일본 건축 양식과 비슷한 옛 조선 양식으로 재건축되었으나 지붕 장식에서 이들만의 독특함이 보입니다. 독특한 지붕의 곡선은 집, 궁전 및 사원, 대문 및 불탑에서 두 번, 세 번, 여러 번 반복됩니다. 그러나 이러한 균일한 건축양식에도 불구하고 전체적인 조경은 평화롭고 아늑합니다. 공공건물, 궁전 및 사원 건축은 산의 끝자락 또는 중턱에 자리 잡고 아치형의 큰 대문과 바깥 곡선으로 뻗은 처마는 멀리서도 눈에 띕니다.

예의 바르고 친절한 조선 관리와의 식사

외국인에게 친절하고 적극적인 중국인과 일본인과는 달리 일반적으로 조선인은 평화롭고 조용한 삶을 즐깁니다. 이러한 특징은 부각되어야만 합니다. 일반적으로 모든 관리는 완벽할 정도로 친절한 인상을 주었습니다. 나의 여행 일기에서 그러한 만남의 일화가 있었습니다.

한성의 남쪽에 있는 지방 도시였습니다. 우리가 숙소에 방금 들어왔는데, 지역 현감이 그의 신하들과 함께 나타났습니다. 길고 희끗희끗한 수염을 기르고, 나이가 많고, 키는 작지만, 귀한 용모를 가진 사람이었습니다. 그는 매우 예의 바르고 우리가 원하는 바를 반복해서 묻고, 우리에게 더 나은 숙소를 제공할 수 없어서 유감이라고 말했습니다. 그래서 우리는 그의 친절에 보답하기 위해 저녁 식사에 초대하였습니다. 체구가 자그마하고 친절한 현감은 정시에 약속 장소로 왔습니다. 우리는 멋진 저녁 식사와 그에 어울리는 공간을 준비했습니다. 그곳은 6평방미터의 작은 공간이었으나 매우 아늑했습니다. 한쪽 구석의 상자 위에는 촛대로 사용하는 빈 병이 있었습니다. 표백하지 않은 옥양목 시트 중 하나는 식탁보 역할을 했고 매우 우아하게 보였습니다. 우리는 또한 미식가에 어울리는 메뉴를 갖추어 대접했습니다.

야생 거위 수프

혼합 야채샐러드

굴라쉬 통조림과 으깬 감자

오렌지잼 팬케이크

커피

그리고 퀴라소를 음료로 마셨습니다.[퀴
라소Curaçao 스페인 발렌시아 오렌지를 퀴라소섬에서 재
배하여 만든 리큐어] 달콤한 음료를 매우 좋아하
는 조선인을 위해 일부러 준비했습니다. 현
감은 자신의 신하 10명 정도와 함께 왔습니
다. 그들은 문과 창문을 점거하고 놀란 눈
으로 신기한 저녁 식사 행사를 지켜보았습
니다. 우리의 손님은 정중하게 허락을 구한
후 각각의 접시에서 음식을 조금씩 덜어 지

퀴라소

켜보는 사람들에게 나눠주었습니다. 그가 옆에 있는 신하에게 고기
한 조각을 건네는 묘한 장면을 지켜보았습니다. 그 사람은 나머지
사람들과 그것을 공유하여 모든 사람들이 맛볼 수 있게 하였습니
다. 음식을 맛본 다음 사람들은 흰 종이를 바른 창에 손가락을 닦았
습니다. 그들의 흔적은 매일 아침 깨끗한 종이 창 위에서 볼 수 있
었습니다.

저녁 식사 후 우리 4명은 함께 도미노 게임을 했습니다. 통역사

도 물론 참가하였습니다. 영리한 조선인은 곧 투우사 게임의 이치를 파악했으며, 게임이 끝날 때마다 어린아이처럼 환호성을 지르며 기뻐했습니다. 또한 이를 지켜보던 조선인들 모두가 소리를 지르며 즐거워했습니다.

유럽인들은 이러한 양면성을 가진 조선인에게 이루 말할 수 없는 호감을 느낍니다. 모든 예를 갖춘 신중함, 비록 형식적이었으나 사랑스러운 친절함, 그리고 다른 한편으로는 경직된 예법에서 빠져나와 환호하는 천진한 모습이었습니다. 우리는 어느 곳에서나 그런 예의 바른 친절함을 경험할 수는 없었습니다. 고위 관리의 경우 단순한 의례적인 방문 및 보답 방문으로 제한되어 있지만 이 의례적인 방문 또한 특이하고 흥미로웠습니다.

중국처럼 조선의 모든 공공건물은 몇 겹의 큰 담으로 둘러싸여 있으며, 그 안에 평화롭게 정사를 돌보는 궁정이 있습니다. 그곳은 미로의 복도와 몇 단계의 출입문을 통해서만 도달할 수 있는 가장 성스러운 장소입니다.

각 출입문은 세 개의 문으로 구성되며, 중앙의 큰 대문과 양측에 서협문과 동협문으로 구성됩니다. 방문자는 자신의 신분에 맞는 문을 사용해야 합니다. 그러한 예법을 위반하는 것은 국가 범죄로 간주됩니다. 따라서 방문자가 어떤 대문을 사용할지 긴 시간 동안 협의와 토론이 필요합니다. 모든 유럽인이 이들에게 교양 있는 사람으로 보이려면 이러한 관습을 고의적으로 위반하지 않아야 합니다. 이러한 조언은 매우 필요합니다. 다른 한편으로 우리는 신중히 모든 규정을 이행하면서 또한 관찰되고 있는 것을 알아야 합니다. 잘못하면 개인 명예의 절반을 포기해야 하고 신비한 후광을 잃게 됩니다. 우리는 낯선 사람이며 조선인에게 둘러싸여 있습니다. 정부의 권위 있는 추천서를 가지고 여행하는 이 낯선 사람은 지방 현 정문의 중앙 대문을 통해 들어갈 수 있었습니다.

성가시다고 이러한 예법을 무시하면 안 됩니다. 아시아 지역 고위 관리의 명성과 영향력은 막대합니다. 우리는 항상 국가 상황, 사금의 존재 여부 및 광산 위치에 관한 현안에 관해서 전적으로 그에게 의존해야 합니다.

물론 모든 일은 갖가지 난관에 부딪쳤습니다. 아시아인은 타고난 외교관입니다. 우리는 모든 권장 사항을 지켰고 또 이들은 우리를 친절하게 맞이하더라도 정작 우리에게 필요한 중요한 질문에 대한 답은 거의 얻지 못했습니다.

모든 관리는 국가와 국익에 관한 일이라면 거절합니다. 우리 일행처럼 목적과 목표가 불분명하고 이해할 수 없다면 특히 더합니다. 조선 관리는 친절하고 세련된 말투로 먼저 다른 주제를 꺼내 대화하기 시작합니다. 그러나 그의 뜻대로 되지 않으면 매우 유감스러운 말투로 미안하지만 우리 지역에는 당신들에게 도움을 줄 것이 전혀 없으니 여기, 저기, 다른 곳을 찾아가라고 말합니다. 우리가 방금 그곳에서 왔다고 하며 끈기 있게 반복적으로 묻자 고위 관리는 실례했다고 하며, 자신은 이곳에 부임한 지 얼마 되지 않아 잘 알지 못한다고 했습니다. 관리는 결코 당황하지 않았습니다.

예를 들면, 한성 남쪽의 한 도시에서 2일 동안 머물렀습니다. 그곳에서 겨우 40리[약 16km이다.] 거리상 4시간 정도 떨어진 곳에 풍부한 사금이 생산되었습니다. 내가 이런 사실을 아무도 모른다는 점이 매우 놀랍다고 말하자 그곳은 관할 지역이 아니기 때문에 잘 알지 못한다는 대답을 들어야만 했습니다.[추측건대 조선인과 그 관리는 국내의 지하자원을 보호해야 한다고 생각했으며 금을 채취하면 가난한 나라가 될 것이라는 통설을 믿고 있었기 때문이다.]

첫 번째 탐사 1898년 3월:
원주/춘천(북한강)/낭천/김송/당고개/한성/제물포

우리는 탐사를 시작하기 위해 시작점인 남쪽(원주 방향)으로 향했습니다. 약 10일 동안 도보로 행군하였으며, 우리는 남쪽에서 다시 북북동쪽(춘천 방향으로)으로 향했고, 동해안을 따라 올라가며 평행을 이루는 넓고 긴 산맥(태백산맥)에 점점 접근했습니다.

이 지역의 풍경은 거의 변화가 없습니다. 계곡 전체는 너른 논이 펼쳐 있습니다. 논물을 담기 위해 만든 좁고 가느다란 논둑은 경사를 따라 평평하고 균일한 형태로 만들어져 같은 높이끼리 서로 엮여 있습니다. 물을 대기 위해 작고 좁은 계곡 사이를 단계적으로 높여 계단식 다랑논을 만들었습니다. 그 길을 따라 겨우 기어올라 이윽고 정상에 이르렀습니다.

대한제국은 동아시아의 황금사과인가?

산 정상에서 내려다볼 때마다 항상 같은 광경입니다. 계곡의 다랑논, 민둥산 혹은 덤불로 덮여 있는 산마루, 햇빛이 잘 드는 곳에는 소나무, 이들은 멀리서 보면 식수가 잘된 국도 같은 인상을 줍니다. 논밭에는 수많은 야생 거위와 야생 오리가 푸드덕대고 있습니다. 밀과 기장 밭의 비둘기, 산 경사면의 낮은 덤불 속 꿩, 모래닭, 메추라기, 검은멧닭 및 개암

Abbildung 23: Die Karte von Bruno Knochenhauer zeigt seine beiden Reisen in Korea. Die Karte wurde für den Bericht an die Anteilseigner erstellt, den er im Oktober 1899 vorlegt.

크노헨하우어의 1차 2차 탐사 경로

닭, 모든 것이 풍부하여 식탁을 위한 사냥감이 부족하지 않습니다.

호랑이 사냥

사원 숲과 도시 근처에 공중에는 독수리가 날고 있고 황새 떼가 높은 느릅나무에서 새둥지를 틀고 있습니다. 조선인은 열정적인 사냥꾼입니다. 그는 사냥할 때 매를 풀어놓는데, 12마리 꿩 무리 중에 오직 한 마리만 낚아챕니다. 나는 겨울에 300마리 꿩이 마을 숙소 천장에 촘촘히 매달린 것을 봤습니다. 그것들은 모두 한성으로 옮겨집니다. 한 마리에 20~30센트=40~60Pf입니다.[호랑이 사냥꾼은 꿩 사

냥을 해서 한성 시장에 판매한다.]

값이 나가는 호랑이 같은 고급 사냥감은 그리 많지 않습니다. 멧돼지는 거의 멸종되었는지 나는 조선 여행 중 멧돼지 사냥 얘기를 들어본 적이 없습니다. 사슴과 노루도 거의 보이지 않으며 동쪽과 북쪽의 밀림으로 덮인 산에만 있습니다. 모든 육식 동물 중에서 가장 두렵고 위험한 호랑이도 마찬가지입니다. 조선 호랑이는 특히 크고 위험하며 추운 겨울 날씨에 걸맞게 윤기 있고 두터운 털이 특징입니다. 호랑이는 여전히 존재했습니다. 초대받지 않은 호랑이 손님을 위해 농부들은 덫을 만들었고 우리는 덫에 걸린 호랑이를 여러 번 목격했습니다. 북쪽을 탐사한 마지막 겨울에는 호랑이 흔적을 계속 발견했습니다. 그리고 호랑이가 마을이나 인근 마을에서 사람을 물어갔다는 소식도 들었습니다.

크노헨하우어 부부와 거실 바닥의 호랑이 가죽

그래도 나는 호랑이 사냥을 하고 싶었지만, 할 수 있는 기회를 얻지 못했습니다. 만일 조선에서 호랑이 사냥을 하고 싶다면, 겨울에 원산 근처 마을에서 적어도 3주에서 4주를 머물러야 성공할 수 있습니다. 특히 원산 지역은 일주일에 호랑이 한 마리 정도는 사냥할 수 있기 때문입니다.

조선의 호랑이 사냥꾼

홍범도 장군

크노헨하우어의 강연문 「Korea」(1901)

조선의 호랑이 사냥꾼들은 키가 크고 날쎈하고 구릿빛 혈색의 인물로 당당하고 매우 남성적입니다. 그들은 소총으로 이 짐승을 위협합니다. 조선 호랑이는 크기가 11~12피트 이상 되는 큰 맹수입니다.[이 시기 호랑이 사냥꾼 중에 봉오동과 청산리 전투에서 독립군을 이끌었던 홍범도가 있다. 그는 을미의병 이후 사냥꾼 대장인 포계가 되었다. 1907년 정미조약 이후 일본이 사냥꾼의 총기를 수거하려 하자 최대 600~700명 의병대를 이끌고 강원도 원산 이북 철령 지역과 함경도 지역에서 활약하다가 한일병합 이후 러시아 고려민 집단으로 이주하였다. 이들 호랑이 사냥꾼은 이방인의 조선 여행기에서 대부분 묘사되고 있다. 특히 이 책의 3장 라우텐자흐 백두산 여행기에서 만났던 몇몇 사냥꾼들은 깊은 백두산 산속에서 은거하며 의병활동을 하는 대한독립군과 동일시되기도 하였다.]

북한강의 지형

일행이 있던 곳에서 북쪽으로 계속 가면 이 지방의 옛 도청 소재지 원주에 도달합니다. 원주는 1,000미터 높이의 숲이 우거진 산기슭에 위치하며, 현재 도청 소재지인 춘천 저편에 있습니다. 춘천은 북한강과 소양강이 합류하는 곳입니다.[치악산이 1,288m이다. 태백산맥 허리에서 남서쪽으로 내려가는 차령산맥 남쪽 끝에 자리한다. 주능선 서쪽이 급경사를 이루고 동쪽은 비교적 완만한 경사를 갖는다.]

여기서부터 한강을 따라 계속 위쪽으로 올라가며 며칠을 더 여행한 후에야 한성에서 원산까지 이어지는 큰 길이 나옵니다.[1880년부터 개항장이다.] 이 큰 길이 강줄기를 따라서 형성되지 않은 것이 눈에 띄었습니다. 한성에서 낭천[Nang-thon 현재 화천] 상부까지 얕은 습

대한제국은 동아시아의 황금사과인가?

지 위로 갈 수 있습니다. 이 도시 외에 김송도 춘천과 맞닿아 있습니다. 그러나 북한강 계곡을 따라 걷다 보면 수많은 터널이 필요한 이유를 찾을 수 있습니다.

북한강 계곡의 많은 지점에서 절벽이 갑자기 나타나고, 좁은 경로를 따라가면 가파른 경사면에서 더 이상 건너편으로 가로지르는 길을 찾지 못합니다. 왜 이러한 고원산지 절벽과 언덕이 많을까요? 예를 들어 라인강 양쪽에 있는 점판암질 산맥과 같은 지형구조라면 같은 높이로 길이 더 연장되어야만 합니다. 그러나 날카롭게 침식된 야생 절벽들이 우리를 계속해서 새로운 계곡으로 오르내리게 하였습니다. 이러한 자연 조건 아래 한강을 낀 계곡에 큰 교통 도로를 만드는 것은 쉽지 않습니다. 한강 서쪽으로 이동하면 토양 조건이 훨씬 좋습니다. 크고 나란히 융기된 두 개의 산마루는 길이가 20Km 정도이고, 한강 합류점 직전의 임진강의 서쪽까지 펼쳐져 있습니다.

당고개

우리는 이 원정의 최북단 지점인 당고개에 도착했습니다. 여기는 원시 자연 숲이 있는 산속입니다. 1,200m 백운암 봉우리 정상에서 바라보는 전경은 매우 뛰어나 날카로운 돌산과 자연 숲을 만끽했습니다. 9개의 서로 다른 산맥이 명확하게 구별되며, 동쪽에는 금강산의 눈 덮인 화강암 꼭대기가 보입니다.

그리고 이 장엄한 산과는 대조적인 당고개 촌락, 정확하게 말하

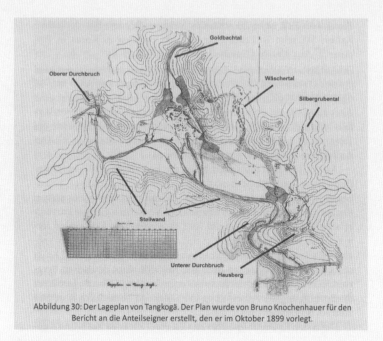

Abbildung 30: Der Lageplan von Tangkogä. Der Plan wurde von Bruno Knochenhauer für den Bericht an die Anteilseigner erstellt, den er im Oktober 1899 vorlegt.

당고개 계곡 지형도

자면 당고개의 마을들을 발견했습니다. 그곳에는 당고개라고 불리는 같은 이름을 가진 3곳의 정착촌에서 사금 채취인들이 모여 살고 있었습니다. 우리 일행을 이끈 좁은 계곡은 가마솥처럼 이 지점에서 넓어지고 터널 뒤에는 금을 채취하는 어마어마한 자갈더미가 있습니다. 수년간 조선의 사금 채취는 이곳에서 이루어졌습니다. 그들은 오고 가며 행운 혹은 불운을 안고 정착하거나 먼 곳으로 떠납

대한제국은 동아시아의 황금사과인가?

니다. 자영업자 사금 채취는 지속적이지 않습니다. 어느 누구도 정착 집단을 만드는 데 관심이 없습니다. 내가 사금 채취 정착촌에서 받은 느낌은, 나는 그들에게 흑인보다는 더럽지 않고 위화감을 주지 않는 외국인이었습니다.[크노헨하우어가 조선에서 낯선 이방인이 된 자신을 돌아보는 순간이었다.]

우리는 며칠 동안 이곳에서 머물러야 했으나 우리 일행은 텐트를 치기 위한 크고 깨끗한 장소를 찾을 수 없었습니다. 우리는 천둥과 번개를 동반한 비를 뚫고 당고개에 도착했고, 그래도 습하지 않고 나름 괜찮은 숙소를 찾아서 기뻤습니다. 우리가 선택한 방은 조리대와 온돌 시설이 함께 설치되지 않은 유일한 방이었습니다. 우리 방은 침대와 탁자를 겨우 놓을 만한 좁은 공간이었기에 한 사람은 침대에 앉아 있고 한 사람은 서 있어야 했습니다. 볏짚으로 만든 변색된 천장에는 거미줄이 매달려 있고 온통 더러운 얼룩투성이었습니다. 문을 열고 닫을 때마다 흙먼지가 침대와 탁자 위에 후두둑 떨어졌습니다. 벽에는 손으로 눌러 죽인 수많은 빈대가 남긴 얼룩이 있었습니다. 그 사이를 수백 명의 슈바벤[Schwaben 현재 바덴뷔르템베르크주 남부와 바이에른주 서남부 지역의 주민들을 말한다. 독일에서 가장 근검절약하는 지역 주민을 지칭하는 대명사이기도 하다.]들이 행복하게 오고 갔습니다.

다음 날 다른 곳을 찾아보았지만 이보다 더 좋은 곳을 발견할 수 없었습니다. 당고개의 빈대 얼룩은 이제 전설이 되었습니다. '당'은 거룩함을 의미하고, '고개'는 계곡을 의미하지만 '동'은 변을 의미합니다. 그래서 한성에서 사람들이 그곳에 도착하면 당고개가 아니라 똥고개라고 말합니다.

덧붙이자면, 우리가 4월 19일부터 22일까지 이곳에 머무르는 동안 뇌우가 내린 후의 밤은 얼음이 얼었습니다. 그러나 우리가 강원도 산을 채 벗어나기도 전에 날씨가 다시 따뜻해지더니 봄 날씨 같았습니다. 우리는 다른 도시는 쳐다보지도 않고 곧장 한성으로 향했습니다. 이 나라는 6주 전과 매우 다르게 보였습니다.

산비탈에는 만발한 붉은 진달래 덤불이 있고 야생의 매화말발도리(Korean Deuzie)와 조팝나무가 길을 따라 피어 있으며 과일나무에는 배, 체리, 살구와 복숭아꽃이 만발했습니다. 들판에는 수많은 빨강, 흰색 및 파랑 백합이 돋아났습니다. 논에 있던 야생 거위와 오리가 사라졌습니다. 그들 대신 두루미와 왜가리가 노닐고 있었습니다. 우리는 4월 말 행복하고 안전하게 제물포에 도착했습니다.

두 번째 탐사 1898년 5월:
제물포/진남포/안주/평양/당고개/제물포

대한제국 국기를 달고 진남포로

첫 번째 탐사를 마치고 몇 주가 지난 후 우리는 북쪽의 평양도 지방으로 두 번째 탐사를 떠났습니다. 이번에는 제물포에 있는 독일 회사인 세창양행의 사장 칼 볼터 씨가 합류했습니다. 3명의 유럽인과 23마리의 말, 우리 일행은 모두 37명이었습니다.[사진을 보면 짐꾼

등의 지게에 일행들이 끼니때 사용할 식기가 보

인다. 일행에는 말을 부리는 마부와 요리사, 통

역자 등도 포함되었다.]

우리 일행은 두 번째 탐사를 위

해 5월 초 북쪽으로 향했습니다. 내

조수가 일행을 평양으로 안내하는

동안 나는 볼터 씨와 황해도 서해안

항구도시 주변을 다니며 평양강 또

는 대동강이라 불리는 강줄기로 들

어섰습니다.

우리가 탄 선박은 대한제국 국

기를 달고 항해하는 일본의 자그마

한 목조 증기선이었습니다. 두 번째

날에 우리는 대동강으로 진입했으

며 최근에 개설한 항구 진남포까지

올라갔습니다.[평안도와 황해도의 개항장

인 진남포는 1897년 목포와 함께 개항하였다.

일본은 진남포를 서북지방 진출의 교두보 역할

을 할 수 있다고 생각했다.]

넓은 물길을 타고 가는 뱃길은

산맥 덕분에 굴곡진 물길을 형성하

고 아름다운 경치를 보여줍니다. 유

탐사단 지게꾼

소형 증기선의
1898년 대한제국 국기라고 추측

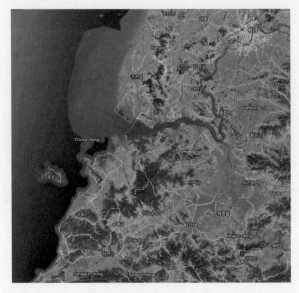

진남포 입구 지도

명한 물길이라 불릴 만한데, 특히 5월의 푸른 초원이 펼쳐지고 깎아지른 단면의 높은 산은 맑고 푸른 하늘을 떠받들고 있습니다.

나룻배, 삼판

증기선은 평양까지 올라갈 수 없었습니다. 강은 도시 아래쪽에서 급류를 형성하는데 노젓는 나룻배, 삼판(Sampan)으로 옮겨 타야 합니다. 조수 흐름에서만 가능하며 반대 방향의 급

평양 시장

평양 성당

크노헨하우어의 강연문 「Korea」(1901)

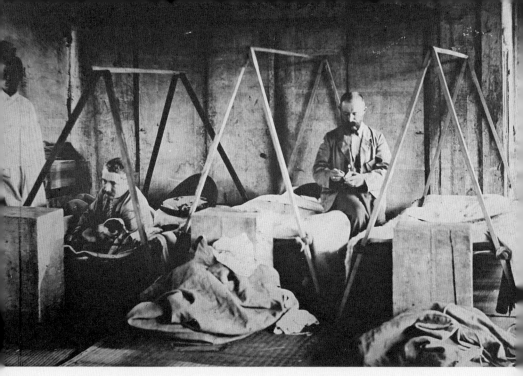

볼터와 크노헨하우어 운산광산 숙소

류를 느낄 수 있습니다. 우리는 삼판으로 옮겨 무리 없이 안전하게
그곳을 벗어났습니다.

　여러분 모두 청일전쟁 중에 자주 언급된 이름인 평양을 익히 들
어 알고 있습니다. 우리가 도착할 당시 평양은 대부분 파괴되었고,
현재 완전히 재건되지 않았습니다. 그러나 더럽고 좁은 길에는 활
기가 넘쳤습니다. 오래된 잔해 한가운데 조선 건축 양식의 미국 선
교사 건물이 있습니다. 이곳에서 우리는 따뜻한 환영을 받고 며칠

대한제국은 동아시아의 황금사과인가?

머무르며 쉬었습니다. 나는 근처 탄광을 방문한 후 그사이 도착한 일행과 합류했습니다. 이제 두 번째 탐사는 보급품을 실은 말과 긴 행렬을 이루며 북쪽으로 향했습니다.

나는 조선인들을 억압하고 싶지 않았습니다. 운산에서 실제로 조선인이 금을 채굴하거나 암반을 폭발할 때 이용당하는 것처럼 말입니다. 숲과 주변은 이미 황폐해졌습니다. 광산 갱은 황량하게 변해버렸지만 그 자리에 다시 나무를 심지 않았습니다. 우리는 대동강과 압록강 사이의 분수령을 건너 이 강을 따라서 강의 근원지까지 갔습니다.

묘향산

강의 근원지가 있는 높은 산에는 오래된 불교 사찰이 숨어 있습니다.[보현사는 8세기 의상대사가 창건했다는 설이 있지만, 고려 현종 19년(1028) 창건되었다고 본다. 고려 말 나옹선사와 조선시대 의병장 서산대사와 사명대사가 이 절에 머물렀다. 평북 영변군 북신현면(현 향산군 향암리)]

사찰 주변 지역은 내가 본 가장 아름다운 지역 중 하나입니다. 나는 이곳만의 특별한 점을 찾으려고 노력했으나, 이곳을 보았을 때 무의식적으로 보데탈[Bodethal 작센-안할트주]과 비교하고 있었습니다. 산등성이는 더 웅장했고, 높았으며, 초목은 무성했습니다. 조선의 독특한 산 경치는 사랑스러운 식물과 조화를 이루고 있습니다. 우리가 관상용 식물인 줄 알고 있는 목련, 진달래, 야생 푸크시아(Fuchsie), 그리고 바위와 절벽 위에는 야생 포도과 아이비 덩굴이 가

묘향산 보현사

작센-안할트주 보데탈 위치

대한제국은 동아시아의 황금사과인가?

득합니다.

사찰 지역은 하나의 정착된 마을처럼 보였습니다. 약 20개의 큰 건물과 사원이 푸르른 자연 숲에 흩어져 있습니다. 조선의 전성기에 건축된 모든 건물들, 커다란 강당과 웅장한 지붕을 거대한 나무 기둥이 받치고 있습니다. 조선의 회화와 목공예를 보면 전성기 때는 현재보다 월등한 수준의 공예품이 생산되었음을 알 수 있습니다. 대

보현사 팔각십삼층석탑

웅전의 앞 현관 옆에 정교하게 장식된 큰 동종이 있습니다. 안뜰과 사원 건축물 사이에 화강암 탑이 있으며, 각층 옥개석 귀퉁이 장식으로 매달려 있는 작은 종은 절반만 남아 바람따라 조용한 소리를 냅니다.[보현사 팔각십삼층석탑을 말한다.] 그 절반이 이미 도난당했으나 아무도 신경 쓰지 않습니다. 도서관에서 꽤 오래된 비단 위에 수를 놓은 작품을 보았습니다. 여러 가지 귀중한 보석, 인연옥(Nephrit)으로 장식한 긴 염주 등은 사리함에 보관되어 있습니다. 모든 유물은 수준 높은 공예품이며 현재 아무도 그 수준을 따를 수 없습니다.

불교 사찰의 승려는 실제 하는 일이 그리 많지 않습니다. 300년 전 절이 세워지기 이전에 확실히 이곳은 문화 보존을 위한 도피처였

을 것입니다.[1592년 임진왜란과 정유재란 때 태조와 세조의 어진, 전주사고의 실록과 승정원일기를 보현사로 피신시켜 보관하였다.]

그리고 그 이후에도 여전히 조선 사대부들은 논어와 공자의 경전을 읽고 실천해야만 했습니다. 오늘날 모든 것이 속 빈 강정이거나 아예 몰락해버렸습니다. 신비로운 수줍음과 공손함은 느슨한 방종이 되었습니다.

상원암과 승려

묘향산 사찰에서 10리 떨어진 산자락에 상원암이 있습니다.[고려시대 창건됐으며 상량문에 1580년 중창했다는 기록이 있다.]

계곡의 지류를 따라 그곳으로 오르는 출구에는 묘지가 있습니다. 유골단지 모양의 둥근 부도탑이며 종종 사람 크기만 한 묘비석 및 대리석 기념비는 매장지에 매우 특이한 외관을 남겼습니다.

계곡은 상원암과 닿아 있고 가파르게 올라가야 합니다. 마치 거대한 타이탄의 손으로 쌓은 것 같은 웅장한 화강암 위로 폭포수가 큰 소리를 내며 떨어집니다. 곳곳에 녹색 잎이 달린 나무와 관목, 허브와 덩굴나무가 무성합니다. 매끄러운 화강암 위로 암벽타기를 해야 하는 이곳은, 첫 번째 산악 여행이었습니다. 우리는 사찰 도착 직전에 가파른 화강암 암벽타기를 해야 했습니다. 발 디딜 곳을 파고 철제 사슬 손잡이를 바위에 부착했습니다. 그런 다음 암벽 틈새에 두 번째 사슬을 부착하는데, 100m 아래로 가파른 화강암 절벽이 돌출된 것이 보였습니다. 견고하고 돌출된 매끄러운 벽으로 둘러싸

상원암 전경

인 바위 분지가 우리 앞에 놓여 있고, 바위벽 위로 물거품을 일으키며 깊고 깊은 낭떠러지 아래로 폭포수가 떨어졌습니다.

그 바로 위, 산비탈에 기대어 상원암이 있으며 그 앞에는 거대한 표지판이 새겨진 바위가 있고 비문이 있습니다. 비문에 쓰여 있는 글자는 붉은 노을과 아름다운 별이 있는 하늘이 여기에 있다는 뜻입니다.

우리는 수많은 암벽타기 등반으로 목이 말랐습니다. 착한 승려들은 가문비나무 진수에서 꿀물(고로쇠)을 가져왔습니다. 물맛은 그리 나쁘지 않았고 우리의 갈증을 해소하기에 매우 적합했습니다. 덧붙이자면, 불교 승려들은 부처님의 가르침에 따라 채식주의자

조선 승려

입니다. 어떤 동물도, 살아 있는 생물을 살생하면 안 됩니다. 그리
고 포도주 등 정신을 혼미하게 하는 알코올 음료는 마시면 안 됩니
다. 이는 부처의 다섯 도덕 계율 중 두 개에 해당합니다. 첫 번째 계
율의 영향은 조선 어디에서나 볼 수 있습니다. 조선인은 육류를 섭
취하지만 상대적으로 제한되었습니다. 밥과 좁쌀과 보리, 콩, 채소,
건어물, 볶은 콩으로 만든 매운 피클과 매운 양념, 달걀, 특히 피마
자기름을 두른 달걀 프라이, 중국 및 일본과 같은 설탕에 절인 과일
등이 조선인의 기본적인 음식입니다.

종교 계율을 엄격하게 지키는 사람은 더 이상 없지만, 도축업자들은 여전히 조선에서 가장 천한 계급으로 최근까지도 갓을 쓸 수가 없습니다. 승려들만 고기, 생선, 달걀을 자제하였습니다. 그들은 또한 쌀곡주, 삼주를 마시지 않았습니다.[삼해주(三亥酒)의 주재료는 멥쌀과 찹쌀, 누룩, 물이다. 음력 정월 첫 해일(亥日) 해시(亥時)에 밑술을 담근 후 돌아오는 해일마다 세 번 덧술을 치고 저온에서 발효시키는 술이다.]

그러나 우리가 그들에게 제공한 베를린 쿰멜(Kümmel) 곡주는 그것이 무엇인지 몰랐는지 상당한 양을 마셨습니다. 길카(Gilka)는 조선에서 특히 인기가 있으며 조선인들은 세상에 존재하는 최고의 알코올이라고 말합니다. 우리가 누군가에게 왕이 주는 특별한 선물을 주고 싶다면 언제나 환영받는 길카를 선물했습니다. 그리고 항상 만족했습니다.

1836년 쿰멜 곡주 길카

또한 수도사는 매우 멸시받는 계급입니다. 그리고 조선의 모든 사회적인 지위가 그의 모자와 머리 모양으로 표시되어 타인에게 인식됩니다. 그래서 승려는 눈에 띕니다. 그들은 짧은 머리에 정수리를 삭발하고 끈 없는 모자를 씁니다. 반면에 다른 사람들은 머리를 길게 기르고 있습니다.

두발과 모자(갓)

소년들과 미혼의 젊은이들은 머리를 땋아 내리고 갓을 쓰지 않습니다. 결혼한 남자는 정수리 부분에서 머리를 모으고, 이마와 뒤통수 부분에서 남은 머리카락을 감싸고 정수리에서 상투 매듭으로 묶습니다. 머리 모양은 말총으로 만든 상투의 망건 부분을 이마에 두른 후 단단히 묶습니다. 그 위에 잘게 쪼갠 대나무로 만든 커다란 갓을 씁니다. 조선인들은 이러한 갓으로 큰 사치를 부립니다. 최고의 재료로 만들고 검은색으로 염색한 갓은 우리 돈으로 약 30마르크입니다.[1907-1911년 독일 광부의 월급은 46세가 26마르크를 받았다. Ritter/Kocka (hg), 『Deutsche Sozialgeschichte 1870-1914』]

따라서 모든 사람이 이 비싼 모자를 감당할 수 있는 것은 아닙니다. 그래서 하나의 모자를 소유하면 죽을 때까지 사용할 수밖에 없습니다. 일반 노동자는 머리를 간단한 천으로 감싼 것으로 만족해야 합니다. 시골 사람은 보통 나무줄기를 엮어서 만든 큰 삿갓을 씁니다. 큰 삿갓은 직경이 80cm에 달하며 상을 당한 사람의 그것과 비슷하고 가능한 얼굴을 가려야 합니다. 상을 당한 사람은 큰 슬픔을 나타내는 뜻으로 두꺼운 천으로 얼굴을 가리고, 그것을 경건한 천이라고 칭합니다. 여자는 머리 두건을 두르지 않습니다만, 시골 여성은 이마 주위에 천을 두릅니다. 그들은 머리카락을 중간에서 가르고 뒤쪽에서 땋아 매듭을 만듭니다.

일반적으로 조선인의 복식은 대부분 비슷합니다. 계급의 차별이 심한 나라에서 장관에서 거지에 이르기까지 모두 흰옷을 입습니

대한제국은 동아시아의 황금사과인가?

다. 그리고 바지 아랫단을 복사뼈에서 끈으로 묶은 통 넓은 바지와 흰색 신발과 넓은 소매가 달린 토가와 비슷한 마고자를 입습니다. 바지는 겨드랑이 한 뼘 아래에서 허리띠로 졸라맵니다.

가슴이 보이는 저고리

여성 복장의 경우 두 부분으로 나뉩니다. 독일 여성이 입은 치마와 비슷한 치마와 저고리는 거의 가슴 부분까지 올라간 치마 허리띠로 신체를 가까스로 덮고 있습니다. 그 때문에 상체 부분이 손가락 폭만큼 보입니다. 기혼 여성들은 치마 허리띠를 약간 아래로 착용하여 상상하는 대로 가슴이 노출됩니다. 목덜미와 목은 가리고 가슴은 노출합니다. 조선의 부인들은 매우 민감한 이런 부분이 노출되는 것에 이미 익숙한 듯합니다. 심지어 영하 10℃ 겨울 추위에서도 조선 여인들이 노출 상태로 개울에 앉아 있거나 씻는 모습을 여러 번 보았습니다.

이런 복장의 이유는 조선 여인은 자녀가 4세가 될 때까지 젖을 물리기 때문입니다. 그래서 네댓 번 가슴 부분을 돌려서 묶은 허리띠가 느슨하여 정돈되지 않은 상태입니다. 이것은 일반적인 복장이라고 할 수 없습니다. 조선 여인은 일본 여인이 갖고 있는 매력이 전혀 없습니다. 그들은 늘 무뚝뚝하고 어두워 보입니다. 그러나 그들을 잘 아는 사람들은 조선 여인이 동아시아 3국 중에 가장 아름다운 신체 구조를 가지고 있다고 주장합니다.

중국 여성의 전족한 작은 발과 가는 다리도, 일본 여성의 망가

머릿수건을 한 조선 여인들

진 무릎도 조선 여인에게서 찾아볼 수 없습니다. 조선인은 아주 어리고 아직 성숙하지 않은 소녀에게 여성적인 아름다움을 찾습니다. 모든 무희, 첩, 후궁 등은 거의 어린아이입니다. 성숙한 몸은 그들에게 아무런 자극을 주지 않는 것 같습니다.

그런 이유 때문인지 결혼은 대개 어린 시절에 결정됩니다. 그 결정은 우리의 약혼 상태와 비슷합니다. 어린 부부는 대부분 따로 살고, 성숙하면 결혼식을 올립니다. 그 의식은 그들이 처음으로 동거하는 것을 의미하고 독일인들의 결혼과 같은 의미입니다. 그러나 법적으로는 어린 시절부터 이미 혼인 상태로 간주됩니다.

조선의 이상한 나이 셈법

또한 조선인은 나이를 계산할 때 매우 이상한 관습이 있습니다. 오늘 아이가 태어나면 내일부터 한 살이라고 합니다. 새해가 시작되면 두 살이 됩니다. 그래서 새해 직전에 태어난다면, 이제 2일 또는 3일 지난 아이가 두 살이 됩니다. 따라서 항상 연령에서 1~2년을 빼야 합니다.

부처님오신날과 불교 음악(범패)

이제 다시 여행으로 돌아갑시다. 우리 일행의 여행기는 북쪽의 불교 수도원에서 멈췄었습니다.[묘향산 보현사와 상원암] 그곳에서 우리는 서해안으로 방향을 돌렸으며 영변과 안주를 통해 평양으로 되돌아갔습니다.

우리가 지나치는 도시마다 축제의 기쁨으로 들떠 있었습니다. 조선 달력으로 네 번째 달의 여덟 번째 날은 부처의 탄생일입니다. 부처 탄생일 며칠 전부터 축제 행사가 시작됩니다. 퇴마 의식, 특이한 춤 공연, 기도 염불이 진행되는 축제는 단조로운 북과 징을 치며 끔찍한 음악을 연주합니다. 보기 드문 진기한 장식으로 치장한 예술가와 무용수는 군중을 즐겁게 하였습니다.

조선인들은 기이하게도 악한 귀신들에게 기도합니다. 선한 신을 섬기는 것, 최선을 다하길 원하고 좋은 일만 할 수 있는 그에게 무엇인가를 기원하는 것은 조선인의 논리와 모순되고 불필요한 것처럼 보입니다. 질병, 죽음 또는 역경을 피하기 위해 악령들에게 모든 종류의 공물과 제물을 바쳐 그들을 거스르지 않아야 합니다.

그날 저녁 여전히 부처의 탄신일 축제가 이어졌습니다. 고을 현감의 관사 앞에서 북과 트럼펫[태평소]으로 끔찍한 음악이 연주되었습니다. 그 소리는 중세음악을 공부한 유럽인 청각에 통증을 유발시켰습니다. 또한 우리를 경악시킨 것은 라다우-고양이 음악이 새벽 3시에 다시 연주되기 시작했습니다.[Radau, Katzenmusik은 음계를 무시한 엉터리 음악을 말한다. 새벽 음악은 승려들이 새벽 예불을 올리기 전에, 사찰과 탑돌이를 하면 불경을 낭송한 것을 말한다. 대한제국의 서양 근대음악 유입은 에케르트가 도착한 1901년부터라고 볼 수 있다.]

형벌(곤장)

조선인은 밤에 활동하는 것을 정말 좋아합니다. 관청 청문회는 항상 이른 저녁 횃불 아래 진행됩니다. 그곳은 담으로 둘러싸인 마당이 있고 관청의 대청마루 앞에서 진행됩니다. 그런 다음 형벌을 집행하는 관졸이 외치는 길고 긴 고함 소리는 조용한 밤 멀리까지 퍼집니다. 곤장 판결을 받은 죄인은 즉시 형벌을 실행하며 그의 신음 소리는 상상보다 훨씬 더 끔찍합니다.

조선 감옥은 중국처럼 독일에 거의 알려지지 않았습니다. 내가 본 죄수들은 결코 투옥되지 않았습니다. 그러나 발과 손을 무거운 나무판과 나무에 묶였습니다. 그들의 일가 친척들은 죄인의 음식을 조달해야 하며, 음식을 받든 안 받든 아무도 상관하지 않습니다. 헤쎄 바르텍이 보고했던 잔인한 고문과 끔찍한 형벌은 최근 몇 년 동

곤장 형벌

안 폐지되었습니다. 이러한 점에서 조선은 이미 중국보다 문명화되어 있으며 일본 제도를 모방하고 싶어 했습니다. 반면 예술 영역에서 높은 수준과 훌륭한 능력을 소유했던 조선인은 완전히 소멸되었습니다.

영변의 수공예

조선 도자기는 오늘날 매우 드물게 발견되며 대부분 특정 소장품에서만 볼 수 있습니다. 이제 상감과 칠기 공예 및 비단 자수는 별로 중요하게 여기지 않았으며 새로 생산된 공예품은 옛 품격을 전혀 찾아볼 수 없습니다.

영변은 활기 넘치는 산업 지역이었습니다만, 지금은 미미한 유물만 남아 있습니다. 상감 세공, 은으로 만든 예술적 문양이 첨가된 은입사 세공품은 특히 조선 영변에서 번성했고 지금은 일본으로 넘어간 예술입니다. 이제는 주문 제작만 하고 있으나 주문이 별로 없습니다.

법랑 산업도 마찬가지입니다. 황동주조(유기) 및 철주조는 식기, 주물 삽 및 쟁기 등과 같은 생활품으로만 제한되었습니다.[17세기 후반부터 사제 유기(놋쇠) 수공업이 발달한다. 이 시기 평안도 평양·영변·안주·의주·정주·강개·숙천 등에는 조선 유장(鍮匠)이 있었던 곳이다. 평안북도 영변군 세죽리에서 발굴된 주거지와 평안남도 강서군 태성리 고분군에서도 기원전 3, 2세기 전의 철제 농기구와 이기가 출토되어 이곳에서 금속 세공의 기원을 알 수 있다. 유기는 왕실과 소수 귀족의 전유물이었던 것으로 추측한다. 분황사석탑 안에서 출토된 사리구 중 금바늘(길이 3.5㎝)과 은제 바늘집(길이 5.6㎝), 놋쇠로 된 가위(길이 7.5㎝) 등이 현존하며, 634년(선덕여왕 3) 분황사 창건 당시에 시납된 것으로 미루어 매우 희귀한 수공업품이다.]

섬유 산업은 지역 농민들 사이에서만 볼 수 있습니다. 모시(Boehmeria nivea) 천으로 만든 수제 옷은 이제 드문 작업입니다.[수제로 길쌈을 하는 일들은 여인들이 전담하며 통일신라·고려·조선까지 내려오는 의생활의 기본이 되었다. 삼베는 날실이 1,600~2,000올에 불과한 4~5새가 고작이고, 명주는 3,200~4,000올의 8~10새에 불과하여 아주 성기지만 질긴 것이 특징이다. 귀족용 삼베나 모시는 8~12새에 달하고, 명주는 12~15새에 이르는 섬세한 것이다. 이렇게 섬세하고 질이 좋은 것의 대부분과 성기게 짠 일부는 공물로 수납되어 왕실과 귀족들의 수요에 충당

대한제국은 동아시아의 황금사과인가?

되었다.]

영국 옥양목은 모시를 완전히 대체했습니다.[옥양목(玉洋木)의 명칭인 칼리코(calico)는 원래 인도남서부 캘리컷(Calicut)을 말한다. 인도가 영국의 식민지가 된 이후 칼리코는 영국 면직물의 대표적인 원료가 됐으며 1899년에는 영국 면 생산품의 85%를 차지하였다.]

양잠업도 드문 일입니다. 갓을 제외하고 지금 조선인의 복장은 거의 유럽 제품이거나 중국 제품입니다. 조선의 국내 산업은 망했습니다.

그러나 조선에서는 여전히 농업이 번성하고 있습니다. 자연 조건이 좋은 토양과 기후는 농업에 유리하며, 시모노세키의 평화조약 이래로, 몇 년 전에 봉건 경제 체제가 끝나고 농민의 생활 수준이 많이 향상되었습니다. 농부가 재배한 곡식은 합당하게 지불되었습니다. 고위 관리가 아무것도 지불하지 않고 모두 빼앗아갔던 시절은 이제 신의 도움으로 옛날 얘기가 되었습니다. 나도 언젠가 마을을 잘못 다스린 현감을 농민들의 분노로부터 보호한 적이 있습니다.

지난 청일전쟁에서 안주는 거의 파괴되고 무너졌습니다. 그 이후로 지난 4년 동안 야생 포도넝쿨과 아이비는 수십 년이 지난 듯 전쟁 잔해를 덮었습니다. 안주에서 우리 일행은 평양으로 되돌아갔고 평양에서 다시 동쪽으로 향했습니다. 우리가 첫 번째 탐사에서 방문했던 가장 북쪽에 위치한 지역인 당고개가 최종 목적지였습니다. 어지러운 교차로가 즐비한 산악 지역은 조선에서 가장 아름다운 경치 중 하나였습니다. 우리는 14개의 크나큰 산맥을 넘고 현무암 고원을 지나 14일 만에 당고개에 도착하였습니다.

우리 일행은 6월 말 제물포에 다시 도착했습니다. 우리는 현재 6~7주가 걸린 두 번의 원정을 하였고, 주변 도시를 다닌 것을 포함해 거의 2,500km를 여행했습니다. 우리는 남쪽에서 북쪽으로, 동쪽에서 서쪽으로 크고 작은 산맥을 넘고 중요한 강줄기를 따라 꽤 긴 여정을 돌아다녔습니다.

수많은 색깔을 담은 단풍

이제 두 번의 탐사 결과를 요약하겠습니다. 처음에 조선의 기후 조건을 설명했습니다. 또한 때때로 탐사 경로와 함께 주변 풍경을 묘사했습니다. 그러나 나는 남쪽과 북쪽 지역의 풍경을 묘사할 때 두 곳이 현저한 차이가 있다는 것을 그다지 크게 강조하지 않았습니다. 남쪽에서 북쪽으로 계속 올라갈수록 수목 개체수가 더 풍부해지고 빽빽하게 들어서 있었습니다. 그곳은 이전에 소나무가 널리 퍼졌다면 지금은 활엽수가 대신하고 있습니다. 큰 잎의 떡갈나무, 서양물푸레나무, 보리수, 산느릅나무 및 가장 다양한 종류의 단풍나무들. 일본과 마찬가지로 20가지 단풍나무 수종이 있으며, 가을에는 잎이 붉게 변합니다. 미국인들이 가을을 "나뭇잎이 떨어지는 (Fall)"이라 부르는데, 이곳은 독일의 가을보다 수많은 단풍 색을 볼 수 있습니다.

대한제국은 동아시아의 황금사과인가?

화전민

조선 북쪽의 경작법은 다릅니다. 쌀은 더 이상 최고의 경작물이 아닙니다. 그 대신 기장, 보리, 밀이 그 자리를 차지합니다. 농부들은 남향 산비탈을 선호합니다. 떡갈나무와 서양물푸레나무는 토양에 거름을 주기 위해 일정한 간격으로 불을 질러 태웁니다. 첫 해에는 가지를 태우고, 두 번째 해에는 뿌리 밑동까지 태웁니다. 거름 효과는 그리 오래 지속되지 않습니다. 그러나 비가 내리면 나무를 태운 재가 진흙이 되어버립니다. 삼림 벌채는 다른 곳에서 다시 시작됩니다. 저녁 무렵 우리는 종종 야영지에서 떨어진 5~6곳에서 불꽃 재가 하늘로 올라가는 것을 볼 수 있었습니다. 심지어 우리 일행은 불을 지른 화전민 밭 한가운데를 지나야 했던 적도 있습니다.

아무도 이 무의미한 삼림의 황폐를 막을 수 없었습니다. 조선의 법은 화전을 확실히 금지하고 있지만, 조선의 권력자는 누구인가요? 만일 그가 이런 화전민을 없애는 결정권을 가지고 있다면 수세기 동안 무능한 정부가 아니었을 것입니다. 나는 묻습니다. 누가 과연 화전 금지 명령을 집행할 권한이 있는가요?

소나무만이 건축 목재로 보호됩니다. 그러나 아무도 벌목한 후 다시 식목하는 것을 생각하지 않습니다. 수십 년이 지나면 북쪽 삼림은 현재 남쪽처럼 황폐하게 변할 것입니다.

조선의 산맥과 해안, 암석지층

북쪽과 남쪽의 풍경이 다른 이유는 기후 때문만이 아닙니다. 인

크노헨하우어의 강연문 「Korea」(1901)

간이 체감하는 겨울 한파는 식물에 그다지 큰 영향을 미치지 않기 때문입니다. 이보다 더 중요한 이유는 지층의 형성이며, 북쪽의 암석층이 남쪽의 암석층보다 유리합니다. 그것은 남쪽의 편마암과 화강암 지역에서 많은 모래 언덕이 형성되며, 식물을 배양할 수 없는 편마암 또는 화강암이 절벽 형성의 원인이 됩니다. 북쪽은 이와 다른 삼림 풍경이므로 보는 이의 시야를 편안하게 합니다. 말하자면, 우리는 산악 지형의 나라에 도착한 것입니다.

수많은 산꼭대기의 암석층을 분석하고 각각의 집합으로 확실하게 묶어 놓는 일은 쉬운 일이 아니며, 높은 산줄기와 더 큰 산맥의 배열은 다양한 경우의 수가 존재합니다. 우선 고려해야 할 상황은 완성된 계곡이지만, 계곡 표면이 빗물에 깎이면서 다시 분기가 형성된 점입니다. 몬순 지역에 내리는 엄청난 강수량은 크나큰 침식이 발생합니다. 대부분 분수계를 이루며 더 진행되면 날카로운 융기부가 됩니다. 산의 지형은 독일의 그것과 완전히 다른 형질을 가지고 있으며 육안으로는 거의 산등성이만 보입니다. 예외적인 경우에만 높은 고원 지대를 볼 수 있습니다. 이 경우에는 마치 담요를 덮은 모양의 현무암의 화산 돌출부가 원인입니다. 40~45도 정도 가파른 절벽, 뾰족한 산 정상, 지그재그 모양의 산 능선은 엄청난 강수량에 의한 침식이 발생한 결과물입니다.

산맥과 해안
겉으로 보이는 산맥 구조는 큰 흐름만 볼 수 있습니다. 주요 산맥은 조선의 북쪽과 동쪽에 있습니다. 만주 산맥 구조는 동쪽 해안을 따라 남쪽으로 연결되어 뻗어 있습니다. 그러나 그것은 단지 위도 37도까지 유효하며 해안까지 이어집니다. 그곳에서 남서쪽으로 방향을 틀어 이 나라의 내륙으로 향합니다. 이것이 조선의 등 척추입니다. 여기부터 북동쪽 방향과 남서쪽 방향으로 여러 산맥 줄기가 나뉩니다.

가장 높은 해발은 해수면 2,500m인 함경도 북부에 위치한 현풍[Hien-fung 함남 신흥 지역. 크노헨하우어 지도 참조]이라는 곳입니다. 다음으로 높은 산은 1,940m의 타오광[Tao-Kwang 함북 길주 지역으로 추정. 크노헨하우어 지도 참조]입니다. 일반적으로 북쪽의 산맥 높이는 1,200~1,500m를 넘지 않으며 서해안 근처에서 가장 높은 봉우리를 가진 산맥은 높이가 600~700m를 초과하지 않습니다.

산맥의 배열에서 우리는 두 개의 다른 기준선을 명확하게 구분할 수 있습니다. 하나는 북동쪽에서 남서쪽으로 형성되었고 다른 하나는 북북동쪽에서 남남동쪽으로 형성되었습니다. 우리가 동해안 선을 따라가면 원산만은 거의 정확하게 산맥의 축에서 큰 꺾임이 있는 곳에 해당하며, 여기에서 해안 쪽으로 열리는 그루터기를 형성합니다.

해안선의 형성은 어느 정도까지는 산맥의 진행 방향과 관련이 있습니다. 둘이 평행을 이루면 해안선이 드물고 만과 섬이 드물게 형성됩니다. 가파른 본토의 경계선은 바다의 깊은 수심에 해당하며, 단지 여기저기 드문드문 섬들이 돌출되어 있습니다. 산맥이 해안을 가로지르는 지점에서 산산조각이 났지만 먼 거리에서 어느 산맥에 속하는지 추적할 수 있습니다. 부분적으로 좁고 긴 반도로 돌출되거나, 부분적으로 해면 위에 돌출되는 섬이거나, 숨겨진 절벽과 수심 깊은 곳의 바위로 매복해 있습니다. 황해는 수심 100m에 불과한 반면, 동해(일본해)의 바닥은 평균 1,100m, 일부 지역에서는 3,000m까지 깊어집니다. 동해안에 길고 긴 해안이 형성되고, 산맥의 진행 방향에 따라 중국 남부의 해안보다 훨씬 더 완만하고 비스듬한 가로 방향의 해안이 있습니다.

육지 지층

육지 지층 형성을 봅시다. 산맥축의 방향에서 지층을 형성하는 방향이 다시 보이며, 이 둘은 함께 연결되어 있습니다. 두 개의 산맥은 북동쪽에서 남서쪽 방향으로 향하며 일반적인 지층이 형성되어 있습니다. 본질적으로 동아시아 해안선 방향과 같습니다. 전방에 놓인 판의 배열을 인지해야 하며, 요동 지역 및 산동 지역은 육지 지층을 형성하는 흐름이 기준선에서 회귀하는 현상을 보입니다.

표면적인 산악 구조는 두 부분으로 나뉘고 암석 내면의 지층 방향과 일치합니다. 우리가 남쪽에서 동북동쪽에서 서남서쪽으로 볼 수 있는 지층은 원시편마암과 운모편암의 바위입니다.

북쪽에는 백운암[白雲巖 칼슘, 마그네슘 따위가 들어 있는 탄산염 광물의 퇴적암. 석회암이 마그네슘을 함유한 용액과 반응하여 생긴 것으로, 마그네슘의 원료 광석 제철용 내화물 따위로 쓴다.], 석회암, 점판암[粘板岩 점토, 화산재와 같은 세립질 퇴적

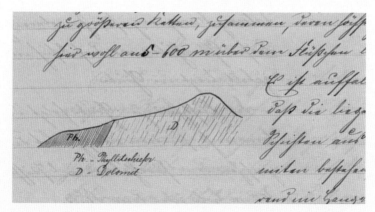

크노헨하우어가 조선을 탐사하면서 고회암(Dolomit)과 천매암(Phyllitschiefer) 분포 산악 지형을 그렸다.

물이 광역 변성 작용을 받아 만들어진 변성암. 광물에 따라 초록색, 검은색, 누런색 등을 띤다. 평면적인 조각으로 잘 갈라지고 슬레이트, 석판, 벼룻돌 따위를 만드는 데 쓰인다.], **천매암**[千枚岩 석영, 운모, 녹니석 따위를 주성분으로 하는 변성암. 변성된 정도가 가장 낮은 초기의 변성암으로, 녹색이나 검은색을 띠고 비단 같은 광택이 있으며, 얇은 잎 모양으로 벗겨지는 성질이 있다.], **방산충암**[放散蟲巖 규암(硅巖) 주로 석영의 입자만으로 된 매우 단단한 입상(粒狀) 암석. 사암(沙巖) 또는 규질암이 변성 작용을 받아 형성된 것으로, 공극(孔隙)이 없고 깨진 표면이 평탄하다.]**이 있습니다. 대부분 서북서에서 동남동 방향으로 펼쳐져 있었습니다.**

조선의 신생대

그러나 이러한 판암의 형태는 실제적으로 산동 지역의 그것처럼 특정한 지층 방향과 맞닿게 되는 규칙적인 법칙과 별로 상관이 없었습니다. 오히려 이곳은 예외적인 경우이며 그 관계는 혼란스럽고 설명하기 쉽지 않습니다. 나는 여러분에게 이러한 학문적인 문제보다 조선의 백운암과 점판암 등이 캄브리아기 혹은 중국 기층의 또 다른 기층에 속할 수도 있음을 언급하고 싶습니다. 이는 조선 기층이 이전에 추정했던 것보다 훨씬 더 넓을 수도 있다는 것을 증명합니다. 이 두 기층의 대략적인 경계선이 하나의 선일 수도 있습니다. 그 선은 북쪽의 평양에서 남동쪽으로 수안을 경유하여 낭천에 이릅니다.

이와는 대조적으로, 조선에서는 신생대 경계선이 더 내려갈 수도 있습니다. 채산성 있는 석탄층은 없고 탄소층만 넓은 지역이 부산 북쪽에 있습니다.

백악기[白堊紀 중생대를 3기로 나누었을 때 마지막 지질시대. 약 1억 4,500만 년 전부터 6,500만 년 전까지의 시기를 말한다. 전북 진안의 마이산은 백악기의 두 만암이 침식작용으로 이루어진 봉우리산이다. 자봉(673m)과 웅봉(667m)을 말한다.] 형성물은 동해안에서만 섬 모양으로 나타나며, 마침내 신생대 제3기로 나닙니다.[지구 지질시대에서 6,500만 년 전부터 200만 년 전까지의 기간을 말한다. 제3기는 약 2,600만 년전을 경계로 하여 다시 고(古)제3기(팔레오세, 에오세, 올리고세)와 신(新)제3기(마이오세, 플리오세)로 나뉜다. 한국은 북한에 고제3기와 신제3기가 주로 분포하나 남한에는 북평, 포항, 영일 등지와 제주도 서귀포에 신제3기층이 소규모로 분포하고 있다.]

대한제국은 동아시아의 황금사과인가?

퇴적물을 언급하겠습니다. 나는 여러 지점에서 석탄을 찾아냈습니다. 평양은 검은색 석탄이며 북쪽의 원산과 함흥은 전형적인 갈색입니다.

또한 수없이 많은 화산 암반이 돌출되어 있습니다. 이중 오래된 것은 화강암 산으로 나타납니다. 더 큰 면적은 안주강 상류에서 볼 수 있습니다. 많은 산봉우리는 화강암이고, 그 주변에서 고립되어 돌출된 봉우리들입니다.

이러한 이유로 고췌가 화강암이라고 언급한 봉우리 중 일부는 가까이 가서 관찰해보니 백운암 절벽으로 판명되었습니다.[독일 지질학자 고췌가 조선에 다녀간 1884년을 우리나라에서 서양 지질학 연구가 시작되는 기점으로 간주한다.]

현무암은 중부 지방에서 많이 분포되어 있습니다. 그들은 담요처럼 덮여 있고, 당고개 서쪽에서 수안까지 그 영역을 형성합니다. 이 지역의 의미는 모든 지층 구조에서 여전히 금이 존재하며 아직 생성되고 있다는 것입니다.

쇄석, 큰 자갈, 작은 자갈

조선의 거의 모든 계곡에 있는 쇄석(쇼터Schotter)은 금을 함유하고 있습니다. 산악지대 계곡의 쇄석층 두께는 일반적으로 5~6m를 초과하지 않습니다. 그러나 협곡의 막혀버린 돌출부 전면은 두껍게 형성되어 있습니다. 예를 들면 당고개 지역의 그 두께는 20m를 넘었습니다.

크노헨하우어의 강연문 「Korea」(1901)

쇄석

종종 쇄석의 규모는 그 무게에 따라서 나중에 형성된 지층이고 분리된 것입니다. 그 모양새는 항상 동일하지 않지만 일정한 규칙성을 보여줍니다.

금을 함유한 작은 자갈은 대부분 바닥으로부터 30~50cm 정도에 놓여 있습니다.[키이즈Kies는 입자 직경이 2mm~63mm의 자갈을 말한다.]

회갈색을 띠는 쇄석의 큰 자갈은 호두 크기의 동그란 자갈입니다.[게롤Geröll은 돌, 즉 암석 파편으로 구성되어 있으며, 물, 산사태, 진흙 흐름 또는 기타 지면 이동을 통해 운반하는 동안 계곡으로 이동하고 모서리가 다소 둥글게 되어 있다. 일반적으로 지름이 2cm~20cm의 둥근 자갈을 말한다.]

그 위에 50cm~1m 두께의 점토층이 있습니다. 점토는 다양하며 가장 찰진 토층에서 거친 모래 덩어리까지 모든 단계에서 보이며 점토와 마찬가지로 대부분 회청색을 띱니다. 종종 점토층 상부에는 잔유 유기물부터 뚜렷한 갈탄층까지 포함되어 있습니다.

또는 이탄토[습지나 얕은 호수에 수생 생물의 유체가 쌓여 암석의 풍화 물질과 뒤섞여 이루어진 토양. 아한대에서 온대에 걸쳐 주로 습지에 분포한다.]의 중간층이 있거나, 찰흙과 굵고 큰 자갈이 이어지고, 점차 층위가 높아지면서 매끄러워집니다.

마침내 이판암[유기물이 풍부하고 매우 얇은 층으로 이루어진 이판암은 황철석과 같은 황화물이나, 이전에 혐기성 퇴적이 있던 해분(海盆)과 같은 조건 아래에서 생겨난다.]과 부식토로 덮여 있습니다.

　본질적으로 금을 함유한 작은 자갈퇴적물이 확실하게 존재합니다. 그것은 일반적으로 점토층이 나타나면 추측이 가능합니다. 하층에 있는 찰흙층과 그 위의 큰 자갈층은 어느 특정 부분의 부식 활동이 멈춰진 상태이며 수로의 변화로 인해 그 부분이 침전된 결과입니다. 강물은 끊임없이 흐르며 파괴력을 갖고 있습니다. 자연의 물길은 결코 직선이 아닙니다. 물길은 어떠한 장애물이 나타나면 굴곡을 만들며 돌아갑니다. 그러한 충돌은 해안가의 동굴에서 끊임없이 발생합니다. 여기서 돌이 깎이고 쌓입니다. 굴곡은 더 심해지고 강 속으로 점점 파고들어 가면서 두 개의 굴곡 사이를 분리하는 경계를 부식시킵니다. 물결은 짧은 길을 택하고 똑같은 과정이 다른 곳에서도 반복됩니다. 이 점진적인 작업은 밀물로 인해 갑작스

크노헨하우어가 그린 토층

크노헨하우어의 강연문 「Korea」(1901)

런 소용돌이가 발생하기도 합니다. 기후가 건조하고 우기가 뚜렷하게 구분된 나라에서는 드문 일이 아닙니다. 중국 황하의 홍수는 역사적으로 한 번 이상 물길을 바꾸었지만 유럽에는 그 예가 없습니다. 그러한 동아시아의 강우량과 우기는 서유럽 기후에서 결코 경험할 수 없습니다.

수많은 소용돌이가 원인이 되어 쇄석퇴적물을 만듭니다. 이것은 인간의 손으로 끊임없이 뒤흔들고 움직여 사금 퇴적물을 찾아내는 채금작업과 같은 원리입니다. 그리고 여름의 강우량이 또 다시 여기에 가세합니다. 여름비는 바닥이 평평하지 않게 만들며 또 한 번 새로운 층을 만듭니다. 이러한 진행 과정은 일종의 재가공 과정입니다. 무거운 금 입자가 비와 함께 흐르면서 금을 함유한 새로운 작은 자갈 퇴적물이 형성됩니다. 이것이 당고개의 경우입니다. 여러 층의 작은 자갈 퇴적물이 쇄석에 포함되어 있습니다.

당고개의 채금과 시위대 진압

조선인들은 매우 원시적인 방법으로 금을 채집합니다. 그들은 금이 함유된 작은 자갈이 나올 때까지 큰 구멍을 파고, 슬리퍼 모양을 닮은 바구니에 담아서 등에 지고 가까운 냇가로 옮깁니다. 나무로 만든 프라이팬 모양의 틀에 놓고 씻는 작업을 여러 번 반복합니다.

주요한 금 채취장은 조선에도 많이 알려져 있으며 모두 위의 단순한 방법으로 채굴하고 있습니다. 자갈더미는 망치로 조각을 내고, 화강암 압연기로 짓눌러 부서뜨립니다. 그러고 나서 물에 세척을 합니다. 물론 이런 과정을 거치면서 큰 손실이 생깁니다.

조선에서 언제부터 사금 채취를 했었는지 정확하게 알 수 없습니다. 50년 전까지만 해도 발각되면 사형을 당했기에 금지되었습니다. 이를 금지한 첫 번째 이유는 이웃 민족들의 관심과 욕구를 더 이상 자극하고 싶지 않기 때문이라고 합니다. 다른 이유는 북쪽의 야만적이며 복종하지 않는 유목민 집단의 유입에 대한 두려움 때문이라고 합니다. 아마 둘 다 맞을 것입니다. 우리는 조선이 어떻게 항상 이웃 국가들 사이에서 황금사과였는지 잘 알고 있으며, 또한 금 채취자들은 굉장히 위험한 사람들이었습니다. 그들은 대부분 조선인들의 속성인 평화애호주의와 상관없는 부류였습니다. 그러나 이후 채금 금지령은 조선의 다른 정책처럼 재고되었습니다. 돈 욕심이 있는 왕은 정부와 합의하여 그에 따른 세금을 거두어들일 수 있어서 기뻐했습니다.

조선의 금 생산에 대한 확실한 정보는 없습니다. 그러나 계약 항구 세 곳에 있는 해관은 수출 목록을 공표하였습니다.[현재 관세청을 말한다. 타국간의 무역에서 발생하는 근대적 관세 개념을 전혀 인지하지 못했던 조선은, 1876년 조일수호조규 이후 1878년 부산 두모진에 해관을 설치하였다. 일본의 반발로 철폐되었으나, 1882년 조미수호통상조약 이후에 다시 설치되었다. 제물포항은 1883년 개항하면서 해관이 설치되었고, 이를 담당하던 이가 독일인 묄렌도르프이다.]

그 후 1897년에 약 3백만 마르크의 금이 수출되었습니다. 조선인은 인디언처럼 금을 비축하지 않았고 금의 가치를 잘 알지 못했기 때

당고개에서 원시적인 방법으로 금을 채취하는 조선 광부

문에 금의 수량을 속이지 않고 정확하게 기재되었다고 추측합니다.

그러나 얼마나 많은 금이 그저 큰 덩어리라고 표기되어 중국 국경을 넘어갔는지 우리의 정보로는 추적이 불가능합니다. 조선 금의 총생산량은 1천만에서 1천 2백만 마르크 정도로 추정할 수 있습니다. 그것은 다른 금 생산국과 비교할 때 그리 많지 않지만, 적어도 천연 자원이 존재한다는 증거입니다. 합리적으로 관리하면 매우 수익성이 높은 사업이 될 수 있습니다.

유럽 국가들은 조선이 문호를 개방한 이래 조선에서 광산 채굴권을 획득하기 위해 끊임없이 노력하였습니다. 그러나 조선인들은 수년간 꼼짝도 하지 않았습니다. 마침내 돌이 구르기 시작했습니다. 한때 미국 선교사로 온 의사가 왕을 성공적으로 치료했습니다.[민영익(1860-1914)이다. 1884년 갑신정변 때 생명이 위험할 정도로 심한 부상을 당했다.]

의사는 나중에 미국 영사가 되어 미국을 위한 채굴 허가권을 얻어냈습니다.[알렌을 말한다. 알렌은 고종의 고문이 되었고, 왕실의 후원으로 광혜원을 세워 서양 의술의 시초가 되었다.]

최혜국 약관으로 인해 조선은 독일 회사에게 동일한 권리를 부여해야만 했습니다. 위와 같은 이유로 프랑스, 영국 및 러시아도 나중에 요구했지만, 지금까지 미국과 독일 회사만이 그 목적을 달성했습니다.

우리가 남쪽 탐사에서 돌아왔을 때, 우리는 당고개 지역을 선택하기로 결정했습니다. 조선은 우리가 금 생산량이 가장 많은 당고개를 무리하게 요구한다고 했습니다. 저는 분노가 솟아올랐습니다. 그러나 우리가 방문했던 다른 지역도 왕의 궁내부에 속했던 지역이었기 때문에 모든 외국인은 출입이 불가능했습니다. 하지만 조선 정부는 우리에게 이와 같은 사실을 전혀 알리지 않았습니다. 우리는 왕에게 해명을 요구했습니다. 이 일은 당시 모든 신문에 보도되었습니다.[〈독립신문〉 1898년 7월 2일/7월 4일/7월 6일/7월 7일, 〈매일신문〉 7월 1일/7월 2일]

조선 정부는 뒷문으로 비열한 행위를 하며, 외면하고, 번복하며 우리가 얻은 권리를 인정하지 않으려고 했습니다.[〈매일신문〉 1898년 7월 21일자 2면 기사를 보면, 외부대신 유기환(1858-?)이 독일 영사관 문 앞에서 크리엔 영사에게 폭행을 당했지만, 그의 처사는 당연한 일이다. 외부에서 보낸 공문서는 당고개 금광 채굴권을 거절한다는 내용이다. 〈매일신문〉은 독일에게 채굴권을 허락하면 일본과 영국에게도 해야 한다. 나라는 채굴권을 허락해도 백성이 원치 않으면 시행할 수 없다고 썼다.]

그러나 독일 영사는 어떠한 것도 동의하지 않았으며 엄격하게 최혜국 약관에 의한 승인을 요구했습니다. 첨예한 분위기 가운데 외교각서를 교환하면서 외국인 고문이 설명한 덕분에 조선 정부는 이성적으로 돌아왔고, 마침내 우리가 선택한 당고개를 승인하였습니다.[미국인 그레이트하우스로 추정된다. 1886년부터 1890년까지 요코하마 주미영사로 재직하였다. 1890년 대한제국 내무협판으로 임명되었으며 고종의 신임을 받아 법률, 외교, 외국과의 분쟁, 외국과 조약체결에서 고종을 대변하였다.]

고문 중 한 사람이 왕에게 이야기했습니다. 절대 독일인들에게

농담하면 안 되며, 그렇게 한다면 그들은 더 큰 배상을 요구할 것이
며, 자오저우만의 점령이 그 증거라고 하였습니다.

우기가 지난 후 나는 첫 번째 조사와 준비 작업을 하기 위해 세
번째 당고개를 방문했습니다. 그러나 정부가 우리에게 허가권을 승
인한 것으로 모든 문제가 해결되지 않았습니다. 그곳 주민들과 대
치해야 하는 일이 남아 있었으며 그것은 제 업무 중 가장 어려운 부
분이 되었습니다.[〈제국신문〉 1898년 9월 15일 2면과 3면에 크노헨하우어가 김성으
로 떠나기 전에 행장을 꾸리는 것을 묘사하고 있다.]

위험한 당고개 채금 작업

당고개에서 우리는 예상대로 적대감이 가득한 마을 주민들을
만났습니다. 저는 흥분한 수천 명을 대응할 힘이 없었습니다. 우리
는 유럽인 3명뿐이었고 그마저도 처음에는 2명이었습니다. 그래서
우리는 채금에 전혀 신경 쓰지 않는 것처럼 보이려고 했습니다. 만
약을 대비해서 우리는 자신을 가장 잘 방어할 수 있는 작은 계곡 꼭
대기에 캠프를 쳤습니다. 그러나 걱정할 사태는 아직 일어나지 않
는 듯했습니다. 우리는 그저 그곳에서 식수만 원했는데도 연발권총
을 휴대해야만 했습니다.[레볼버Revolver 1898년에 사용된 모델이므로 회전식 6
연발 권총으로 추정된다.]

오래된 조선 관리자들과의 관계는 규제가 필요했습니다. 독일
영사 및 조선 고위 관리 및 독일 회사의 수장이 와서 며칠 동안 협
상한 후에 우리는 적절한 방법을 찾았습니다. 조선인이 자신의 권

크노헨하우어 텐트

리를 포기하며 요구한 보상 대신 우리는 다음과 같이 허락했습니다. 1년 동안 같은 방식으로 계속 일하고 정부에게 세금을 내지 않는 대신 우리와 함께 일하는 것입니다. 그러나 조선에서 개인 세금은 정해져 있는 세금입니다. 조선인들은 1년 안에 가능한 많은 양의 금을 채취한 후 우리에게 세금 대신 주지 않고 다른 이들에게 밀수출하는 것이 당연했습니다.

조선인은 마침내 이러한 뻔뻔하고 불법적인 행동을 공개적으로 했습니다. 우리는 심각한 결과를 초래할 수 있었기 때문에 암묵적인 관찰만 할 뿐이었고, 도둑질하는 누군가를 공개적으로 체포한다는 것은 거의 불가능했습니다. 조선인 관리자들은 항상 그 때문에 고통을 겪고 순진한 양처럼 행동하고 있었습니다. 그러나 그들은 실제로 꺼져가는 불씨를 되살리는 선동자였습니다.

그래도 겉으로 최대한 엄격하게 진행하였습니다. 노사관계는 점점 긴장되고 있었습니다. 매주 공모한 흔적이 발견되었습니다. 우리는 겨우 3명뿐이었지만 이들은 어느 누구도 드러내놓고 공격을 감행하지 않았습니다. 그러나 덫, 함정과 악의적인 공격은 거의 매일 우리를 괴롭혔습니다. 얼마나 자주 나에게 사형당하는 것처럼 목을 자르는 시늉을 했는지 아무도 모릅니다.

어느 날 쾅 하고 소리가 났습니다. 1898년 크리스마스 직전이었습니다. 사주 받은 어느 채금인 한 사람이 용기를 내서 돌을 던지며 갑자기 공격을 시작했습니다. 수백 명의 채금인들이 지켜보고 있었지만, 그 남자는 곧 나의 고용인들에게 붙잡히고 구속되어 감옥에 갇혔습니다. 우리가 돌아가려고 하자 그들은 무력으로 죄수를 풀어주려고 하였습니다. 나는 동행인 중 한 명과 함께 즉시 사건 현장에 달려가서 주동자를 잡으려고 했으나, 이미 도망쳤습니다.

채금 노동자들의 시위

갑자기 공중에서 울부짖는 소리와 우당탕 큰 소음이 들렸습니다. 돌덩어리가 우리 주변에 떨어지기 시작했습니다. 공격은 세 방향에서 시작됐습니다. 암벽을 뒤로 하고 우리는 권총을 쏘며 단호하게 반격했습니다. 우리의 생명이 얼마나 값진 것인지 보여줘야만 했습니다. 그러나 우리는 총알을 아껴야 했기에 매번 명중하기 위해서 신중해야만 했습니다. 안전하게 집 뒤쪽으로 피한 공격자들은 사정거리를 지키고 있었습니다. 그들의 월등한 숫자와 힘은 중과부적이었고, 결국 우리 고용인들은 모두 도망가버렸습니다. 5분 후 우리는 온갖 종류의 돌 폭탄을 맞을 것입니다. 바로 그때 도망간 고용인이 내 조수를 불렀습니다. "어서, 어서", "빨리, 빨리" 그는 도망치면서 빨리 피하라고 외쳤습니다.

저의 총알이 마지막 한 방 남았을 때 어떤 이가 모퉁이에서 나타났습니다. 나는 그가 뺨에 대고 카빈총을 장전하는 것을 보았습니다. 탕, 탕, 탕 세 발을 쏘았고, 세 번째 발사 후에 모두 뿔뿔이 도망갔습니다.

저는 이 상황을 경험한 당사자입니다. 그때 무엇을 해야 했을까요? 우리는 시위 장소를 청소해야 했습니다. 나는 공격자들이 숨었던 9채의 집을 빠르게 훑어보고 한 시간 안에 집을 비우도록 명령했습니다. 집 주인들은 사태의 심각성을 깨닫지 못하였습니다. 그러나 한 시간 후에 초가 지붕이 불에 타오르고 화염이 하늘로 솟구쳤을 때 그제야 그들은 알아차렸습니다.

기분이 별로 좋지 않은 크리스마스가 되었습니다. 아무도 어떤 일이 일어날지 몰랐습니다. 소문만 무성하게 소용돌이처럼 돌아다녔습니다. 시위 주동자는 복수를 계획하고 우리를 처치하기 위해 주변의 호랑이 사냥꾼을 모집했습니다. 몇 주 후 제가 꿈꿨던 조선 군인이 도착했습니다. 현감은 주민이 소유한 모든 무기를 회수하도록 지시했습니다. 그럼에도 불구하고 여전히 총을 가진 사람들을 보고 내가 현감에게 가서 알렸을 때 어떤 대답을 들었을까요? 그는 당고개 지역의 모든 무기는 회수했지만 그 외 지역은 현감의 명령이 유효하지 않았다고 했습니다. 그곳이 바로 당고개 채광 지역이며 이곳은 독일이라고 했습니다.[독일이 채굴 허가권을 받은 곳이고, 치외법권 지역이라는 의미이다.]

이곳이 바로 진짜 아시아입니다! 그렇다면 나에게 모든 권한이 있다는 의미입니다. 알았습니다, 그 장소가 독일이라면 나는 그곳의 현감이며 그에 따라 행동할 것이라고 말했습니다.

시위가 발생한 지 4주가 지났습니다. 그제야 저는 조선인의 부당한 활동을 중단시킬 수 있었습니다. 약속한 1년 중 겨우 4개월밖에 지나지 않았습니다. 이들은 조용해졌으며 눈에 띄게 발전한 모습이 되었습니다. 군인과 경찰의 도움으로 모든 불법적인 요소를 점차적으로 제거했을 뿐만 아니라 숲에 불을 지르는 악습도 정리되었습니다.

대한제국의 미래와 고종 황제

조선은 봄에 한성-원산을 잇는 큰 도로를 건설하였습니다. 우리는 6월에 깜짝 놀랄 소식을 들었습니다.[러시아인 이반 스트렐비츠키는 1899년 6월 9일 하인리히 왕자가 수행원 60여 명과 함께 대한제국을 방문할 예정이라고 본국에 알린다. 독일은 한성-원산간 철도부설사업과 한성과 당고개를 통과하는 전신선을 이미 신청해 놓고(〈제국신문〉 3월 4일), 만약에 철도가 개설되면 자오저우만부터 동해에 이

하인리히 왕자 부부, 칭다오

독일 함대 S.M.S Deutschland

르는 최단거리의 통로를 확보할 것이라고 하였다.(『해외사료총서 16권 러시아국립해군성
문서 II 1894-1899』)

하인리히 폰 프로이센 왕자(Heinrich Albert Wilhelm, Prinz von
Preussen 1862-1929. 영어명 Henry) 전하가 독일 기업 경영자 9명과 함께
당고개를 방문하기로 결정했다는 것입니다. 이 경외스러운 방문이
단지 하루뿐이라도 그것은 우리를 위한 것이었으며, 우리의 사업을
잘 이끌어줄 것이라 믿었습니다.

나는 하인리히 왕자로부터 명예로운 인정을 받았으며, 동시에
왕자와 함께 조선을 떠나서 S.M.S. Germany(S.M.S Deutschland)를
타고 새롭게 취득한 독일 점령지 칭다오(청도)에 갔습니다. 이제 이
나라에서 제 임무는 절대 잊지 못할 결과를 가져왔습니다. 그것은
회사를 위해서 매우 현실적인 이익을 가져왔습니다.

조선 정부는 그 때문에 자체 비용으로 한성과 당고개를 연결하
는 전화선을 만들었습니다. 이제 이 회사는 베를리너 디스콘토-게
젤샤프트가 경영하게 되었습니다. 동아시아 지역에서 또 다른 독일
기업가들이 수많은 활동을 하며 독일 정신과 무역 기반의 거점이
될 것입니다.

그건 그렇고, 나는 조선을 떠나기 전에 조선 황제를 알현할 수
있는 기회를 얻었습니다. 여기서 나는 다시 주의를 요합니다. 조선
은 시모노세키조약을 통해 완전한 자주 국가가 되었습니다. 그 후
아시아의 관습에 따라 왕이 황제라는 칭호를 제정한 것은 필수불가
결한 결과였습니다. 다른 제국주의 국가들은 이를 인정했는데, 아

독일 제복 차림의 고종 황제

직 독일만 인정하지 않았습니다.

한성에서 고종 황제를 알현했습니다. 궁궐에서 아시아와 유럽의 예절이 충돌하는 것을 보는 것은 매우 흥미로웠습니다.[고종은 1897년 대한제국을 선포하면서 경운궁을 덕수궁으로 개명하고 황제궁으로 사용하였다. 또한 대신의 관복을 독일식 군복으로 바꾸었다.]

아시아 관습에 따라 모든 접견은 공개 장소에서 개최되었습니다. 우리는 높은 아치형 문으로 장식된 내부 정원과 외부 정원의 미로를 거쳐 대기실에 도착하였습니다. 유럽식 군복을 입은 조선 장교들, 화려하고 값비싼 비단으로 만든 관복을 입은 궁전 관리들이 여기저기 잰걸음으로 다니고 있었습니다. 대기실에서 접견실을 볼 수 있었습니다. 조선 관리들은 부끄러워하며 거의 벽에 붙어 서로 밀치면서 지나다닙니다. 접견실에서는 매번 경외감을 가득 담아 세 번씩이나 땅에 엎드려 절을 합니다. 그 당시 하인리히 왕자와 동행한 독일 해군 장교의 당당하고 자신감 있는 몸가짐이 이들과 뚜렷한 대비를 이루었습니다.

그 당시 어느 누구도 유럽인들에게 기대할 수 있는 예절의 기준을 몰랐습니다. 규정상 고종 황제를 접견하기 원하는 외국인은 영사 혹은 각 나라를 대표하는 자가 소개해야만 했습니다. 그러나 독일 영사는 그날 참석자가 너무 많아 수많은 방해를 받았습니다. 그래도 이들이 나의 접견을 허락했던 이유는 아마도 화려한 독일 제국의 제복을 존중했기 때문인 듯합니다. 제가 제복을 가져온 이유이기도 했습니다. 그래서 그들의 예법을 따르면서, 오랜 협상 끝에 첫 번째 통역관은 몇 년 전까지 어느 누구도 볼 수 없었던 이 나라 통치자 앞으로 나를 데리고 갔습니다.

대한제국 궁궐 덕수궁

크노헨하우어의 강연문 「Korea」(1901)

고종 황제 알현

황제는 작고 비만한 편이었으며 친근한 인상이었습니다. 모두 세 번 절을 하고 난 후에 황제는 친절하게 고개를 끄덕이며 답하였습니다. 그는 하인리히 왕자와 접견할 때 입었던 노란 비단 옷을 조선 전통 의상인 하얀 옷으로 갈아입었습니다. 대화는 무미건조하고 형식적이었습니다. 저는 조선이 정말 내 마음에 들며, 유럽인들이 지방을 여행할 때 너무 불편하다고 하였습니다. 또 외국인 여행자들은 이 나라가 매우 아름답고 만족한 마음으로 여행을 하고 돌아가게 될 것이라고 말했습니다.

불쌍한 고종은 유감스럽게도 자신의 부하들에게 여러 번의 공격을 받아서 의기소침하였습니다.[개화파들의 갑신정변(1884)부터 친일파가 득세한 갑오개혁(1894-1895) 그리고 러시아 공사와 이범진(1852-1911)의 도움으로 고종이 러시아 공사관으로 몸을 피해서 신변을 보호한 아관파천(1896)을 말한다.]

특히 황후가 몇 년 전 일본인에 의해 굴욕적으로 살해된 이후 더 심해졌습니다.[을미사변(1895), 경복궁에서 발생한 명성황후 시해사건을 말한다.]

그는 매우 지적이고 개혁을 추진할 수 있었습니다. 그러나 결단력 없고 탐욕스러웠던 그는 붕당으로 나뉜 대신들의 공놀이 대상에 불과했습니다. 그는 가능한 한 많은 돈을 갖고자 하였습니다. 그는 이 나라의 복지와 불행에 무관심하였습니다.[고종은 강화도조약 이후 일본의 조선 침략 의도를 알아차렸다. 개항 후에 제국주의 열강에게 분양한 지하자원 채굴권의 지분을 요구하였다. 크노헨하우어는 이를 빗대어 고종이 탐욕스럽다고 묘사하고 있다. 실제로 그가 말한 고종이 받은 금 생산의 지분은 왕실의 비자금인 내탕금이 되어 전국 각

대한제국은 동아시아의 황금사과인가?

지에서 일어나는 의병항쟁과 헤이그사절단 파견, 중국과 만주에서 활동한 독립군의 활동 자금이 되었을 것이다. 참조: 1896년 고종은 을미의병의 기병을 독려하는 〈애통조〉를 작성하였다. 1907년 로이터통신 인터뷰에서 고종의 결의가 언급되었다.]

2년 전 러시아인이 이 나라의 재정을 관리하였을 당시 상황이 지금보다 훨씬 좋았습니다. 그러나 러시아 대표는 가혹하게 모든 러시아인을 조선에서 완전히 퇴출시켰습니다. 이후 일본이 조선에서 권력자가 되었으며, 모든 항구 도시에 큰 무역지사를 설치했으며, 다양한 수비대를 주둔시킬 권리를 가졌습니다.

미국 대표도 조선에서 큰 영향력을 가졌습니다. 미국은 이 나라에서 독일과 함께 채굴 허가권을 보유했기에 지하자원을 채굴할 수 있는 유일한 국가이며, 반면 영국은 어떤 사업에도 관여하지 않았습니다.[영국은 아편전쟁 이후 획득한 중국의 이권을 지키는 것이 급선무였다. 그리고 조선에서 거문도를 무력으로 점령한 후에 러시아 견제 세력으로 등장했지만, 1902년 영일동맹을 체결하면서 일본의 모든 행위를 묵과하였다. 영국이 거문도를 무단 점령한 이유는 러시아가 마산포를 조차하려는 것을 사전에 방해하려는 의도였다. 이미 블라디보스토크의 한 신문은 마산포를 러시아가 점령한 항구라고 보도했다고 한다.]

이 땅의 미래

조선의 미래는 어떻게 될지 예측하기가 어렵습니다. 독일과 무역을 위해서는 현재 상태를 유지하는 것이 바람직합니다. 말하자면, 조선은 완전한 자주 국가여야만 합니다. 그러나 경우에 따라 조선이 언젠가 이웃 나라의 보호와 지배를 받게 될지는 아무도 알 수

크노헨하우어의 강연문 「Korea」(1901)

제국주의 국가들의 삼국간섭을 표현한 신문 만평

없습니다.

조선에 대한 러시아의 관심은 세계 속의 정치 구상이며, 조선 해협을 지배하려는 욕구이며 아무런 방해없이 북쪽 톈진만 항구에 이르기 위한 것입니다.[북천진, 1928년까지 Petschili, 北直隸(Běizhíl)]

반면 일본은 실질적인 무역에 관심을 가지고 있습니다. 이들은 조선을 수백 년 동안 자연스럽고 가장 가까운 소비시장으로 보았을 뿐만 아니라 무엇보다도 빠르게 성장하는 일본 인구의 이주 지역이 될 수 있다고 생각했습니다.

당분간 현 상태를 유지할 수 있는 것은 두 나라가 견제하기 때문입니다. 러시아는 최근 조선의 영토 불가침을 유지해야 한다고 주장했습니다.[조선의 중립국 선언은 러일전쟁과 헤이그 특사 파견 시 주요 안건이었다.]

그러나 우리는 러시아 정치를 알고 있습니다. 러시아는 잘 익은 과일이 무릎에 떨어질 때까지 기다리고 있습니다. 만약에 우발적으로 러시아 혹은 일본이 조선을 삼킨다면, 우리에게는 전자가 더 쾌적할 것입니다. 외국인은 일본에게 아무것도 기대할 수 없습니다. 러시아 정부가 지배한다면 독일 무역은 특정 전제 조건 아래 번성할 것이며, 적어도 이 나라는 질서정연한 상황에 놓일 것입니다. 그러나 이미 획득한 독일의 시혜국 권리를 존중하고 간직하려면 독일 제국 정부의 외교 정책이 반드시 뒷받침되어야만 합니다.[크노헨하우어의 의견은 독일은 국가 이익을 위해 일본을 견제하고 러시아 편을 들어야 한다는 입장이었다.]

크노헨하우어의 강연문 「Korea」(1901)

유럽인들이 잘못 알고 있는 한국 역사

1897년 가을 세창양행은 독일 광산 회사를 건립하고자 하였으며 크노헨하우어에게 조선의 금광 지역을 찾으라는 프로젝트를 준다. 크노헨하우어는 1897년 11월 독일을 떠나 2개월 동안 항해를 하며 상하이에 도착한 산림청 공무원이다. 1898년 2월 제물포항을 통해 조선에 입국했을 때 조선은 대한제국을 선포하고 황제국으로 변신을 꿈꾸고 있었다. 크노헨하우어는 1899년 6월까지 약 1년 반 동안 대한제국에 머물렀으며, 강연문에는 그가 몸소 체험한 경험이 상세히 서술되어 있지만 한국 역사의 많은 부분에서 오류를 남겼다. 기존의 논문에서 언급한 크노헨아우어의 강연문은 독일어를 잘못 해석하여 조선을 부정적으로 보는 시각으로 평가하였다.[박보영, 「19세기 말~20세기 초 독일인들의 압축적 통사서술에 나타난 한국사 인식-곳체, 크노헨하우어, 옴, 로트를 중심으로」, 『대구사학』 134권, 134-174(41pages); 고유경, 「한독관계 초기 독일인의 한국 인식에 나타난 근대의 시선, Eyes of Modernity: German Understanding of Korea during the Early Korean-German Relations」, 『호서사학』 2005-04-30 / Vol.40 / pp. 277~310]

논문 저자들이 그의 강연문 전체를 보지 않고, 그가 의문을 던진 부분까지만 해석하고 연구 논문에 인용한 결과이다. 크노헨하우어는 그가 읽었던 조선 여행기에서 잘못된 서술의 원인까지 찾아냈고, 동서양 문화의 차이점을 상세하게 언급하고 있다.

『일본서기』에 근거한 유럽인의 잘못된 역사 인식

크노헨하우어가 강연문에서 언급한 역사 부분을 보자.

신라와 남쪽 지역 전체가 일본 소유라고 알고 있다. 이것은 8세기에 편찬된 『일본서기』에 서술된 임나일본부설의 주장에 근거한다. 『일본서기』에 의하면, 일본은 가야 지방에 일본부를 두고 가야를 실제로 지배했다는 설이다. 임나가야는 진경선사비에서 보이지만 당시 일본의 국가체제 등을 짐작컨대 거의 불가능한 가설이라고 최근 일본 연구자들도 인정한 부분이다.

12세기 남쪽 지역이 일본의 침공을 받았고 14세기에 이들을 쫓아냈다고 서술했다. 이 부분은 아마도 몽고의 일본 원정과 혼동한 듯하다. 『조선왕조실록』을 보면 고려시대에 크고 작은 침입 횟수는 조선 건국까지 총 529회에 달한다고 한다. 특히 6차례 고려 원정을 통하여 고려를 정벌한 원나라가 일본에게 입공하라는 서신을 보냈으나 일본은 묵살하고 만다. 고려 말 충렬왕(재위 1274-1308) 시기 고려에 정동행성을 설치하고 원나라는 일본 원정을 하였으나 가미카제(Kamikase, 神風)의 도움으로 원정은 그리 성공적이지 못했다.[가미카제와 자연의 힘의 연관성에 관한 확대 해석은 제2차 세계대전에서 일본 황제에 속한 특수부대의 자살 공격으로 유명하다. 이들은 자신들의 전투기와 함께 연합군의 군함을 격추시키며 자폭하는 것을 자연의 섭리이며 신이 지켜주는 일본국이라고 교육받았다.]

14세기에 이들을 쫓아낸 것은 1389년 대마도를 정벌한 박위[이성계를 도와 위화도회군에 참여하였다. 1398년 죽음]의 활약을 말한다. 특히 세종 원년 이종무(1385-1452)는 대마도를 정벌하고 조공을 약속받았다.

세종은 경상도 지역의 제포(진해), 부산포(동래), 염포(울산)를 이들에게 개항하여 무역을 할 수 있게 조처하였다. 이곳에 설치된 왜관에 60인의 일본인이 상주할 수 있도록 허락하였다. 대마도는 부산의 오륙도에서 볼 수 있는 시계 거리에 있으며, 초량왜관에서 상주하며 조선어 통역을 한 통역관이 쓴 기록 『초량화집草梁話集』(1825)이 존재한다. 일본과의 무역은 왜관에서만 이루어졌으며 임진왜란 이전에는 매달 세 번 개시, 장을 열어 교류하였다.

16세기에 20년 동안 잔인한 전쟁으로 조선을 정복했고, 매년 36명의 인간 피부를 일본에 바쳐야 한다고 서술했다. 이것은 1592년부터 1598년까지 7년 동안 진행된 임진왜란을 가리키며, 36명의 인간 피부 조공품은 현재 교토에 있는 귀무덤 미미즈카를 가리킨다.

실제로 일본군은 왜란 당시 전리품으로 약 12만 명의 조선 병사와 민간인의 코를 베어 미미즈카를 만들었다.

독특한 지붕 장식이 이웃 국가와 차별되는 조선의 공공건물은 수많은 항쟁과 민중봉기 때문에 파괴된 것이지 청일전쟁 때문은 아니라고 하였다. 크노헨하우어는 그가 조선에 도착하기 몇 해 전에 발생한 1894년 동학농민전쟁을 의미하는 듯하다. 그리고 조선에서 일어난 크고 작은 민란 때 봉기한 농민들이 관청을 파괴했다고 인식하고 있다. 그러나 아직도 분노할 만한 한 예로 1895년 일본군은 고종과 명성황후가 거주하는 경복궁을 점령한다. 경복궁 점령사건은 조선의 국왕 권위에 대한 일본의 태도가 자명하게 드러나는 부분이다. 그들은 왕궁에 불을 지르며 명성황후를 찾아다녔으며 결국 그녀는 참혹하게 왕궁 안에서 화형에 처해지고 말았다. 1895년 을미사변은 경복궁에서 일어난 조선의 치욕적인 사건이다. 또한 경복궁은 임진왜란과 병자호란을 거치며 완전히 파괴되어 광해군 때 국책사업으로 복원되었다.

크노헨하우어는 또한 고종이 이 나라의 복지와 백성들이 불행한 것에 무관심하고, 가능한 많은 돈을 갖고자 탐내는 욕심쟁이라고 했다. 이 같은 모습은 고종이 의병을 지원하고, 외국에 조선사절단을 보낼 때 사용하는 내탕금 용도라는 것을 모르는 이방인 눈에 보이는 그대로였다. 조선을 직접 경험하면서 크노헨하우어는 조선인이 오랜 고대 문화를 소유한, 일본에서 건너온 이주민보다 문화 수준이 높은 원주민임을 깨달았다. 그의 눈에 비친 대한제국은 외

유럽인들이 잘못 알고 있는 한국 역사

미미즈카, 귀무덤

청일전쟁 때 파괴된 평양

대한제국은 동아시아의 황금사과인가?

국인에게 친절한 중국인과 일본인과는 달리 이방인 앞에서 수줍어하며, 조용히 자연에 적응하면서 그저 평화롭게 살기를 원하는 민족이었다. 그가 한성의 남쪽에 머무르며 고을 현감을 만났을 때이다. 조선 선비는 모든 예를 갖추며 이방인을 대하는 형식적인 관리의 태도와 게임을 할 때 환호성을 지르며 기쁨을 표현할 줄 아는 인간적인 양면성을 보여주었다. 그는 이러한 모순에서 조선인에게 이루 말할 수 없는 호감을 느꼈다.

또한 그는 조선의 예법을 이해하려고 노력했다. 고을 관청문이 왜 세 개이며, 그는 어떻게 가장 큰 중간대문으로 들어갈 수 있는지를 소개하였다. 그리고 유럽인들이 조선에 거주하려면 조선의 예법을 위반하지 않아야 하고, 조선인들은 이방인이지만 합당한 처사를 하기 위해 자체적으로 협의 시간이 필요하다고 조언하였다.

크노헨하우어가 참고한 조선 여행기 중 헤쎄 바르텍의 조선 여행기는 8일 동안 조선을 방문하고, 농촌의 모습까지 묘사하였다. 그의 여행기 내용은 위생관념이 없고, 야만적이고, 원시적인 국가에 신문명의 전파자가 필요한 나라였다. 크노헨하우어는 이러한 조선의 상반된 의견의 실체를 눈으로 확인하고 싶었다. 그는 동서양의 생활습관 차이와 그에 따른 문화충격을 받았지만 헤쎄 바르텍 여행기와는 상반된 조선의 모습을 경험하였다.

만약 다른 여행자들의 표현처럼 대한제국이 가난하고 아무 쓸모없는 나라였다면, 중국과 러시아와 일본이 서로 주도권을 잡으려고 수차례 전쟁을 일으켰을까? 동아시아에서 이 나라 때문에 끊임없이 다툼이 일어나는 원인은 무엇일까? 몇몇 여행자의 기록은 여행 시작 전에 이미 다른 자료를 보고 베껴 작성해 놓은 것이었다. 이는 일본의 관점에서 내뱉은 말이며 대한제국이 쓸모없는 나라라고 해야 다른 제국주의 국가들이 무관심할 것이라는 계산이었다. 그것은 영국인이 북동부와 남아프리카지역에 문명을 전파한다는 구실로 점령한 것처럼 일본은 대한제국의 신문명 전파자 역할을 할 수 있는 구실을 만들어 주었다.

독일은 크노헨하우어 덕분에 세 차례 탐사 끝에 1898년 7월 18일 당현(당고개) 금광 채굴권을 획득하였다. 이들은 같은 해 6월 프로이센의 하인리히 왕자와 상인사절단이 곧 대한제국을 방문한다는 소식을 듣는다. 왕자의 방문을 계기로 한성부터 강원도 금성 당고개까지 전화선을 설치하고자 하였고, 이에 대한 자금은 베를리너 디스콘토-게젤샤프트에 도움을 청했다.

하인리히 왕자는 프리드리히 3세의 아들이며, 프로이센 왕과 독일 황제를 겸하는 빌헬름 2세(Wilhelm II 1859-1941)의 동생이다. 1877년 해군에 입대하여 제독에 이르렀으며 1898년 동양함대(Ostasien Kreuzergeschwaders)의 함장이 되었다. 동양함대는 1861년 톈진조약으로 독일 함대가 중국 연안에서 활동하는 것이 허용된 후에 탄생한 명칭이다. 하인리히 왕자는 한성을 거쳐 산둥반도 자오저우만의 칭다오를 방문할 계획이었다.

독일은 1897년 11월 1일 독일선교사 2명이 산둥성 거야(Juye 巨野敎案)에서 살해당한 국가적 대항책으로 자오저우만을 점령하였다.

1898년 1월 15일 독청조약을 체결하고 같은 해 3월 6일부터 자오저우만의 수면과 만을 둘러싼 동쪽과 서쪽의 반도 그리고 작은 섬들이 99년 동안 독일 조차지가 되었다. 하인리히 왕자는 1898년 7월 28일에 부

독일제국 식민지 국기

산에 비공식적으로 도착하여 8월 6일 출항하였다. 그로부터 약 1년 후 하인리히 왕자의 공식적인 방문은 1899년 6월 8일 제물포에 입항, 6월 20일 칭다오로 출항하며 이루어졌다. 1899년 7월 1일 칭다오는 조약항구로 개항하였다.

왕자는 조선 체류기간 동안 고종 황제를 두 번 알현할 수 있었다. 고종은 그를 위해 저녁 연회를 개최하기도 하였다. 왕자는 1899년 6월 11일 한성을 구경하고 관립한성덕어학교 교장 볼얀(Bolljahn, Johann 1862-1928)을 방문했다. 그리고 다음 날 크리엔 영사와 볼터 사장 등 8명을 대동하여 당고개로 향했다. 3일 동안 말을 타고 당고개에 도착한 왕자는 채금 현장을 참관한 후 6월 18일 오후 한성으로 돌아와서 고종을 두 번째 알현하였다. 이때 크노헨하우어도 함께했다. 하인리히 왕자는 귀국 후 당고개에서 일행과 함께 식사를 한 사진을 엽서로 만들어 신년인사와 안부인사를 보내기도 하였다. 크노헨하우어 후임자로 당고개 책임자 바우어에게 보낸 엽서이다.

한성덕어학교와 교장 볼얀

Abbildung 47: Grüße von Prinz Heinrich an Louis Bauer zum Jahreswechsel 1902.

바우어에게 보낸 하인리히 왕자의 엽서

대한제국은 동아시아의 황금사과인가?

믿을 수 없이 아름다운 제물포

독일 특파원 지그프리드 겐테는 1901년 6월부터 11월까지 대한제국을 여행하였다. 겐테는 당시 의화단사건을 취재하기 위해 중국에 있었다. 그는 산둥성 지푸에서 배를 타고 제물포에 도착했다. 곧여행하게 될 테라 인코그니타(terra incognita), 대한제국은 잘 알려지지않은 미지의 세계였다. 제물포 앞의 섬들이 보이기 시작하자 가슴이뛰는 것을 느꼈다. 그는 한성에서 영국 국적의 해밀턴(Hamilton, Angus 1874-1913)과 함께 6월 22일 금강산과 당고개를 답사하였다.

겐테는 대한제국이 옛부터 중국, 만주, 일본 등 이웃 국가와의 교역을 통하여 금광이 많은 나라라는 소문의 진위여부를 알고 싶었다.공식으로 발표된 보고 자료는 없지만, 오래된 지층의 석영광맥과 다른 충적층에서 금맥의 흔적을 발견할 수 있기에 근거 없는 허무맹랑한 소문이 아니었다. 그러나 대한제국의 금은 모두 황제의 소유였다.미국이 먼저 광산 채굴권을 획득하고 황제에게 25%의 수익율을 보장하였다. 겐테의 방문 이유 중 하나는 미국과 같은 조건으로 광산채굴권을 얻은 독일의 당고개 금광 채굴 사업을 취재할 목적이었다.

겐테는 바이페르트 영사를 통해 고종을 알현할 수 있었다. 그는궁중 예법에 따라 인사를 하며 영사와 함께 접견실에서 기다렸다.단순한 장식과 함께 유럽식으로 꾸민 접견실은 값싼 목재구조, 밝은 벽지, 벽에는 프랑스 동판화가 걸려 있었다. 마루에는 일본식 의자, 기계로 짠 강렬한 색 양탄자가 깔려 있었다. 그가 직접 대면한

당고개 월급날 조선인 광부가 줄을 서 있는 모습

대한제국은 동아시아의 황금사과인가?

고종은 어두운 색 비단 면복을 입고 있었으며 그 옆에는 황태자도 함께 있었다.

고종은 신중하고 친절한 인상을 주었다. 겐테는 조선인의 특성을 성품이 순하고 자비심이 있는 민족으로 보았으며, 고종은 이들을 다스리는 군주로서 당연히 그와 같은 성품을 지녔다고 보았다. 고종은 수염이 있었으며, 일반적인 조선인의 염소수염보다 강한 인상을 줬다. 안색은 창백할 정도였으며, 그 낯빛은 그의 은거 생활을 대변하는 듯하였다. 그는 매년 1~2회 정도 궁을 떠날 수 있으며 사면을 가린 가마를 타고 이동하였다. 겐테가 대한제국이 신선한 아침의 나라이며 세계에서 가장 아름다운 나라라고 말하니, 고종의 얼굴이 온화해지면서 갑자기 활기를 띠기 시작했다. 겐테는 고종이 진심으로 그의 국민들을 사랑하는 마음으로 말한다는 것을 느낄 수 있었다. 고종과의 대화는 비록 통역을 통해서였지만 그의 진심이 느껴져 가슴이 뭉클해 졌다고 하였다. 고종은 겐테에게 광무 5년(1901년)이 새겨진 훈장을 하사하였다.

동아시아 무역 중심 도시가 되기를 바란 독일의 희망

당시 독일인들의 원대한 꿈은 조선에 금광 펀드를 결성함으로써 강원도 금성 당고개 광산 지역이 동아시아에 있는 또 하나의 독일 무역 중심 도시가 되는 것이었다. 그러나 현실적으로 거의 불가능한 프로젝트였다. 게다가 조선인들은 채금을 한 후에 더 많은 수익을 내기 위해 금을 밀수했다고 독일은 주장했다. 1903년 12월 광산은 폐기되었고, 당시 유럽인 9명, 일본인 13명, 조선인 약 300명을 고용했었다.[Hamilton, Angus 『Korea, Das Land des Morgenrots』(Leipzig 1904), 214쪽]

독일은 광산이 불모지로 판명되었기 때문에 광산 수익은 전혀 없었다고 주장했다. 당고개의 채금 사업은 실패하였다.[〈제국신문〉 1900년 5월 23일 기사]

그러나 그 이후 다른 금광 채굴권을 얻기 위해 노력했고 1907년 독일 광산 사업은 재개되었다. 평안북도 선천군에 있는 광산 시굴지 5곳을 포함한 670평방미터 크기의 광산을 다시 획득하였으며, 독일의 광산 전문가들의 조사한 결과 당고개보다 훨씬 수익성이 좋은 곳이라고 판단하였다.[Brunhuber, Robert 「Ein deutsches Goldbergwerk in Korea」, in: 『Der Ostasiatische Llody』 Jg.21, 1907년 3월 15일. 457쪽]

선천군 지역은 1906년 한성-의주간 철도가 개설된 곳이기도 했다. 코리아-신디케이트의 조선 지역 책임자 세창양행이 선천군 광산 사업을 다시 주관하였으나 1910년 한일병합이 되면서 일본 정부에게 반납하였다.

당시 독일은 자오저우만 조차지 수도 칭다오를 모범적인 독일 식민지로 만들 계획을 세웠다. 작은 어촌이던 칭다오에 양조장을 세워 칭다오 맥주를 생산하였고 1909년에 덕화대학(德華大學 1909-1914 칭다오특별고등전문학당)을 설립하였다. 1908년 4월 오토 프랑케가 칭다

칭다오특별고등전문학당인 덕화대학

오에 와서 당시 교육부 장관 장지동(張之洞 1837-1909)과 덕화대학의
설립체제를 협의하였다. 프랑케는 독일 함부르크대학 중국학과를
만든 장본인이고, 장지동은 유교적 전통 아래 서양 근대화기술을
받아들이자는 중체서용을 외친 청말 정치가이다.

　칭다오는 전보와 철도가 개설되는 근대 도시로 탈바꿈하였으
며, 1904년 칭다오-지난(濟南) 철도가 완성되었다. 그 덕분에 독일부
터 자오저우만까지 시베리아 횡단철도를 타고, 약 13일 동안 서유
럽에서 동아시아까지 여행을 할 수 있었다.

2

우아한 루저의
원형

풍전등화에 놓인 대한제국

조선의 지정학적인 위치는 중국 북부와 만주, 동시베리아로 가는 관문이다. 조선의 운명은 고대국가부터 중국과 국경을 접한 이웃 국가였고 두 나라의 외교 관계는 조선 역사의 변화를 가져올 만큼 밀접했다. 약 2천 년 동안 운명적인 이웃 국가 중국은 아편전쟁과 청일전쟁에서 패하고 1895년 청일양국강화조약(시모노세키조약)으로 조선에 관한 영향권을 일본에게 넘겨주었다. 그러나 조선은 급변하는 세계정세 속에서 제국주의 열강들의 이권 개입을 이용하며 조정의 정치적 균형을 잃지 않으려고 안간힘을 썼다. 고종이 스스로 황제의 자리에 올라 대한제국을 선포한 이유도 여기에 있다. 명성황후가 살해되는 을미사변(1895)과 고종의 아관파천(1896) 이후 1897년 조선은 독립주권국가 대한제국을 선포한다.

우아한 루저의 원형

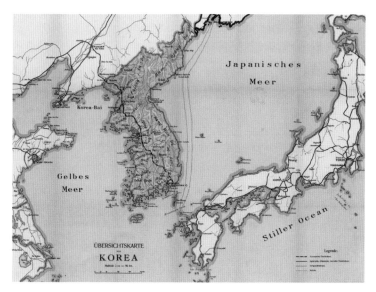

러일전쟁 시기 우르진-푸르진스키 일대 지도

　대한제국이 선포된 1897년은 자오저우만 칭다오를 무력으로 점령한 독일이 새롭게 동아시아 황해의 세력 균형을 파괴하면서 등장한 해이다.[조선의 서해안과 북쪽으로 산둥반도, 발해만 그리고 상하이 중심의 중국 동해를 말한다.]

　산둥성은 중국의 중원 지방과 남중국으로 가는 길목이기 때문에, 황해는 중국과 일본, 영국과 러시아가 각자의 목적을 위하여 한 치의 양보도 없이 견제하고 있던 지역이었다. 세계 열강의 각축전이 일어나는 상황에서 대한제국 선포는 고종의 신중한 정치적 결단이었을 것이다.

풍전등화에 놓인 대한제국

1904년 러일전쟁이 대한제국 충청도 지방에서 발생하고, 미국의 중재 아래 포츠머스조약이 체결되었다. 러시아는 일본에게 조선에 관한 모든 정치적 영향권을 이임하여 대한제국의 정치에 더 이상 관여할 수 없는 입장이 되었다.

1903년 한성 주재 독일 변리공사 잘데른(Saldern, Conrad von 1847-1908)은 고종이 위급한 상황이 닥치면 독일 공사관 지역으로 피신할 수 있냐는 물음에 독일제국의 중립성을 강조하며 간곡히 거절했다. 또한 고종이 빌헬름 2세에게 개인 친서를 보내면 어떻겠냐고 물었더니, 잘데른은 강력하게 만류하였다. 독일의 중립적 태도는 한결같았다. 그럼에도 불구하고 고종은 1905년 민철훈(1856-1925)을 시켜 두 번이나 친서를 보냈다. 1905년 11월 21일부터 24일까지 베를린 대한제국사절단 민철훈은 고종의 개인 편지를 가지고 독일제국 베를린 외무성을 방문했다. 고종은 일본이 군사적 압력을 가하며 을사조약을 체결, 그 결과 대한제국의 외교권을 빼앗겼다고 주장하며, 대한제국의 주권을 지키기 위해서 독일의 강력한 후원이 필요하다고 하였다. 그러나 고종의 서신은 독일 황제에게 전달되지 못하고 외교서류철(Auswärtige Amt, Korea 10, Bd.4)에 들어가버렸다. 고종 황제는 1906년 대한제국 프랑스 고문 트레뮬레(Trémoulet Alphonse 1845-?)를 통하여 독일과 직접 소통하고자 세 번째 시도를 하지만 이 역시 실패로 돌아갔다. 고종이 미국, 영국, 프랑스가 국제적으로 친일노선을 걷고 있는 상황에서 마지막 희망을 독일제국에 품었던 결과였다.

러일전쟁이 발발하기 전 일본은 1902년 영국과 영일동맹을 맺었으며 1905년 제2차 영일동맹, 1911년 제3차 영일동맹을 맺었다. 시모노세키조약 이후 삼국간섭으로 인한 라오둥반도 뤼순항의 반납과 같은 굴

고종 밀서

욕적인 일이 더 이상 발생하지 않고, 실질적으로 프랑스를 포함한 영국 동맹 국가들의 암묵적 승인도 받아내는 조약이었다. 당시 영국은 러시아의 남하를 견제하고, 프랑스는 독일의 확장을 견제하는 입장이었다. 또한 일본은 1905년 가쓰라-테프트밀약(Taft-Katsura agreement)을 통해 대한제국을 점령하는 데 미국의 입장을 확실히 하였다. 일본 내각총리대신 가쓰라 다로(桂太郞 1848-1913)와 미국 육군장관 테프트(Taft, William Howard 1857-1930)는 도쿄에서 회담을 하였다. 일본은 미국의 필리핀 통치를 묵인하고, 미국은 일본의 대한제국에 대한 야욕을 묵인한다는 내용이다. 이 두 나라의 회담 내용은 1924년까지 극비문서였으며, 세상에 알려진 후 미국을 아군으로 여겼던 대한제국의 외교력이 또 한 번 세상의 웃음거리가 되었다. 반대로 을사조약 이전에 대한제국에 대한 점유권을 확실히 하는 일본의 치밀한 계획과 외교력을 보여주었다.

헤이그 특사 파견은 과연 실패일까

고종의 또 다른 전략은 1907년 헤이그에서 개최되는 제2차 만국평화회의에 특사를 비밀리에 파견하는 것이었다. 특사 3인은 만주의 이상설, 러시아의 이위종, 이준이다. 이들은 대한제국이 중립국가라는 점과 일본의 만행을 전 세계에 알리라는 고종의 특명을 안고 1907년 6월 29일 헤이그평화회의장에 도착하였다. 제2차 헤이그평화회의는 1907년 6월 15일에서 10월 18일까지 개최되었다.

그러나 헤이그 관계자들이 보여준 특사들에 대한 반응은 싸늘했다. 대한제국이라는 나라는 금시초문이고 이 나라가 대표사절단을 보낼 권리가 있는지 의견이 분분하였다. 유감스럽게도 초청된 독립국가의 목록에 대한제국은 없었다.

이위종은 평화회의에 참석한 모든 대표위원과 사절단에게 서면

고종의 1907년 헤이그 특사 파견 밀서　　　　　　　헤이그 특사 3인

비넨호프, 헤이그평화회의장　　　　넬리도프 위원장

으로 대한제국사절단이 헤이그평화회의에 초청받지 못한 이유와
일본이 대한제국의 외교권을 무력적으로 강탈한 것에 대한 이의사
항을 전달했으며 헤이그평화회의 위원장 러시아 외교관 넬리도프
(Nelidov, Alexander 1838-1910)에게 접견 신청을 했다. 그는 대한제국이

라는 나라와 황제를 전혀 모르며 아주 오래전에 조선이 있었고 러시아가 전혀 흥미를 느끼지 못하는 곳이라고 하였다. 또한 그는 네덜란드 정부가 보낸 공식 초청장을 소유한 사절단만 접견할 수 있다고 하였다. 포츠머스조약 이후 국제사회에서 보여준 러시아 외교관의 입장이었다.

헤이그 일본사절단 츠즈키 카이로쿠(都築馨六 1861-1923)는 대한제국사절단이 헤이그 위원에게 보낸 편지를 받고 1907년 6월 29일 하야시 다다스(林董 1850-1913) 외무상에게 이를 알렸다. 츠즈키는 하야시에게 6월 29일, 6월 30일, 7월 2일, 7월 5일 시시각각으로 이위종 등의 활약상을 보고하였다. 이위종은 헤이그에서 중립국가를 표명한 대한제국을 일본이 혼자 독점하는 것을 두고만 볼 것인가, 지금 당신 나라들이 무관심하면 나중에 후회하게 될 것이라 하였다. 〈뉴욕헤럴드〉 파리판 1907년 7월 5일자 기사에는 대한제국사절단이 고종의 묵인하에 파견된 것이며 이 같은 행동은 일본에게 위기를 촉발시킬 것이라고 하였다. 츠즈키는 하야시에게 이상설, 이위종, 이준의 사진이 있는 소책자를 자세히 보고했다.

하야시는 7월 7일 대한제국에 있는 이토에게 긴급 우편물을 보내고 고종은 예상했던 것처럼 곧 황제위에서 물러나야만 했

A STEP TOWARD ANNEXATION.

What Head of Japanese Delegation to The Hague Says.

The Hague, July 25.—Several of the peace delegates to-day discussed at length the new convention, just completed at Seoul, between Japan and Corea, with Keiroku Tsuzuki, head of the Japanese delegation, who, in explaining the scope of the convention, said that it was not annexation, as might be supposed, but a step in that direction.

〈뉴욕트리뷴〉 파리판 1907년 7월 26일

다. 1907년 7월 26일자 기사를 보면, 헤이그에서 츠즈키 카이로쿠는 설명하였다. 대한제국과 일본 두 나라는 합병을 한 것이 아니고 차후에 합병이 되는 방향으로 한 걸음을 내디뎠을 뿐이라고 변명했다. 또한 하야시 외무상은 신문에 「대한제국 주권에 대한 일본의 주장The Assertion of Japanese Sovereignty of Corea」을 기고하였다. 일본의 입장은 대한제국을 문명 국가가 될 수 있도록 돕고자 하는 것일 뿐이라는 뻔뻔한 주장을 하고 있다. 이와 같은 츠즈키와 하야시의 급박한 반응을 보면, 고종의 특명을 전 세계에 알리러 간 헤이그 특사 3인의 활약을 과연 실패했다고 볼 수 있을까?

〈베를리너-폴크스 짜이퉁〉 7월 10일자 기사를 보면 정자관을 쓴 촌부 고종 황제와 청년의 모습을 한 다이쇼 천황 스케치를 볼 수 있다. 기사의 내용은 헤이그평화회의에 나타난 대한제국의 특사 3인은 큰 파문을 일으켰으며, 일본 대표단들은 매우 곤혹스러워했다고 썼다.

<베를리너-폴크스 짜이퉁> 고종과 일본 천황

물론 평화회의가 열리는 회의장 밖에서 이위종 외 2인은 대한제국이란 나라는 국제적으로 유효하지 않으며 현재 어떤 위치에 있는

지, 그 나라 사절단이 어떤 취급을 받는지를 뼈저리게 느꼈다. 세계 평화회의를 하러 온 제국주의 국가들은 평화회의라는 허울 좋은 미명 아래 자국의 이익만 추구하려는 민낯을 보여주었고, 특사 3인은 그들 앞에 열리지 않았던 회의장의 문처럼 모든 소통의 문이 굳게 닫힌 것을 보았다. 그러나 이들은 잠시도 주저하지 않고 그들의 힘이 닿는 한 관계자들을 만나며 강연, 인터뷰, 민간 외교 활동을 하였다.

프린세스그라흐트 거리 위치

7월 9일 밤 이위종은 '프린세스그라흐트 6a'에서 강연을 준비하고 있었다. 이 집은 네덜란드 국제주의재단 설립자이자 평화회의 참가자들과 친분이 두터운 아이크만(Eijkmann) 박사와 호릭스(Horrix) 박사가 평화회의 동안 위원들의 친목 도모를 위해 빌린 집이다. 국제주의자는 독립국가들이 서로 협력하여 세계의 평화를 실현하는 사상을 실천하는 사람들의 모임이

<프리덴스-바르테>
프린세스그라흐트 기사

다. 이위종은 이들 앞에서 연설을 하였다. 청중에는 평화회의에 참석한 대표단들과 최고위원들도 함께 있었다. 그 집 1층은 평화회의 소식을 전하는 언론사의 편집실과 주요 언론인들의 작업실로 사용되었다.

헤이그 특사 3인의 활동 거점이었던 '프린세스그라흐트 거리 6A'의 공간은 당시 헤이그평화회의에 모인 각 나라 각계 각층의 정치인들이 매일 밤 모여 대한제국의 억울하고 긴박한 상황을 함께 경청하는 장소였다. 따라서 일본의 야만적인 무력 탄압을 전 세계에 알리기에 이보다 더 효과적인 장소를 찾을 수 없었다.

헤이그 특사는 평화회의 회의장에서 고종의 특명을 전달하는 연설을 할 수 없었으나, 평화회의 위원들은 대한제국의 주권이 어떻게 폭력적으로 파괴되었는지 일본의 국제적 프로파간다의 실상

프린세스그라흐트 6a 집

을 듣고 있었다. 윌리암 스테드(William T. Stead 1846-1912) 경은 대한
제국의 최근 역사에 대해 간략하게 설명했다. 그는 또한 네덜란드
가 대한제국을 초청하지 않은 것에 대한 책임이 없다는 점을 지적
했고, 그것은 단지 일본과 러시아가 충돌한 폭력의 당연한 결과라
고 하였다.

　　이위종은 강연을 시작하면서 일본인이 문명인이라고 알고 있는
유럽인들에게 그들의 야만성과 신의 없는 행동을 알리고자 이 자리
에 섰다고 말문을 열었다. 을사조약을 체결할 때 대한제국 궁전 주

변에 3배가 넘는 일본군 병력이 배치되었고 많은 정치가들이 일본의 요구를 승인해야만 하는 입장에 서 있었다. 일본인들은 야만스럽게 탄압하기 시작했다. 대신들은 신체적 학대를 당하고 죽음으로 위협받고, 신문은 검열되었으며, 항일시위대는 처형당했다. 한성 주재 외국사절단 대표들에게 호소하였지만, 어느 누구도 귀를 기울여주지 않았다.

고관들 중 한 명이 자신의 목을 자르고, 피로 성명서를 썼다. 치욕을 당한 국민이 어떤 애국심을 가졌는지 증명하며, 나라의 주권을 잃어버린 후 끔찍한 고통을 겪어야만 했다. 이위종은 다시 설명하였다. 국가 부채에 필요한 할부금 상환을 모으기 위해 모두가 귀중품을 팔았고 여성은 머리카락을 팔았으며 아이들은 초콜릿과 장난감을 살 돈을 기부하였다. 이위종은 이토 히로부미가 부정해도 헤이그사절단의 위임장은 유효하다고 다시 한번 강조했다.

〈베를리너-폴크스 짜이퉁〉 1907년 7월 27일자 기사의 제목은 '대한제국 사절단의 항변Die Koreanische Protestdelegation'이다. 고종 황제는 특사

이위종 인터뷰와 새로운 황제 순종

헤이그 특사 파견은 과연 실패일까

를 파견하면서 "나를 신경쓰지 마라. 나는 살해될 수도 있다. 그러나 내 삶은 이 나라에 속한다. 너희들은 내가 보낸 특명을 중단하지 말고 500년보다 오래된 대한제국의 독립권을 다시 찾아라"라며 비장한 마음을 보였다. 이위종은 미국으로 떠나기 전 사우샘프턴에서 런던 로이터통신과 인터뷰를 하면서 루스벨트 대통령을 만나 대한제국의 독립과 중립국을 표명하고자 하였다. 그는 평화회의장 밖에서 매일 밤 강연과 적극적인 만남을 통해 미국, 영국, 독일, 프랑스 대표위원들의 동정심을 불러일으킬 수 있었다. 그러나 인터뷰 내용 속 새로운 황제 순종은 그의 특사 활동으로 고종 황제가 하야할 수밖에 없었다는 것을 대변하고 있다.

주트너 노벨평화상 수상 100주년 기념 우표

이위종의 강연을 듣고 대한제국의 긴박한 상황에 깊이 동감한 주트너(Suttner, Bertha von 1843-1914) 여사는 1905년 여성 최초 노벨평화상을 탄 사람이다. 그녀는 국제적으로 무력 침략 대신 중재와 평화가 필요하다고 생각하며 『무기를 버리자Die Waffen Nieder』(1889)를 저술하였다. 그 후 평화운동의 국제적 활동과 지도자가 되어 국제평화회의에 참여하였다. 1892년 프리트(Fried, Alfred Hermann 1864-1921 프리트는 1911년 노벨평화상을 받았다)와 함께 반전평화주의 잡지 〈디 바펜 니더Die Waffen Nieder〉를 발간하였다. 그녀는 후에 〈프리덴스-

바르테Die Friedens Warte〉로 대체될 때까지 편집자 역할을 담당하였으며 당시의 전 세계 상황을 전달하고 평화주의 방향을 제시하였다. 그녀의 이 같은 활동으로 1905년 노벨평화상을 받게 되었다. 주트너 여사는 이

<프리덴스-바르테> 1913년 표지

위종의 강연을 청취한 후 대한제국 상황에 깊은 유감을 느끼며, 이와 같은 제국주의 침략의 희생양을 접수할 국제법원과 폭력을 방지할 수 있는 세계 군대를 결성해야 한다고 제안했다.

이위종의 미국행은 별 성과가 없었지만 그의 노력으로 일본의 무력 탄압을 전 세계에 알렸고, 따라서 고종의 특명은 효과적으로 실행되었다고 볼 수 있다. 대한제국은 미약했지만 독립 주권을 다시 찾고자 노력하였으며, 네덜란드 같은 중립국가가 되길 원하고 있음을 알리는 계기가 되었다. 그러나 대한제국사절단의 미국행은 1905년 일본과 가쓰라-테프트밀약을 체결한 미국에게 조금이나마 기대했던 이위종의 결연한 모습이 안타까울 뿐이다.

그러나 특사 3인의 용기 있는 행동이 주트너 여사에게 깊은 울림을 준 것만은 사실이었다. 그녀는 <프리덴스-바르테>에 고종이 헤이그 특사를 비밀리에 보냈기 때문에 일본의 즉각적인 항의를 받고 강제로 황제직에서 퇴위를 당했다고 주장하였다. 현재 대한제국

<프리덴스-바르테> 고종 강제 퇴위로 조선인의 항쟁 기사

곳곳에서 항일의병활동이 일어나고 있다, 폭력에 대항하는 조선인들의 의병활동을 평화주의자 눈으로 바라보며 이를 못 본 척 덮어버리려 한다면 곧 폭력에 저항하는 전염병이 전 세계를 위협하게 될 것이라고 경고하였다.

또한 주트너 여사는 이토 히로부미가 암살당한 직후, 1909년 11월 〈프리덴스-바르테〉 논설에서 이 사건은 이토 히로부미를 암살한 조선인이 조국을 위해 복수를 한 것이고, 2년 전 헤이그 특사로 파견된 이위종의 연설을 상기하며 일본이 얼마나 굴욕적으로 그의 조국을 탄압했는지 직접 들었다고 썼다.

이토는 식민지 조선의 통치자이며, 일본에서 이탈리아의 카보우르[Camillo Benso Conte di Cavour 1810-1861. 19세기 이탈리아 통일을 이루는 과정에서 주세페 가리발디와 주세페 마치니와 함께 3대 영웅에 속하는 정치가이다.] 백작과 북독일 프로이센 왕국의 재상 비스마르크[Otto Eduard Leopold Fürst von Bismarck-Schönhausen 1815-1898)와 같은 평가를 받았다. 비스마르크의 철혈정책을 통한 군비확장정책은 근대국가인 독일제국을 탄생시키는 밑거름이 되었다. 이토의 죽음 때문에 도쿄는 발칵 뒤집어졌고 조선인들은 또 한 번 무참한 학살을 당하게 될 것이다. 상호 간의 복수의 사슬은 쉽게 끊어지지 않을 것이라고 하였다. 주트너

이토 히로부미

1909년 11월 Die Friedens—Warte

Randglossen zur Zeitgeschichte
von Bertha v. Suttner
Wien, 5. November 1909

Randglossen zur Zeitgeschichte.
Von Bertha v. Suttner.
Wien, 5. November 1909.

Bei seiner Begegnung mit dem russischen Finanzminister Kokowzew im Bahnhof von Charbin, wurde Fürst Ito von einem Koreaner ermordet. Es war ein Racheakt. Bei seinem Verhör gab der Attentäter an, daß er nach Charbin gekommen war, um den Fürsten zu töten; er habe sein Vaterland rächen wollen. (Wie sehr die Koreaner gegen Japan erbittert waren, davon habe ich selber im Haag Kunde erhalten, wohin ein Enkel des Kaisers gekommen war, um vor der 2. Friedenskonferenz heftige Klage gegen die Unterjochung seines Vaterlandes zu führen.) Außerdem — so sagte der Angeklagte weiter — habe Ito während seines Aufenthaltes in Korea einige dem Mörder nahestehende Personen hinrichten lassen. Immer dieselbe Kette von Gewalttaten; immer die sich ablösenden gegenseitigen Repressalien; jetzt herrscht wieder in Tokio über Itos Ermordung die größte Erregung, und wahrscheinlich werden die Koreaner dafür büßen müssen — und diese dann neuerdings Vergeltung üben, und so geht es weiter. Es heißt, daß Rache süß sei — so viel ist gewiß: sie schließt nichts ab, sie läuft im Kreise.

<프리덴스-바르테> 이토 저격 기사

안중근 의사

안중근 의거 이유 비문

1909년 12월 3일 Die Friedens-Warte

Randglossen zur Zeitgeschichte
von Bertha v. Suttner
Wien, 3. Dezember, 1909

<프리덴스-바르테> 주트너가
러시아와 일본의 밀담을 언급함

1911년 10월 Die Friedens-Warte

Die 'taub-blinden' Pazifisten

<프리덴스-바르테>
유럽의 평화주의자들은 귀머거리, 벙어리

는 1909년 12월 3일 〈프리덴스-바르테〉에서 러시아와 일본이 모종의 거래를 한다고 추측했다. 무장한 일본이 대한제국에 군대를 주둔하고 러시아 외교관 이즈볼스키(Iswolsky)와 일본의 오키(Oki)가 조약을 위한 만남을 하고 있다고 하였다. 두 나라의 밀약은 그다음 해에 한일병합으로 나타났다. 1911년 10월 〈프리덴스-바르테〉 논설에서 1910년 이루어진 한일병합을 평가하며 국제주의자들은 장님, 벙어리라고 비판하였다. 평화를 사랑하는 대한제국은 일본의 노예가 되었고 주권을 무력으로 강탈당하였다. 세계인들은 일본의 근대화 과정을 이끈 이토 히로부미를 높이 평가하였으며, 그 덕분에 동아시아에서 더 이상 새로운 전쟁이 발생하지 않고, 수많은 문제들은 평화롭게 해결될 것이라고 여겼다. 국제주의자들은 그들이 원하는 완전무장 해제가 조선을 노예로 만들었다는 생각을 해야 할 것이다. 국제주의자들은 강도 행위를 자행한 일본에게 국제적인 법률을 적용해야만 한다고 주장하였다. 그녀는 3년 전 이위

지리학 학회지에 실린 한일병합 기사

종의 연설을 또 한 번 언급하며 청중들은 분명히 기억하고 있고 누가 피해자이고 가해자인지를 알고 있다고 했다.

일본의 조선병합 소식을 접한 독일 지질학의 대표적인 학회지 (지리학 잡지 〈Geographische Zeitschrift〉 1910년 9월 19일)에는 다음과 같은 논평이 실렸다.

1910년 8월 29일 일본은 대한제국을 합병했다고 공표했다. 그러나 대한제국의 내정은 이미 일본의 간섭을 받기 시작했으며 합병의 선포는 단지 형식적인 일이었을 뿐이다. 대한제국은 일본 식민지 Cho-Sen이며 통감부가 다스리게 된다. 이제부터 다른 강대국과 대한제국 사이의 계약은 모두 무효이다. 러시아가 전쟁 항구로 사용한 자유항 마산포항은 이제 더 이상 자유항이 아니다. 일본은

중국과 국경선이 거의 맞닿은 신의주를 신항구로 개방하였다. 특별한 경우를 제외하고 외국인은 대한제국에서 일본인과 같은 특권을 누릴 수 있다. 일본은 대한제국을 합병하며 더 이상 섬나라가 아니고 아시아 대륙의 반열에 들어섰다. 이것은 일본의 정치 발전에서 매우 의미있는 단계라고 논평하고 있다.

대한제국 황제 고종이 끝까지 도움을 청했던 독일의 중립적인 태도는 이미 국제 정세의 흐름을 파악한 결과일 뿐이었다. '우아한 루저의 원형, 조선인'은 대한제국을 방문한 모든 외국 사절단들의 공통된 의견이었을 것이다. 그들이 본 19세기 말 조선인의 특성은 수줍고 순박하며, 급변하는 세계의 흐름에 대응하기보다는 쇄국정

『부시도』 독일어 번역 표지 1901년

조선인 모습 풍자. <대한민보> 1909년

책의 울타리 안에서 안주하는 것이 어울렸다. 조선의 성리학자들에게 제국주의자들과 공존해야 한다는 개념은 곧 바깥세상의 야만인들과 접촉하는 것이며 이는 성리학적 세계관에 위배되는 것이었다. 이러한 조선 선비의 유교적 윤리관은 제국주의 약육강식의 논리에 처참하게 짓밟혔으며, 결과적으로 대한제국은 동아시아에서 서양 제국주의 국가가 된 일본의 식민지가 되었다.

일제강점기 일본의 사무라이 윤리관은 조선인의 순박함을 어리석고 태만한 민족성이라 정의하고 있다. 국제주의자 니토베 이나조(新渡戸稲造 1862-1933)의 저서 『부시도武士道』에서 사무라이 정신을 읽을 수 있다. 서양인들이 기독교에 의해 윤리 교육을 받는 반면 일본인들은 사무라이 정신이 그들의 도덕 정신이며 윤리관이다. 이들에 따르면, 일제강점기 조선인의 압록강 학살과 만주학살은 강하고 용기 있는 일본에게 게으르고 약하고 태만한 조선인들이 스스로 자멸의 길로 빠진 것이라 하였다. 20세기 초 격동기 대한제국은 일본 극우파들이 내세우는 사회진화론의 희생양일 뿐이었다.

독일의 동아시아 예술사 연구

주권을 빼앗긴 조선에 1913년 페터 예쎈이 제1차 세계대전 발발 직후 시끄럽고 어수선한 유럽을 떠나 미국, 일본을 경유해 찾아온다.

1913년 4월 12일 발간된 〈알게마이너 짜이퉁〉 신문의 도서 리뷰 중 『세계여행. 지구 여행 안내서Weltreise. Führer auf einer Reise um die Erde』(1908)는 20세기 초 유럽의 상인들뿐만 아니라 지식인들도 미지의 세계 동아시아로 여행하고자 하는 욕구를 가늠할 수 있다. 이 책은 라이프찌히연구소에서 출판했으며 1912년에 2쇄를 발행하게 되었다. 책에는 32개의 지도와 55개의 여행 정보 그리고 2개의 표가 있다. 1권은 인도, 중국, 일본 그리고 2권은 USA 여행에 관한 안내서이다. 1권의 내용은 지중해에서 수에즈운하를 거쳐서 히말라

야까지 여행하는데 중간에 봄베이-델리-베나레스-칼쿠타-다즐링-마두라스를 거쳐 온다. 그다음 수마트라-싱가포르-자바-시암을 거쳐 프랑스의 식민지인 인도차이나반도에 다다르고 있다. 그 후 중국의 홍콩, 광동, 상하이에 와서 양자강을 따라 올라 톈진, 베이징에 이른다. 여기서 시베리아 철도를 타고 모스크바-블라디보스토크를 거치면 대한제국에 올 수 있는 여정이었다.

독일을 떠나 1913년 3월 뉴욕에 도착한 예쎈은, 프로이센 문화부 소속 해외여행재단의 후원으로 이 여행을 시작할 수 있었다. 그가 독일을 떠날 당시 1차 세계대전의 전초전인 발칸전쟁이 진행중이었다. 그의 여행 목적은 세계 경제와 발맞추며 독일의 국제적 위상을 재건해야 하는 엄청난 과제의 일환이었다. 특히 당시 독일인들은 경제와 문화예술을 동시에 유념해야 하는 상황이며 그의 경험을 요약한 여행기는 일본과 중국의 고대문화, 러시아의 응용예술 등이 그들에게 방향성을 제시할 수 있게 될 것이라고 기대하였다.

예쎈은 1858년 함부르크 알토나에서 태어났고 그의 아버지 오토 예쎈(Jessen, Otto 1826-1904)은 함부르크와 베를린에서 수공업자를 위한 직업학교(Allgemeinen Gewerbeschule Hamburg und Schule für Handwerker zu Hamburg)의 교장이었다. 예쎈은 아버지로부터 수공업자의 노력과 장인정신, 공예품의 예술적 기능에 대한 애정을 물려받았다. 예쎈은 1886년 베를린공예박물관(Kunstgewerbe-Museum Berlin) 관장이었으며, 독일 예술사의 한 분야인 예술 공예품과 문헌자료를 중시하였다. 예쎈은 1886년부터 1924년까지 베를린공예박

예술사도서관 현재 전경

물관에 재직하며 수공업자의 작품에 예술성을 부여하고 이를 수집하는 박물관과 도서관의 기능을 예술사도서관(Kunstbibliothek Berlin)으로 결합시켰다. 1894년 예술사도서관 관장을 맡으며 도서관을 박물관과 같은 등급에 올려놓은 장본인이다. 예술사도서관은 연구자를 위한 연구소의 기능과 건축, 사진, 인쇄술, 대중매체예술, 패션관계의 컬렉션이 공예박물관 전시 유물에 포함되었다. 특히 예쎈은 고문헌, 인쇄본, 책표지, 광고포스터, 예술사진을 중요한 문화유산의 한 분야로 수집하였다. 예쎈이 일본을 방문한 이유는 일본의 근대예술 중에서 사진예술의 장단점을 파악하고자 함이었다.

예쎈이 베를린대학에서 예술사학과 고고학을 전공했을 때 지도교수가 그림(Grimm, Hermann 1828-1901)이었다. 헤어만 그림은 1873년 베를린대학의 현대예술사 교수에 임용되었으며 그의 사후에 뵐플린(Wölfflin, Heinrich 1864-1945)이 후임이 되었다. 뵐플린은 독일 예술사에서 양식의 변천은 각 시대의 문화사상의 현상이므로 문화적 배경을 간과할 수 없다고 하였다. 서양미술사의 아버지 북카르트 (Burckhardt, Jacob 1818-1897)의 영향을 받았으며, 그는 저서에서 르네 상스와 바로크의 표현양식을 비교하였다. 그에게 사사받은 미술사 학자는 파노프스키(Panofsky, Erwin 1892-1968), 곰브리히[Gombrich, Ernst Hans Josef 1909-2001 한국에선 곰브리치라고 명명한 연구자이다.] 등이 있다.

독일 어린이와 청소년들에게 지대한 영향을 주는 그림 형제 중 빌헬름(Grimm, Willhelm 1786-1859)이 헤어만 그림의 아버지이다. 내가 독일에서 습득한 동아시아 예술사 연구방법론 중에서 문헌을 중시 하며, 정신문화와 물질문화는 구분되는 것이 아니라 상호 접점에서 창작물의 차이가 있을 뿐이라는 개념의 성립은 여기에 준한다.

예쎈이 1868년 베를린 수공업자조합이 활동하는 공예박물관을 예술사도서관의 집합체로 만든 이 시기는 동아시아의 제국주의국 가가 되려고 몸부림치는 일본이 전 세계적으로 주목을 받고 있는 시기이기도 하다.

다음 사진은 헤르만 크낙푸스(Hermann Joseph Wilhelm Knackfus 1948-1915)가 1895년 그린 「유럽 민족은 너희들의 신성한 재산을 지 켜준다Hermann Knackfuß, Völker Europas, wahrt eure heiligsten Güter」(1895) 이다.

그림을 보면, 1895년 유럽인의 메타포로 기독교의 상징인 천사 가 등장한다. 번개 칼을 든 천사는 그리스 로마인으로 표현된 유럽 인들을 바다 건너 부처가 후광을 발하며 앉아 있는 곳, 즉 동아시아

「유럽 민족은 너희들의 신성한 재산을 지켜준다」

로 안내한다. 천사와 유럽인들이 서 있는 곳은 평화의 상징인 비둘기가 날고 맑은 하늘에는 십자가의 형상이 빛으로 이들을 보호한다. 이는 마치 제국주의 침략에 정당성을 부여하는 장도에 축복을 내려주는 것처럼 보인다. 반면에 부처가 앉아 있는 건너편은 어두운 먹구름이 잔뜩 껴 있고 부처의 광배만 반짝인다. 즉 헤르만 크낙푸스의 그림은 기독교적인 가치가 살아 숨 쉬는 유럽 문화를 통해 캄캄한 먹구름 속에 갇힌 동아시아인들을 좀 더 문화 국민으로 만들 수 있다는 19세기 제국주의 프로파간다이다. 열악하고 무지몽매한 황인종의 위험을 막기 위해 서구의 팽창 정책과 유럽 물질문명이 신속하게 동아시아로 향해야 한다는 것이다. 20세기 초 동아시아의 한일병합과 유럽에서 1차 대전이 발발하는 급변하는 시기는 이와 같은 사조가 뒷받침하고 있었다.

예쎈이 주장하는 예술사도서관 분야와 또 다른 베를린의 동아시아 예술사 연구 방향은 일본 예술이 주류였다. 동아시아 예술사 제1세대, 큄멜(Kümmel, Otto 1874-1952 베를린동아시아박물관 초대관장이다.)이 주도적으로 활동하는 시기였다. 그는 콘(Cohn, William 1880-1961)과 함께 1912년 독일어권 학술지 동아시아 잡지[〈Ostasiatische Zeitschrift〉1912-1943/2001년 재발간 이하 OZ]를 발간하였다.

OZ는 서구의 언어로 만든 최초의 동아시아 예술사 잡지이며 인도를 포함한 동아시아 지역의 예술사학을 다루었다. 영어권과 프랑스어권 논문을 포함하고 한자와 일본어 표기를 제공한 학술지였다. OZ는 1943년 폐간되었다가 1990년 독일 통일 이후 조직된 독일 동아시아 예술모임(Deutsche Gesellschaft für Ostasiatische Kunst, 현재 430명 회원)의 후원을 받아 2001년부터 재발간되었다.

큄멜은 1906년 베를린민속학박물관에 동아시아 예술부가 신설되어 그 책임자가 되었다. 그는 1906년부터 1909년까지 일본에 체류하며 일본 문화와 역사 연구자들과 교류하며 동아시아박물관 운영 계획과 방안을 구상, 유물을 구입하였다. 큄멜은 1912년에 베를린동아시아박물관 초대 관장이 되었다.

다음은 베를린동아시아박물관의 역대 관장이다.

오토 퀴멜Otto Kümmel 1923-1934

로저 괴퍼Roser Goepper 1959-1966

베아트릭스 폰 라구Beatrix von Rague 1966-1985

빌리발트 파이트Willibald Veit 1985-2009

클라스 루이텐벡Klaas Ruitenbeek 2010-2018

라르스-크리스티안 코흐Lars-Christian Koch 2019-현재

사진을 보면, 1939년 3월 베를린동아시아박물관 일본 고미술 전람회(Ausstellung altjapanischer Kunst)를 방문하고 있는 히틀러가 보인다. 헤어만 괴링과 특명전권대사 구르스 사부로(来栖三郎 1886-1954)가 히틀러 오른편에 서 있다. 히틀러 왼쪽에는 당시 베를린박물관 관장 퀴멜이 콘고오리키시(금강역사)를 설명하고 있다. 퀴멜은 히틀러에게 세 권 분량의 약탈 유물 목록을 만들어준 장본인이다.

퀴멜의 첫 번째 논문인 「쿤다이칸소오죠오키君台観左右帳記」는 독일 동아시아 예술사의 학문적 방향을 예고하는 것이었다. 독일 동아시아 예술사의 사료 「쿤다이칸소오죠오키」를 살펴보자.[Otto Kümmel, 「Die chinesische Malerei im Kundaikwan Sayuchoki」(1652), OZ, 1, 1912-13, 14~27쪽, 196~214쪽] 이 사료는 세 부분으로 나뉜다.

첫 장에서는 무로마치 시기 장군들의 서재에서 오도자(吳道子

일본 고미술 전람회(Ausstellung altjapanischer Kunst) (1939. 3.1) 현장.
히틀러 오른편이 큄멜 관장이다.

금강역사상

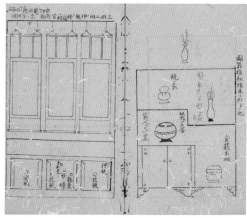

「쿤다이칸소오죠오키」 일부

680-759), 송휘종(徽宗 1082-1135), 이공린(李公麟 1049-1106), 곽희(郭熙 1023-1085), 목계(牧谿 1269년 사망), 양해(梁楷 1210년 사망), 하규(夏珪 1195-1224), 마린(馬麟 남송화가), 전선(錢選 1305년 사망) 등의 회화를 상, 중, 하품으로 나누어 평가하고 있다. 이들 중 목계와 양해는 중국보다 일본 회화사에서 더 많이 알려진 화가이다. 두 번째 장은 서원식(書院飾)으로 장군들의 서가에 꼭 있어야 할 문방구를 다룬다. 세 번째 장에서는 다구와 찻잔을 그림과 함께 기술하고 있다. 이곳에서 다루는 찻잔은 자기류뿐만 아니라 토물류(土物類)를 포함한다. 토물류에 속하는 것이 천목(天目)다완과 요변(窯變)다완이다. 큄멜이 언급한 중국의 화가와 도자기, 다완 등의 연구 논문은 현재까지 독일의 동아시아 예술사의 주요 연구 주제이다.

동아시아박물관의 연구자 외에 대학에서 후학을 가르치기 시작한 예술사 연구자는 제켈(Seckel, Dietrich 1910-2007)이 1세대이다. 그는 1936년 베를린대학에서 언어학 박사학위를 취득한 후 약 11년 동안 히로시마와 도쿄에서 독일어 교사로 재직하였다. 1948년 하이델베르크대학에서 하빌리타찌온을 마치고 1965년 독일 최초로 하이델베르크대학에 동아시아 예술사학과를 만든 연구자이다. 제켈의 예술사 강의는 서예, 초상화, 회화의 공간 구성에 관한 이해, 형태와 구조분석을 강조하였다. 2005년은 그가 95세 되던 해였으며 그가 세상을 떠나기 2년 전이었다. 그는 평생 연구서인『동아시아의 초상Das Porträt in Ostasien』시리즈 두 권을 출간하며 하이델베르크대학 연구생들에게 길고 긴 학문의 여정을 보여주었다. 제켈은『동아시아의 초상』의 제1권에서 초상이란 "깊은 잠 속에서 지속적으로 살아 있는 것"이며 이를 근거로 미이라의 의미를 재해석하였다. 제2권에서 초상화란 인물화이며 그의 내면 세계를 눈동자에 담을 수 있는 것이기에 하나의 생동하는 도큐멘트로 취급할 수 있다고 보았다.

제켈은 헬무트 브링커(Helmut Brinker 1939-2012 선화禪畵 전공)와 로타 레더로제(Lothar Ledderose 1942- 미불米芾 전공), 크루아쌍 레더로제(Croissant Ledderose 일본미술 전공), 한국인 박영숙 등의 제자가 있다. 제켈의 제자 헬무트 브링커는 1970년부터 쮜리히리트버그박물관의 큐레이터였으며 1978년 쮜리히대학의 동아시아 예술사학 교수가 되었고 '중국과 일본의 선불교 회화(Die zen-buddhistische Bildnismalerei in China und Japan)'가 그의 주된 연구 영역이다. 로타 레더로제는 1976년 쾰른대학에서 하빌리타찌온을 마치고 하이델베르크대학 동아시아 예술사학과의 교수가 되어 오늘에 이른다. 레더로제의 최근 연구는 2005년부터 현재까지 '북중국의 불교비석문(Buddhistische Steininschriften in Nordchina)'이 있다. 그의 연구 개요를 살펴보자. 6세기 후반 중국 불교는 북주의 폐불정책(577-578)으로 인하여 신자들이 많은 탄압을 받았다. 이 시기 승려들은 불경 번역에 박차를 가하는데 이로 인하여 불법 이해의 전환점을 가져온다. 약 3미터 크기의 비문을 절벽에 새기고 이런 비문을 새긴 암벽은 불교 사원의 건축에 포함된다. 이러한 현상은 산동, 하남, 하북 지역에서 지속된 전통이었다. 그의 프로젝트는 새롭게 발견되는 비문과 명문을 기록 보존하고 그 의미를 밝히는 작업이다. 현재 하이델베르크대학 예술사학과는 2004년부터 레더로제의 제자이며 겐지모노가타리(源氏物語)와 젠더(gender) 전공자인 멜라니 트레데(Melanie Trede)가 일본미술사를 강의하고 있다. 레더로제의 한국인 제자이며 예술사 철학 박사학위 취득자는 이주현(명지대학교, 오창석 전공), 고혜련(독일뷔르츠부르크 대학, 북위불상 전공)이 있다.

독일 예술사학은 전통적으로 예쎈이 평생 그 자료를 모으고 가치를 존중한 장인의 수공예품을 높이 평가하고 특히 그와 같은 수공예품이 생산될 수 있는 사회적 배경과 시대 사조를 반영한 예술사 문헌을 중시하였다. 이와 같은 수공업 중시 풍조는 동아시아의 사회적 전통 관념과 상반된 것이다. 또한 그의 조선 여행기에 서술된 도축업자와 바구니 수공업자는, 살아 있는 생물의 표피를 벗겨 내어 생활용품을 만들거나 생활을 꾸려 나가기 때문에 천민계층으로 취급받는 사실이 그에게 또 하나의 문화 충격이었다.

예쎈이 직접 본 조선의 문화, 공예품 판매 생산과 공업 교육 제도, 이왕가의 실생활비를 충당하는 박물관 정책 등은 그에게 뜻밖의 혼란을 주었다. 조선의 공예품 생산 제도는 1907년 대한제국이 세운 공업전습소가 있다. 1908년부터 1910년까지 4~9개 정도의 규모였다가 1911년에는 100여 개가 되어 경성뿐만 아니라 전남과 경남 등 지역에 조선총독부 공업전습소가 설치되었다. 대한제국이 황실물품을 보급하기 위해 궁내부 내장원에 설립한 한성미술품제작소(1908년-1913년 5월)를 조선총독부가 넘겨받아 시행했던 이왕직미술품제작소(1913년 6월-1922년 8월)는 공업 교육을 받은 졸업생들이 물품을 생산하는 구조였다. 이왕직미술품제작소는 1922년 8월부터 1936년 7월까지 조선미술품제작소 주식회사가 되어 일반에게도 물품을 판매하였다. 예쎈은 고대 국가부터 수준 높은 문화를 가진 조선이 격동기 현실에서 살아남지 못하고 이웃 제국주의 국가들의 주도권 싸움에 휩쓸려 조선인이 소유한 고대문물과 수공예 전통이 파괴되는 현실을 안타까운 눈으로 바라보았다. 그는 조선의 흔적이 아예 소멸되기 전에 조선을 경험하고자 일본을 거쳐 서둘러 조선을 방문하였다.

예쎈의 여행기 「답사기: 조선의 일본인」
(1913)

다음은 예쎈이 1913년 조선을 방문하고 쓴 여행기 전문이다.

일본 여행을 할 때 누구나 간과할 수 없는 것은, 평화로운 시기조차 이들의 민속 행사와 문화재 관람 중에도 당면한 정치 문제가 곳곳에서 발견된다. 이들은 세계적인 명성을 좇으려는 열정과 제국주의적 침략 행위로 식민지 무역 독점을 갈망하는 상인, 귀족들과 농부들의 정신 상태는 매우 불안정하며 외국인과 만날 때 많은 것을 떠들지만 속내를 감추며 말한다.

내가 일본에 도착한 시기는 일본과 미국이 심각하게 갈등하던 때였다. 당시 미국에서는 일본인들이 서쪽 해변가에 이주하는 것에 대해 신랄한 논쟁이 있었고, 캘리포니아 주지사 존슨은 용기 있는 저항과 한편 워싱턴 정가와 화해하는 제스처를 보여주던 시기였다.[Hiram Johnson은 1911부터 1917년까지 주지사로 재직하였다. 존슨은 그의 재임 기간 동안 아시아 이민자들이 부동산을 취득하는 것을 금지하는 것을 법으로 제정하려는 계획을 지속적으로 비판했다. 그러나 결국 법안은 통과되었다.]

이러한 위태로운 상황은 멀리 일본에서 동쪽을 보는 입장과 미국 서쪽 해변가의 실제 상황과 크나큰 차이가 있었다.

내가 받은 첫 번째 인상은 놀랄 만큼 끈기 있는 동아시아 이민자다.[일본과 대한제국이 1910년 병합되기 전, 1902년 초대 주한 미국공사 호레스 알렌은 고종에게 조선인 이민에 관한 윤허를 받는다. 1902년 11월에 해외이민 업무 담당기관인 유민원을 설치한다. 하와이 농장주와 인천 내리감리교회 조지 존스 목사는 감리교인 50명을 포함한 조선인 121명을 설득하였고, 이들은 한국계 미국인 이민 1세대가 되었다. 주로 사탕수수, 파인애플 농장에서 육체 노동자로 일하였으며 대한인국민회 등 애국 단체를 설립하여 독립운동 지원과 자녀 교육에 헌신하였다. 이들은 호놀룰루에서 1903년 8월에 신

예쎈의 여행기 「답사기: 조선의 일본인」(1913)

민회를 조직하였다. 그 후 1919년 베르사이유조약에 따라 독일의 식민지가 일본위임통치령으로 바뀌었다. 태평양에 있는 남양군도의 섬들도 마찬가지 운명이었다. 이러한 일본의 이민정책으로 조선인들뿐만 아니라 많은 일본인도 하와이, 간도로 이주하였다. 조선인은 약 5천 명에 달했으며, 비행장 건설과 사탕수수 농장에 투입되었다.]

그들은 무리를 져서 옮겨 다니고, 과일과 야채를 수확하는 일을 하는 허름한 노동자들이지만 우리의 일상생활이 유지되기 위해서 필요한 사람들이다. 그들은 재산을 조금씩 늘려가며, 더듬거리는 영어로 말하며, 자식들을 미국 학교와 도서관에 보낸다. 이들은 자신들의 정체성을 잃지 않으며, 백인들과 합류하기를 원하지 않고, 절대로 동화되지 않을 것이다. 가장 섬뜩한 것은 호놀룰루에서 관찰된 점이다. 이곳에 이주한 일본인들 수천 명은 표면적으로는 평화롭게 보이지만, 곧 호놀룰루를 점령할 준비를 하고 있었던 것이 확실하다. 이들 일본인들을 절대 얕보면 안 된다. 그래서 나는 일부러 일본에서 베이징으로 가는 노선을 택했으며 일본인들의 이주 지역인 신일본, 조선을 경유하게 되었다. 나는 이 경로 선택을 결코 후회하지 않았다.

우아한 루저와 천민 수공업자

대한제국은 황제 국가이며, 1910년부터 일본제국에 속한 나라로 알려져 있다. 러일전쟁의 결과로 1907년 마지막 황제는 권좌에서 물러나야 했고, 그 후 수십 년 동안 몰락한 제국은 서양과 동양의 권력 다툼에서 불화의 여신 에리스(Eris)의 황금사과 역할을 했다. 일본은 오랜 꿈을 이뤘다. 1592년 용감한 벼락출세한 쇼군 도요토미 히데요시(豊臣秀吉 1536-1598)는 5만 병사를 이끌고 좁은 바다를 건너 20일 동안 한양 도성(서울)까지 진격하였다. 6년 동안 전쟁을 하며 힘들게 조선을 점령했지만 도요토미 히데요시는 곧 죽었다. 그의 후계자는 조선에 관한 권한을 만주중국[청나라]에게 넘겨줬다. 다만 항구도시 부산만 일본이 언제든지 사용할 수 있었으며 일본은 수백년 동안 조선 땅에 한발을 걸치고 있었다.[예쎈이 갖고 있는 있는 잘못된 역사 지식이다.]

1904년 한성

예쎈의 여행기 「답사기: 조선의 일본인」(1913)

1876년 동쪽의 겐산항(원산)과 서쪽의 제물포항을 개항하여 경성으로 가는 통로를 만들었다.[1876년 조일수호조규를 체결하여, 1876년 부산항, 1879년 원산항, 1880년 제물포항을 개항하기로 하였다.]

고대부터 조선은 중국 본토에서 섬나라 일본으로 넘어가는 다리 역할을 하였으며 그 길을 따라 문화적인 특성을 살펴보면 중국 문화의 원류들이 나타난다. 현재 나라(奈良)와 호류지(法隆寺)에서 볼 수 있는 일본의 고대 예술을 연구하면, 조선인 예술가들의 동아시아 문화 전달 과정과 그들이 영향을 받은 중국의 선례를 감지할 수 있다. 고려 왕조(935-1392)는 하위 왕국으로 중국에 귀속되었으며, 고려 말부터 한반도 지역에 지속적으로 고려라는 이름을 부여하였다.[예쎈의 고려 왕조 시기는 오류이다. (918-1392)로 수정해야 한다.]

호류지 금당

중국 문화의 영향은 계속해서 명나라 시대의 생활 관습과 의상이 오늘날 조선 민속 의상의 기초가 되었으며, 선비문학이 꽃피우고, 15세기에는 활자를 채자하여 활자본으로 인쇄하는 인쇄 기술을 발명하였다.

일본의 무자비한 침략과 약탈을 방어한 후 조선은 거의 4세기 동안 쇄국정책을 단행하여 조선을 전설의 나라로 만들었다. 정책적으로 해안가에는 인구가 점점 줄었고, 우연히 표류하거나 방문하게 된 외국인들은 잔인하게 살해당했다. 백성들 또한 이들과 접촉하는 것이 법으로 금지되어 그들과 의사소통만 하여도 사형을 당하였다. 관리들은 서로 싸우고 게으르며, 이러한 안이한 관리들의 행태는 19세기 외세 침입을 초래하였다. 여행자들은 설리반의 미카도에 묘사된 작은 거리에서, 고귀하고 재능 있는 사람들의 죽음에서, 조선인들의 수많은 일화를 들을 수 있다.[미카도(The Mikado)는 1885년 3월 14일 영국 런던에서 초연된 일본을 배경으로 하는 코믹 오페라 작품이다. 각본은 윌리엄 S. 길버트 (Sir William Schwenck Gilbert 1836-1911), 작곡은 아서 설리번(Sir Arthur Seymour ivan 1846-1900) 이다.]

이들을 다스리는 조선의 왕은 셀 수 없이 많은 아내와 후궁, 그리고 백여 명의 환관에게 조종당하며 자신을 황제라고 불렀다. 무용, 축제, 행렬(행궁) 등에 심취했으며, 아름다운 회화작품을 구입하기도 하였다. 1834년 황제가 과거시험의 문제점을 지적하며 직접 다뤘던 재정파탄 문제가 컸다.[헌종(1827-1849) 조선의 제24대 왕, 사후에 황제로 추존했다. 조선 후기 순조부터, 헌종, 철종까지 안동김씨, 풍양조씨로 대표되는 세도정

예쎈의 여행기 「답사기: 조선의 일본인」(1913)

치가 있었던 시기이다. 이들은 정치의 주축이 되는 과거제와 국가재정을 확보하는 삼정-전정, 군정, 환곡을 장악하였다. 지방의 현감이 뇌물을 수수하지 못하는 법과 암행어사를 통해 곤경에 빠진 농민구호책을 시행하려 하였지만 19세기 세도정치 시기는 왕권이 상대적으로 미약하여 수포로 돌아가기 일쑤였다].

권세가와 평민

조선인 부부

나라 전체를 몇몇 권세가 집안이 다스렸다. 당시 권세가 집안은 수천 개의 관직을 소유하였으며 병역, 세금 등에 있어서 죄를 범해도 처벌이 없었다. 권세가와 그 가문에 속한 소작농들은 조선 전체 농민의 3분의 1에 해당되며, 모두 권세가들을 위해 농사일을 했다. 따라서 백성들은 유민이 되거나 강도가 되었으며 마을에는 희생자로 가득 찼다. 이들이 외세를 반대하는 저항과 애국심이 없는 것은 놀라운 일이 아니다.

또한 권세가 집안에 속한 양반들은 어떠한 노동도 하지 않았다. 이들의 성향은, 부산에 상륙한 후 산[북악산과 인왕산]으로 둘러싸인 따뜻한 경성에 도착하자마자 이들의 특징이 곧바로 눈에 띄었다. 이들은 멍하니 한가하게 앉아 있거나 그저 서 있었다. 크고 바른 당당한 체구와 잘생긴 모습의 사람들은 상의, 치마, 바지, 신발 모두 흰색으로 차려입었으며, 머리는 뒤에서 흰 모자 안으로 감아 올렸으며, 대나무 틀 위에 느슨하게 말총으로 직조한 높고 넓은 차양 모자를 쓰고 모자 끈을 턱 아래에 묶었다. 수많은 상점 앞에서 기다란 담뱃대로 끊임없이 흡연을 하거나 수다를 떠는 등 우아한 루저의 모습으로 웅크리고 앉아 있었다.

그들의 아내는 집과 안뜰 내부에서 대마(삼베)나 면을 두드리며 빨래를 하는 등 지칠 줄 모르고 일을 한다. 아내들은 짧은 흰색 저고리를 입었지만 가슴이 다 보일 정도였으며, 얼굴과 머리는 넓은 치마와 여러 가지 빛깔로 만든 녹색 베일로 수줍게 숨겼다. 여인들은 마치 노예처럼 집 안에 갇혀 있지만 일몰 시간부터 자정까지 거리에 나갈 수 있었다. 그 시간에는 남자들은 나오지 못하였다.[예쎈은 조선 시대 풍습을 잘못 이해한 듯하다.] 우리가 생각하기에는 이런 이상한 풍습이 조선에서 일어나고 있다.

말총으로 만든 챙 없는 각모와 초상을 당한 상주가 쓴 커다란 삿갓은 쇄기풀로 직조했다. 좁은 골목길에서 놀고 있는 아이들은 벌거벗은 상태이며, 언제 씻었는지 온몸이 얼룩으로 칠한 듯했다.

비옥한 땅에서 열심히 일하는 농부는 사실과 많이 다르다. 그는 괭이와 원시적인 쟁기로 곡식, 콩을 재배하는 논

상복을 입고 삿갓을 쓴 조선인

시골 민가 정경

조선의 짐꾼

밭에서 능숙하게 일하고 있었다. 외형적으로 그 농부는 부지런하게 일하는 땅 주인(지주)처럼 보이나 사실은 양반들의 노예였다. 농산물과 물품을 수레에 가득 싣고 시장으로 운반하는 농부의 인내심과 그 수레를 끌고 가는 다부진 체격의 황소가 조선을 상징하는 동물이 아니라면 놀라운 일이다. 사리에 밝은 상인들은 상인조합에 속해 있고, 노란 모자를 쓰고 두 명씩 혹은 조합원들 모두 농작물을 구입하기 위해 농촌

여기저기를 돌아다닌다.

천민과 수공예품

백정과 신발 제조업자는 이 사회에서 천대받는 신분이다. 동물의 표피와 살을 손으로 직접 처리하거나 바구니 제작자는 살아 있는 나무 껍질을 벗기는 작업을 다루기 때문이다. 또한 우리가 예술가라고 부르는 배우와 가수가 이러한 천민 계급에 속한다. 길거리에는 이들의 공예품 제작 과정을 구경하느라 한가한 사람들이 상점을 둘러싸고 있다.

농부들은 농한기에 집에서 짚신, 가마니, 거적때기를 만든다. 사람의 음식과 가축 사료를 담아 놓는 마당의 커다란 항아리, 반짝

경성의 상점

예쎈의 여행기 「답사기: 조선의 일본인」(1913)

경성의 상점 주인

반짝 빛나는 황동 공예품, 촛대, 등불, 담뱃대, 아름다운 쇠장식이 달린 목가구 등을 만드는 장인들이 있는 이 나라에는 모든 종류의 금속, 금, 구리, 철 등이 풍부하다. 종이를 만드는 제지업은 오랜 전통 작업이다. 조선은 뽕나무와 닥나무에서 나무 실을 만들어 단단한 종이를 만든다. 예로부터 조선 종이의 품질은 동아시아 선비 사회에서 유명하다. 또한 일본의 경우처럼 의류 및 집안의 바닥 깔개로 사용되기도 한다.

주거지

조선 마을의 골목길의 산책은 눈과 코를 찌푸리게 한다. 계란 모양의 돔형 지붕으로 초가집들이 빼곡하게 늘어선 부산의 옛 마을 지역에서 주민들은 문턱에 멍하니 앉아 있다. 초가집의 사방 벽은 야생 잔돌 혹은 마른 진흙을 섞어 올리고 덧댄 나무 기둥이 받치고, 창문도 없다. 경성의 집도 마찬가지이다. 문을 통해서만 햇빛이 들어오는 방은 온통 그을음으로 덮혀 있다. 부엌 아궁이를 통해 온돌로 열기가 들어가기 때문이다.

아궁이의 연기는 벽의 연통을 통해 거리로 뿜어져 나온다. 조선 사람들은 굴뚝의 용도를 모르는 것 같다. 이러한 먼지와 오물이 가득한 서점에서 나는 하루 종일 값나가는 물건을 찾았으나 별다른 소득이 없었다. 물론 궁전과 양반의 집들은 중국식 건축물처럼 안뜰이 담장으로 둘러싸여 배치되어 있다. 객실은 일본에서와 같이 좌식생활을 위한 다다미방석으로 채워져 방문자는 신발을 벗어야 한다.

오늘날 이러한 건축물들은 일본인들이 부분적으로 차지하고 있으며, 왕궁은 화강암으로 된 북악산과 인왕산으로 둘러싸여 있다. 북악산과 계곡을 지나는 한양 도성 성벽의 길이는 20km이며, (광화문 앞) 주작로에서 살짝 구부러져 남대문(숭례문)이 놓여 있다.

경복궁의 반은 파괴되었고, 넓은 담장으로 둘러싸인 안뜰이 있다. 그 주위에 후궁들의 숙소가 있다. 궁의 중간에 있는 근정전은 매일 아침 고위 관리들이 서열이 새겨진 표지석 앞에 무릎을 꿇고 앉아 통치자의 명령을

조선 왕궁 경복궁 근정전

기다린다. 그 옆에는 경회루가 서 있다. 1~2층 건물의 통풍이 잘되는 복도, 전망이 좋은 연회 장소, 조상의 위패를 모신 사원, 연꽃 연못, 모두 매력적일 수밖에 없는 중국 양식 건축물은 내가 방문했을 때 잡초 더미에 덮여 있었다.

경복궁의 경회루로 건너는 다리

향원정

우아한 루저의 원형

경복궁 안에 조각된 석물　　　　　　　　　　　현재 모습

이왕가박물관과 도서관

　　궁전 옆에 오래된 정원(비원)이 있는 두 번째 궁전, 창경궁에 일본인은 어원박물관을 설계했다.[황실박물관, 궁내부박물관 등으로 불리는 이왕가박물관은 우리나라 최초의 공식박물관으로 기록되어 있다. 1907년 순종이 즉위한 후 덕수궁에서 창덕궁으로 이어(移御)를 준비하면서 11월 4일 내각총리대신 이완용과 궁내부대신 이윤용은 왕의 취미 생활을 도모한다는 계획 아래 창덕궁의 수선 공사를 감독하고 있던 궁내부 차관 고미야 미호마쓰(小宮三保松 1859-1935, 한국에서 그동안 사보마쓰라고 불렀으나, 일본 위키피디아에서 미호마쓰 みほまつ라고 부른다) 상의하여 11월 6일 약 6만 평의 부지에 박물관과 동·식물원 설치를 제의하였다. 1908년 1월 우선적으로 진열품

(京 19)　MUSEUM SHUNG POK PALACE　館本物博苑御宮慶昌城京　(所 名歸朝)

창경궁 어원박물관

옆모습

우아한 루저의 원형

수집에 착수하여 고려시대 분묘로부터 출토된 도자기, 금속품, 옥석류 등을 중심으로 구입하였고 삼국시대, 통일신라시대, 조선시대의 불상, 회화, 공예품 등도 매입하였다. 같은 해 9월에 어원사무국이 신설되면서 박물관 및 동·식물원에 관한 제반 사무를 관장하였다. 진열관이 준공된 후, 일반인에게는 1909년 11월 동물원 및 식물원이 개원하면서 공개되었으며 이때 창경궁은 창경원으로 개칭되었다. 진열관은 경춘전, 관경전, 명정전 및 양화당 등 창경궁 내 대부분의 전각들을 수선하여 사용하였으며, 1911년 9월에는 일본식 연와 (煉瓦) 건물의 박물관 본관을 신축하고 1912년 3월 14일에 낙성하여 유물을 진열하였다. 박물관 본관은 이왕가박물관이 1938년 덕수궁의 이왕가미술관으로 옮겨가면서 장서각으로 이용되었으며 1992년에 해체되었다.]

사원은 원시적이었다. 유서 깊은 불교문화는 화려한 도교 신과 벽화가 있는 도교 문화 양식에 의해 티벳 불교 성향으로 대체되었다. 거의 모든 것이 중국과 비슷하다. 조상의 묘지는-모든 마을, 성별불문, 모든 가문은-후세와 조상을 위해 가장 넓게 차지하고 있다. 죽은 사람이 고통을 받으면 곧 산 사람들에게 보복하기 때문이다.

일본은 다 허물어진 중세도시와 조선 왕이 살았던 도시에서 발굴을 멈추지 않는다.[일본은 한일합병 후 개성에 있는 고려왕릉을 발굴하였다.]

새로운 미술관에 진열될 많은 보물이 필요했고 아마도 무역을 하기 위해 발굴했을 것이다. 나는 특히 영향력 있는 고위 관리의 개인 소장품에서 귀중한 문화재 유물들을 보았다. 경성에서 그리 멀지 않은 곳에 중국의 분묘 방식으로 건축되었고, 분묘 주변에 기념 비석과 석상이 있는 왕릉이 있다. 내가 곧 중국에 가서 경탄을 금치 못할 그것들은 중국 양식을 원형으로 삼았지만 성격은 다르다.

이왕직박물관 청동 불상   현화사 석등

　토속적 민속 조각 천하대장군은 그 자체로 이정표와 같은 역할을 하고 기괴한 모양의 말뚝처럼 서 있다. 시골 길과 마을 옆에서 원시 민속 신앙의 잔재, 악한 귀신으로부터 보호받고 싶어 하는 인간의 공포가 관찰된다. 미신을 믿는 사람들의 공물, 헝겊 조각 및 전표에 의해 어느 정도 이러한 공포심이 완화되는 모양이다.

　한성의 궁전 앞에는 중국 양식이나 그리 세련되지 못한 기괴한 석재 조형물이 있다. 현실에선 볼 수 없는 상상동물의 조각들이다. 이러한 석상에서 예술을 찾는다면, 그 자체로 충실해야만 한다. 영리하고 신중한 일본 행정부가 옛 궁전 안에서 혹은 그 옆에 최근 몇 년 동안 만든 아름다운 박물관에서도 이들을 발견한다. 넓은 정원으로 둘러싸인 안뜰에는 자연사와 민속적인 컬렉션이 진열된 화려하고 긴 방이 있다.

낮은 언덕에는 새로 건축한 2층 박물관이 있다. 이 건축물은 조선과 일본과 유럽 양식을 접목한 것이다. 계단과 기둥, 유리창은 유럽 양식이다. 그들은 열정적으로 고대 한국에 있었던 모든 종류의 보물을 수집하였다. 조선인과 세계의 예술애호가들에게 알려진 적이 없었던 그 보물들은 수백 년 동안 왕릉에 묻혀 있었다.

광화문과 해치

예쎈의 여행기 「답사기: 조선의 일본인」(1913)

현재 도쿄에서 온 고등교육을 받은 행정공무원 고미야는 제국 법률고문으로서 땅속의 보물을 찾아내고 소유하고자 모든 수단과 방법을 동원하였다.[고미야 미호마쓰(小宮三保松 1859-1935)를 말한다. 그는 궁내 부차관(1907)에 재직하며 이왕가 소유 재산을 관리하였다.]

그의 충직한 관리인 이왕가박물관 주임 수에마츠 쿠마히코[末松 熊彦 (1870-?) 궁내부 직원이었다.]는 멀리 서양에서 온 방문자들에게 의기 양양하게 대단한 실적물을 보여줬다. 그것은 무게감 있는 사진 도록 두 권이었으며, 그 안에서 우수한 유물의 사진들을 볼 수 있었다. 나는 일본 행정부 기증본을 집으로 가져올 수 있었다.

박물관에는 대부분 왕릉과 분묘에서 발굴된 유물이며 크고 화려한 유물보다는 작은 예술품들이 진열되어 있다. 대규모의 청동 및 철로 만든 유물은 거의 없었으며 일부는 삼국시대 초기에 제작된 유물이다. 다른 한편으로, 더 작은 크기의 주목할 만한 일련의 유물들이 있다. 다양한 금속과 상아로 만든 잡다한 장식품, 보석류, 작은 기구, 바늘, 칼, 숟가락, 아름다운 청동 거울, 귀금속 용기, 은으로 장식한 우아한 부조장식이 있는 유물 등 모두 매우 드문 유형의 왕실 소장 유물들이다.

상품의 가치는 도자기가 최우선이다. 유약과 장식에 따라 값나가는 소중한 항아리들 한편으로 중국 송나라의 특색인 청색조의 옅은 녹색 유약, 또 다른 한편으로 조선의 특징인 매우 섬세하고 끊임없이 변화하는 회색 음영뿐만 아니라 빛에 따라서 단계별로 변화하는 청백자이다. 특히 도자공예 전체에서 사용되는 상감기법은 유약

우아한 루저의 원형

상감청자 주자

이왕직박물관 유리진열장

을 바르기 전에 문양을 새기고 그곳에 다른 색을 발하는 백토를 바르는 기법이다. 도자기에 표현된 그림은 대부분 중국식 꽃을 그려 넣었다. 이탈리아 초기 르네상스의 정서를 떠올리게 하는 선들과 엄격하게 양식화된 잎 모양은 우아하게 일정한 배열 리듬을 갖고 있다. 유리장에 진열된 도자기들은 유리장에 반사되어 영롱한 색조의 변화를 창출한다. 이 느낌은 내가 경성을 떠나는 아침에 인왕산의 최고봉 바위에서 경험한 이른 새벽의 빛과 같았다. 도자기는 중세 이후 1,400년 전 고려시대의 유물이었으며, 그 후에는 다른 부장품을 왕릉에 부장하여 도자기는 많이 발견되지 않았다.[사진은 예쎈이 1913년 이왕가박물관에서 본 청자 도자기판이 현재 보스턴 Museum of Fine Arts에 소장되어 있는 것을 발견하였다.)

2014년 보스턴 Museum of Fine Arts에 진열된 청자 도자기판. 예쎈이 1913년 이 왕가박물관에서 본 청자 도자기판이 현재 보스턴 Museum of Fine Arts에 소장되어 있는 것을 발견하였다.

유약을 입힌 꽃문양 도자기판

조선시대 이재(李縡) 초상화

도자기 옆에 진열된 그림들은 박물관의 원칙에 따라 유리장에 진열되었지만, 그림을 유리장 안에 진열하는 것은 옳은 방법은 아니었다. 18세기에 그려진 매력적이고 독창적인 섬세한 인물화는 중국의 특색이 보인다. 이왕가 박물관 설립자는 조선 왕가의 옛 도서관에 소장된 퇴락한 보물들을 새롭게 보관하고자 하였다. 그것은 일목요연하게 넓은 궁전 홀 가장자리에 진열되어 있었으며, 일본 학자들이 보물의 목록을 만들었다. 그곳에서 나는 중국과 일본의 문헌을 접하면서 그동안 갖고 있던 서지에 관한 의구심이 명쾌하게 해결됐다.

이는 도쿄와 교토의 서점을 거의 모두 훑어본 이후에도 여전히 남아 있던 의문들이었다. 『개자원화전芥子園畵傳』과 같은 고대 중국 목판화는 일본의 그것보다 오래되었다.[청나라 이어(李漁 1611-1680)가 주축이 되어 그의 사위 심심우가 소장했던 『산수화보』를 왕개를 시켜 증보편집했다. 1679년 왕개가 이유방의 『산수화보』를 증보편집. 화리(畵理)와 화법(畵法) 등을 장르별로 나누어 설명한 화보집. 이어의 별장인 개자원(芥子園)에서 제1집은 중국화의 기본적인 기법을 간행(1679)한 후 왕개 형제가 제2집 『난죽매국보』와 제3집 『초충영모화훼보』는 1701년에 간행하였고, 제4집 『사진비결·만소당화전』을 토대로 인물 화보 주제로 1818년에 간행하였다. 회화·목각·인쇄 등 여러 분야에서 탁월한 예술적 성취를 이룬 『개자원화전』은 산수·난죽·매국·화훼·영모·인물 등 화목이 체계적으로 잘 편집되어 누구나 쉽게 그림을 배울 수 있는 화보가 되었다. 매 집(集)마다 전반부는 화리와 화법을 장르별로 자세히 설명하였고, 후반부는 각종 그림을 실어 이해를 도왔다. 현행의 전사집사책본(全四集四冊本)은 1898년에 소훈(巢勳 1852-1917)이 간행한 것으로 완결본이라 하겠다. 명칭은 화보(畵譜)라고도 하고 화전(畵伝)이라고도 한다. 중국의 여러 화보가 그랬듯이 『개자원화전』도 조선시대 화가들의 그림 배우는 교재(敎材)와 전범(典範)으로 이용되었다.]

조선 문학의 끝이 없는 시리즈, 현재 일본어로 번역되고 있는 구법률집, 1187권으로 구성된 이왕조의 연대기 등이 있었다.[조선을 건국한 1392부터 1863년까지 기록된 『조선왕조실록』을 말한다. 『고종실록』은 1935년 이왕직 주관으로 오다쇼고(小田省吾) , 수에마츠 쿠마히코 등이 펴냈다.]

무엇보다 황제 소유 인쇄소에는 한글 금속활자체가 들어 있는

15세기 동국정운식 한글 금속활자가 2021년 인사동에서 600여 점 출토되었는데, 예쎈이 황제인쇄소 보고 놀랐던 한글금속활자 식자의 한 예이다.

오래된 식자植字 상자가 있었다. 금속활자는 이미 구텐베르크보다 앞서 1400년경에 사용되고 있었다. 중국인보다 수준이 높았던 조선인들은 25개의 모음과 19개의 자음으로 아름다운 한글을 만들어 사용하였다. 이와 같이 수준 높은 인쇄 기술로 제작된 한글 인쇄물 한두 권을 집으로 가져오는 것은 내게 충분히 가치가 있었다. 한글 구성의 기본은 간단한 선과 원이다. 도서관 이외에도 아카이브가 설치되었으며, 황실이 소유하고 오래되어 귀중하지만 소홀히 대한 유물들을 구제하였다.

이 모든 것은 이왕가의 가계 수입을 채우는 제도적 시스템에 따른다. 왕위 계승자[영친왕 이구 1897-1970]의 큰아버지[의친왕 이강 1877-1955]는 현재 모국의 재정적 도움 없이 일본에 거주하고 있다. 이러한 예술행정 정책은 일본이 새로운 식민지를 합병한 이래 그들을 귀속시키는 계획임을 한눈에 알아볼 수 있었다. 경험이 많고 친절한 총영사 크뤼거 박사가 나를 총독부에 소개하였다. 불행히도 총독은 자리에 없었다.

현재 총독인 데라우치 마사타케와 그 의 대리인 야마가타 이사부로[山縣伊三郞 1858-1927. 1871년 이와쿠라사절단 수행원으로 구주 12개국을 시찰하였다. 1910년에 조선통감부 부통감이 되었다.] 왕자는 근대적인 행정부가 갖춘 모 든 영역의 통계자료, 계획서, 사진들이 포 함된 총독부의 4절판 보고서를 주었다.[데 라우치 마사타케寺內正毅 1852-1919. 1910년 5월부터

General Terauchi.

데라우치

제3대 조선통감이었고, 한일합방 이후부터 1916년 10월 14일까지 초대 조선총독이었다. 〈베를리너-폴크스 짜이퉁〉 1910년 8월 27일에 게재된 데라우치의 모습이다.]

부관연락선을 타고

나는 쓰시마를 지나면서 러시아 함대의 끔찍한 무덤을 떠올렸으며 시모노세키를 건너면서 또 한 번 떠올렸다. 가끔 크고 널찍한 아름다운 증기선에 승선할 수 있었는데, 이전에 스코틀랜드 병원선

부관연락선

1913년 부산 잔교역(釜山 棧橋驛). 1913년 3월 29일 개통됐다. 압록강 가교, 만주 안봉선(안동-봉천) 등 대륙과
연결하는 첫 역이다. 잔교역 내에 식장, 휴게소 식당을 갖췄으며, 철로를 부두로 끌어들여 연락선과 열차가 곧바
로 연결되었다. 1945년 폐역되었다.

으로 사용했다고 한다. 언덕으로 둘러싸인 부산의 항구에서 일본인은 긴 댐을 건설했다.[부관연락선(釜關連絡船)은 1905년 9월부터 운항하였다. 부산-고베구간은 이키마루(壹岐丸), 쓰시마마루(對馬丸) 등 다섯 척이 교대로 운항하였다. 이키마루, 쓰시마마루는 구간 항해 시간이 11시간 30분이었으나, 1936년 곤고마루(金剛丸), 고안마루(興安丸)는 7시간으로 단축되었다. 부관연락선 항구를 위하여 1905년부터 1908년까지 해변을 매립하였으며, 경부선을 초량-부산까지 노선을 연장하였다. 1913년 항구 바로 옆에 부산 잔교역을 준공하고 부산-시모노세키 부관연락선의 연계 수송이 시작되었다. 1945년 중단되었다가 1970년 다시 개통되었다.]

우리는 부두에 정박했고, 그 옆에 (부산 잔교역) 서 있는 호화 열차를 타고 여행을 계속할 예정이었다. 기차 출발 시간까지 나는 부산의 일본인 거주 지역과 조선인 거주 지역을 구경할 수 있었다. 질서와 청결함이 돋보이는 보석상자 같은 지역과 완전 반대인 무질서와 더러운 집과 오두막들이 즐비했다.

곧 가장 근대적인 D-기차를 타고 여행을 계속하였다.[경부선은 1905년 1월 개통하였다. 매일 두 편의 열차가 구간 운행을 하였다. 원래 17시간 운행이라고 하였지만 실제로는 총 30시간이 걸렸다. 1940년대 이르러 같은 구간 거리를 6시간 30분 동안 운행하였다.]

청결한 실내 구조를 가진 기차이며, 나는 경성에서 목단(봉천)[현재 선양이고 펑톈을 말한다.]까지 며칠 동안 조선-남만주 노선을 이용하는 유일한 승객이었다. 기차는 살롱, 침대차, 식당차로 이루어졌으며, 2마르크를 지불하면 제공되는 여섯 가지 유럽식 코스요리는 완벽했다. 내가 지금까지 식당칸에서 먹었던 음식 중 가장 양질의 요리

예쎈의 여행기 「답사기: 조선의 일본인」(1913)

였다. 나는 11명의 공무원들과 함께 여행했으며, 우리를 일본 철도 호텔로 인도하고 짐을 들어준 젊은 열차 승무원이 있었다. 그는 우리가 주는 팁을 공손하게 거절했다. 모든 것은 정확했다. 일본에서 경험한 허름하고 길고 가느다란 열차조차 1분도 연착하지 않았다.

지난 몇 년 동안 경성에서 일본인들이 얼마나 많은 불편함을 제거했는지 내 눈으로 보았다. 더러운 집들은 강제로 청소했다. 도로 폭이 넓은 길을 만들고, 나무를 심고, 전차 노선이 생겼으며, 우체국에서 전신을 보낼 수가 있으며, 하수도를 새롭게 정비하기 시작했다. 경작 가능한 농지, 가축, 면화 및 실크 작물 등 농업 생산 개선을 위한 장기적인 조처를 취했다. 황폐한 산과 산악 지역에 나무를 심고, 전국에 교육장과 실험장을 설치하였다.

교육 정책과 프로파간다

무엇보다 먼저 일반 국민들의 교육제도를 바꿨다. 어리석은 향촌 교육과 유학 선비들의 옛날이야기 대신 국민학교, 중학교, 고등학교를 만들었다. 물론 그들의 의도는 조선인들을 가능한 빨리 새로운 일본의 아들, 그들 제국 사람으로 만드는 것임이 분명했다. 일본어를 한 단어도 이해할 수 없는 어린아이들조차도 일본어로 교육을 받아야만 했다. 일본 경찰은 최근에 내가 사는 지역에서 몇몇 불쌍한 조선인 저항자들이 어떤 고문을 받았는지 알려주며 이들을 발본색원할 대책을 강구하는 데 도움을 요청하였다. 일본은 지조와 충절이 깊은 조선인들을 색출하기 위해 막대한 자금과 군대를 제공했으며 나라 전체에 간첩과 밀고자들의 연대조직을 만들었다.

총독부 보고서를 읽어보면, 토지 조사, 소유권 확인, 생산과 수출, 수입 조사 등 경제적으로 법률적으로 새로운 질서의 기초를 다지기 위해 얼마나 많은 노력을 했는지 알 수 있다. 이것은 제조업에 도움이 되었다. 섬유공업, 밧줄 제조, 염색, 밀짚 공예, 제지 공장, 대나무 공예 작업과 같은 중요한 산업들은 재정 지원을 받고 모범적인 공장[한성미술품제작소(1908-1913), 이왕직미술품제작소(1913-1922), 주식회사 조선미술품제작소(1922-1936)를 말한다. 예쎈이 방문한 곳은 이왕직미술품제작소였다.]과 공예학교[조선총독부공업전습도를 말한다.]를 세웠다. 한 회사는 1년 동안 7,300건의 재정 지원을 받기도 하였다. 창조적이며 기술적으로 정제된 작업은 유명한 공예박물관의 지원을 받는다. 그것은 교토, 나고야, 도쿄 혹은 다른 도시의 상업박물관의 보조 상품 판매망과 연결되었다. 새롭게 추천하는 재료, 도구, 작업 방법은 마치 신지식을 주는 것처럼 포장되었다. 국가에서 추천하는 작업 유형은 이미 오래된 낡은 작업이었지만 기품이 있어 보이도록 포장했다. 게다가 이러한 판촉 정책으로 상품의 생산량이 증가하였다. 그리고 조선인들의 구매 욕구를 부르는 일본의 추천 상품은 부족하지 않았다. 이것은 모국(일본)의 이익 욕구를 일깨웠다. 이와 같은 모든 학교 정책은 영리한 프로파간다가 될 수 있는 사례로 까다로운 유럽인들도 이를 생각해볼 필요가 있다.

나는 동아시아 공예와 산업 진흥을 이미 일본에서 조사했었다. 고대 장인의 유물과 현재 예술산업의 작업장과 방법을 연구하고자 하였다. 그러나 그것이 나에게 시간 낭비로 여겨져 곧 포기했다. 나의 짧은 체류기간 동안 원래 고유 문화에 대한 감동이 솟구쳐 위작에게 마음을 빼앗기고 싶지 않았다. 동아시아의 수출 도자기는 유럽에 전염병처럼 퍼져나갔다. 그러나 곧 유럽 내 미술산업에서 활동하는 숙련된 감정가들은 진위 문제를 제기하였다. 고백하건대, 일본과 전쟁 중에도 상점과 백화점에서 이러한 가짜를 사려고 막대한 비용이 지출되었다. 이런 일은 바깥보다 자신들의 나라에서 더욱더 피상적이고, 천하고 나쁜 것처럼 보였다.

아름다운 에노섬의 절벽은 숲과 아름다운 산책길로 가득 차 있었으며, 유럽의 수많은 교회당보다 더 고귀하였다.[에노섬(江之島 에노시마)은 일본 가나가와현 후지사와시 기타세 해안에 있는 둘레 4 km, 표고 60m 정도 되는 섬으로, 2개의 다리를 통해 육지와 연결되어 있다.]

방문자들은 자유로운 바다 풍경을 만끽하며 오솔길을 산책할 때마다 기분이 상쾌했다. 나는 친절한 지역 안내자 덕분에 도자기, 수공직조공방 및 자수공방을 방문했다. 좁은 공간에 빼곡이 채워진 비참한 노동자들은 예술적으로 놀랍고 기술적으로 고통스러운 수공예품에 매달려 몸을 굽힌 채 작업하고 있었다. 제조업자들은 자신의 상품이 유럽의 취향에 가까운 것을 자랑스럽게 여겼다.

화혼양재의 예

나는 1911년 토리노에서 개최된 세계 전시회 심사위원단에서 회의 중 발생한 열띤 토론을 기억했다. 일본인 동료의 디자인이 최악

의 아르누보 스타일이었기 때문에 그의
나라에선 최고이며 기술적으로 완벽한
작품이라고 하지만 그 작가에게 상을
수여하고 싶지 않았다. 그러나 일본인
들은 이런 결과를 믿을 수가 없었다.

나는 현재 외무부장관 모토노 형제
가 교수로 재직하는 교토고등공예학교
[1902년 설립하였고 1903년 9월 1회 입학생을 받았
다. 현재 교토공예섬유대학의 전신이며 1949년 교토
공예전문학교와 섬유전문학교가 통합되었다.]에서

1911년 토리노박람회 포스터

그 원인을 찾아냈다.[本野一郞 1862-1918 모토노 이치로는 1916년부터 1918년까지
약 2년 동안 데라우치 정권 아래에서 외무부 장관에 재직했다. 모토노는 1906년부터 러시
아 공사로 재직하였고 1916년까지 주러시아 일본 대사였다. 그는 제1차 러일협약(1907)
에서 조선과 남만주에서 일본의 주도권을 협의하였다. 제2차 협약(1910)과 1911년 중국
의 신해혁명이 발생하고 제3차 러일협약(1912)을 체결했다. 제4차 협약(1917)은 1차 세계
대전 중에 체결하였다. 2차 협약부터 두 나라는 미국의 만주와 중국 진출을 거부하는 입
장이었다. 모토노는 이와 같이 동아시아 세력권에서 일본이 우위적 입장을 고수할 수 있
도록 4차례 러일협약을 체결했던 책임자였다.]

모토노 세이고는 베를린예술공예박물관 견학생이었으며 유럽에
서 몇 년을 지냈다.[本野精吾 1882-1944 일본 근대건축의 선구자로 평가받는다.]그
는 유럽을 떠날 때 재빠르게 아르누보 실내장식, 가구, 그릇과 표면
의 패턴들을 종이에 옮긴 후 일본으로 가져왔다. 그는 이것을 유럽

에서 배웠다고 굳게 믿었다. 그 순간 나는 과거의 한 부분을 기억했지만 말하지 않았다. 일본 교육부 장관이 수년 전에 나의 아버지를 방문한 적이 있다. 그는 아버지에게 최고 품질의 연필 공급원에 대해 물었다. 아버지가 자신의 질문에 강하게 대답했을 때 크게 놀랐다. "연필로 무엇을 하시게요? 붓 예술의 나라에서 연필 사용을 절대로 용납하면 안 됩니다!"

그로부터 20년이 지난 지금, 고대전통을 무시하면 안 되는 깨달음이 여기저기서 보이기 시작하였다. 손님을 환대하는 내 친구, 교토무역박물관 니바 소장의 집에서 옛 일본 전통 감각이 그대로 살아 있는 작품을 그리는 젊은 화가인 그의 아들의 섬세한 그림과 장식을 보았다. 그것은 그가 친구들과 학교에서 그린 것들이다. 나는 교육받은 일본인과 숨어 있는 작은 상점에서 옛 것들을 접할 기회를 얻었다. 이들 상점에서 낯선 사람들을 피하여 전통을 소중하게 다뤘기에 오늘날까지 칠기 작품, 금속 예술 및 도자기 등 훌륭한 작품을 볼 수 있었다. 사원축제에서 판매할 장난감과 작은 기념품조차 더러운 그릇 옆에서 우아한 형태와 색상을 뽐내고 있는 물품들을 발견할 수 있었다. 손재주를 타고난, 재능 있는 사람들이 갖춘 기술과 전통은 소중하였다. 평화와 전쟁시기와 무관하였다.

칼 하우스호퍼(Karl Haushofer) 소령의 멋진 책 『대일본Dai Nihon』에서 이들 소중한 민족의 가치를 읽을 수 있다. 이 책은 거대한 일본 군대, 세계적 위상 및 미래에 대한 고찰을 볼 수 있다. 흉악해 보이는 사람도 수공 예술을 얼마나 사랑하는지 홋카이도에서 기차를 타고 가는 동안 알게 된 에피소드가 있다.

술을 마신 노인이 들어와 시끄러운 농담을 하는 바람에 처음에는 여행의 여운을 많이 즐기지 못했다. 그러나 노인이 값비싼 녹청이 있는 호리병을 옆자리 일본 사람들에게 보여주자 두 명의 승객이 호기심을 갖고 말을 하기 시작하며 조심스럽게 술병을 다뤘다. 그들은 서로 감탄하며 대화를 하였다. 한 사람은 쳐다보고, 쓰다듬고, 빛을 따라 윤곽을 잡고, 색을 비교하면서 예술을 논하며 마음과 영혼으로 소통하였다. 이들 민족이 소유한 작품을 감식하는 눈은 모든 방해 공작에도 불구하고 없어질 수가 없나 보다. 이들은 오늘날 혹은 미래에 예술 장인이 될 수 있는 민족이다. 세계 어느 곳에서도 일본 가게의 엽서보다 더 우아하고 섬세한 엽서를 발견할 수 없다.

마침내 근대 일본의 작품에서 나온 모든 장단점을 발췌하여 일주일 동안 경험했다. 홋카이도의 소풍에서 독일사절단 젊은이들과 함께 지냈다. 아시다시피, 고대 에조(Ezo, 홋카이도)와 일본의 다른 섬은 기후가 다르고 그로 인한 식물분류가 확연히 차이가 난다. 여름에는 독일 북부와 비슷하며 남쪽의 습한 더위로부터 피서하는 곳으로 적합하다. 겨울은 길고, 폭설로 주변 바다는 안개로 덮여 있다.[에조치(蝦夷地)는 일본 에도시대에 에조라 불린 아이누의 거주지. 오시마 반도를 제외한 홋카이도 전역과 사할린 섬, 쿠릴열도까지를 포함한다. 이 용어는 마쓰마에 번의 마쓰마에 가문이 도요토미 히데요시부터 이지역에 대한 지배권과 교역권을 인정받았다. 당시 일본인이 거주하던 번의 직할 영지인 오시마반도 일대를 와진치(和人地)로 부르면서, 와진치는 에조치에 대치되는 용어로 등장하였다. 특히 홋카이도 동부와 쿠릴열도는 동에조치(東蝦夷地), 홋카이도 서부와 사할린섬 일대는 서에조치(西蝦夷地)로 불렸다. 1799년에는 동에조치가, 1807년에는 서에조치가 막부 직할령이 되었고 1821년 동서 에조치는 다시 마쓰마에 번에게 돌아갔다가 1855년 다시 막부의 직할 직할령이 되었다. 1869년 8월 15일 에조치는 홋카이도로 개명되었다.]

이 섬은 쌀 재배에 적합하지 않은 기후이다. 일본 농민은 마지못해 곡물을 생산하기 때문에 북쪽으로 이주하면 수많은 휴경지를 경작할 수 있다는 제안을 기꺼이 받아들이지 않았다. 일본인들 대부분이 남쪽으로, 말레이족 출신의 본거지인 남해까지 이주하고자 하는 이유가 이해된다. 현 정부는 일본인들에게 유제품을 공급하기 위해 홋카이도를 말과 소 사육을 위한 시험사업장으로 전환했다. 우리는 하코다테항과 모르모란항의 넓은 항구와 산업 시설을 방문했다.[하코다테시(函館市)는 일본 홋카이도 남부에 있는 시이다. 삿포로시, 아사히카와시에 이어 3번째로 인구가 많으며, 중핵시로 지정되어 있다. 비교적 온난한 기후로 인해 교통의 요충지가 되었다. 홋카이도 남부의 행정·경제·문화의 중심지로 발전했으며 어업과 관광도시이다. 무로란시(室蘭市)는 일본 홋카이도 남부에 위치한 항구 도시로, 이부리 지청의 소재지이다. 철광과 화학 공업이 발달되어 있으며, 홋카이도 유일의 공업 지역이며 1872년 개항하였다. 천연의 항구를 살려 철강업(신일본제철과 일본제강소의 기업 도시, 흔히 "철의 마을 무로란"으로 불려왔다)을 중심으로, 조선, 석탄선적, 석유정제 등으로 발전한, 홋카이도를 대표하는 중화학 공업 도시이다. 무로란의 이름의 유래는 아이누어의 모루에라니(작은 언덕 길을 내려가는 곳)이다. 메이지시대의 호칭은 모루란(モルラン)이다.]

농업 및 가축을 위한 활발한 교육 및 시험 센터, 수도 삿포로에서 유명한 유황온천 노보리베츠와 호수가 보이는 상쾌한 구릉지에서 우리는 이러한 독특한 자연 속에 있는 여관에서 온천을 경험했다.

또한 우리는 처참하게 변해버린 아이누의 유적지를 방문했다. 정복자들은 이들을 점차 북쪽으로 밀어내고, 이 지역에 살고 있는 착한 원주민들은 점령자들의 계획대로 모두 사라질 것이다. 그들의 후원자이자 작가인 훌륭한 선교사 배첼러의 지시와 독일 형제의 안내 아래 우리는 어촌 마을의 작은 길과 연기가 자욱한 나무 오두막 집을 지나갔다. 여자들의 누더기 옷, 몇 가지 서투른 춤, 예술성 없는 나무조각, 미신적으로 경외하는 무덤을 보았다. 여기에서도 우리는 일본인에 의해 멸망하는 사람들의 슬픈 광경을 볼 수 있었다.

문화 차이에서 느끼는 루저

유럽-아메리카-동아시아 항로를 이용하여 일본 시모노세키항과 부산 잔교역을 왕래하는 부관연락선을 몸소 체험한 예쎈은, 근대 일본의 문화를 직접 경험하고 그 장단점을 파악하고자 일주일 동안 머물렀다. 여행기에서 그는 조선인과 일본인 그리고 홋카이도 원주민 아이누인을 만났을 때의 느낌을 솔직하게 서술하고 있다.

예쎈 여행기에서 한국 역사 부분을 보면, 고려 왕조부터 중국에 귀속된 하위 왕조라는 역사 인식과 임진왜란부터 시작된 일본의 약탈은 약 4세기 동안 조선 쇄국정책의 원인이 되었다고 하였다. 일본이 임진왜란 후에도 부산을 수백 년 동안 자유항구로 이용했다고 기록하고 있다.

조선 관리와 권세가들의 횡포로 농민계층은 착취를 당하고, 권세가 집안에서 소작농이지만 노예처럼 일하는 농민과 양반 사회의 병폐를 지적하며 양반이 조선 사회 루저의 원형이 됐다는 역설적 정의가 흥미롭다. 권세가들에게 착취당한 농민들이 정처없이 떠도는 유민과 강도로 변하고, 이들은 외세에 저항하기보다 우선적으로 해결해야 될 굶주림의 고통이 처절하였다. 이들에게 애국심은 차후 문제였다. 이러한 농민들이 오히려 외세 침입을 현실적 구원자로 여겼다는 논리는 당시 국제 정세에 어두운 순박한 백성들의 무지몽매함을 지적하며 조선의 외세 침입에 대한 당위성으로 연결하고 있다. 위정자의 중요성은 그를 믿고 따르는 백성의 행동에 나타난다. 조선인은 이제 사회진화론에서 약자 역할을 담당하는 놀림감이 된 것이었다.

중국 분묘와 양식은 조선의 그것과 비슷하지만 성격이 다르고, 이방인에게 공포심을 조장하는 마을 민속신앙은 악한 귀신으로부터 보호받고자 하는 조선인의 선량하고 자연을 숭배하는 마음이 엿보인다고 말한다. 독일의 공예 전문가는 조선의 도축업자 백정과 수공업자들이 동물의 껍질과 나무의 껍질을 직접 벗긴다는 행위만으로 천민 취급을 받는 사회 관념과 생산구조에서 문화 충격을 받고 있다. 조선의 풍부한 자원 상태를 보여주는 금속, 구리, 금, 철을 이용한 공예품, 동아시아에서 모든 선비가 갖고 싶어 했던 고려 종이, 항아리, 수준 높은 공예작품에 감탄한다. 도자기는 조선의 문화가 일본을 앞서고, 구텐베르그보다 몇 백 년 앞선 인쇄술은 유교의 문치주의를 중시했던 사회상의 결과이며 중국을 훨씬 뛰어넘는다는 것을 인지하고 있었다.

특히 예쎈은 박물관에 전시된 유물 가운데 도자기에 관한 해박한 지식을 갖고 있어서 유약, 장식, 문양, 유리 전시장에 빛이 반사되는 각도에 따라 변하는 도자기 색조와 음영에 감탄을 금치 못했다. 그의 두 번째 관심사는 왕가소장품 중 고대문헌이었다. 『개자원화전』은 일본의 소장품보다 더 오래된 목판 인쇄물이었고, 이로 인해 도쿄와 교토의 중고서점을 뒤져도 풀리지 않던 의문점들이 해결되는 순간이었다. 한글 금속활자는 25개의 모음과 19개의 자음 모형이 선과 원으로 어우러진 아름다운 한글의 모습을 담고 있으며 조선만이 소유한 문자체계에 다시 한번 놀라고 있다.

한글 인쇄물을 가지고 온 예쎈은 이왕가의 가계 수입이 어떤 구조였는지 언급하고 있다. 예술 행정 정책으로 왕가 소장품을 전시하고 판매하여 그 수입으로 살아야 하는 조선의 왕이 일반인과 다름없는 돈벌이 생활을 할 수밖에 없는 재정 구조였다. 이는 일본의 계획적인 이왕가 왕실 정책 중 하나였다. 왕가 가족들의 생활비와 일본 거주비를 충당해야만 한다고 협박을 했으며, 그 명목으로 박물관의 수입 체계를 구축하고 있었다. 그 일환으로 조선 왕이 정사를 돌보던 창경궁 명정전 앞, 품계석 자리를 벚꽃동산과 공원으로 만들어 일반대중에게 공개하였다. 이는 조선의 권위를 상징하는 왕궁을 일반인과 관광객을 위한 위락시설로 만들었고, 부관연락선을 이용하는 승객들에게 경성의 볼거리를 제공하는 관광상품으로 전락시켜버렸다.

예쎈은 또한 개성의 고려왕릉을 발굴하여 발견되는 수많은 고대 유물이 왕가박물관 목록에 포함되지 않고, 고위 관리의 개인 소장품 목록에 기록되는 것을 보았다. 그 예술품들은 수백 년 동안 땅속에 묻혀 일반에게 거의 공개되지 않은 것이며 이 일에 앞장선 사람은 궁내부차관 고미야 미호마츠(小宮三保松 1859-1935)였고, 박물관 주임 수에마츠 쿠마히코는 그의 충직한 관리인이었다. 일본은 을사조약 이후 고려왕릉을 발굴하여 그 부장품을 모두 탈취한 사실을 예쎈에게 자랑처럼 떠들었던 것이다. 발굴 유물 목록을 보는 순간 예쎈은 과연 무슨 생각이 들었을까?

예쎈은 1913년 완성된 부관 연락선을 이용하였다. 시모노세키 항구에서 스코틀랜드 병원선으로 사용했던 증기선을 개조한 연락선에 승선하여 쓰시마를 지나 부산 잔교역에 도착하였다. 부산 항구에 간척지와 댐을 만들어 건축된 부산 잔교역까지 증기선이 들어오고, 승객은 하선하면서 선로 위에 정차된 기차를 볼 수 있었다. 청결하고 호화로운 열차는 경성을 경유해 며칠 동안 기차를 타고 평톈까지 가는 남만주노선이었다.

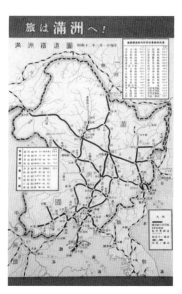

남만주철도 노선도

당시 일본은 일본에서 남만주까지 운행하는 노선을 신설하였으며, 중간에 경성 관광을 할 수 있는 여행상품을 만들었다. 1899년 경인 철도가 개통되고 1910년 조선총독부 안에 철도국을 설치하여 모든 철도노선을 관장하였다. 1911년 압록강철교가 완성되면서 조선에서 남만주 철도노선과 연결되었다. 남만주 철도노선은 러시아가 남만주에 건설하고 있던 철도사업이었다. 철도노선은 하얼빈-창춘-펑톈-뤼순까지이며, 하얼빈에서 시베리아 횡단노선의 종착지인 블라디보스토크까지 연결되었다. 그러나 러시아는 1905년 포츠머스조약 이후 창춘부터 뤼순까지 일본에게 양도해야만 했다.

1914년 철도국 직영 호텔이 영업을 시작하면서 남만주철도를 이용하는 승객은 경성에서 숙박할 수 있었다. 일본은 중국과 만주 대륙으로 진출하고, 1차 세계대전이 끝난 후 1919년 베르사이유조약에 따라 위임통치령이 개시된 남양제도까지 인수하여 태평양군도까지 포함한 관광상품을 구상하고 있었다.

또한 경성은 만주 진출을 위한 전략적 요충지였으며. 이에 따른 교통, 행정 및 군사의 중심지 역할을 하였다. 또한 관광상품을 위해서 창경궁을 창경원으로 바꾸고, 명정전 앞마당에 일본의 국화인 벚나무를 포함한 묘목 200그루를 심었다. 일반인들을 위한 위락시설인 동물원과 식물원, 놀이동산을 만들었다. 물론 관광 수입의 일부를 볼모로 잡힌 왕가의 후손들을 위한 재정이라는 허울 좋은 명목을 세웠다. 이들은 아름답게 복원된 사적, 경회루, 파고다공원(탑골공원), 남산신사, 사직단과 경복궁, 창경궁공원 안의 식물원과 동물원 그리고 조선총독부가 만든 왕실박물관에서 수집된 유물과 회화 작품을 여행상품으로 광고하였다. 일본관광청(JTB)과 철도국(CGR)에서 배포한 광고지와 창경원 안내책자, 전단지, 엽서, 사진, 여행잡지 등 다양한 인쇄 매체를 통해 경성의 명소를 소개하였다.

조선 교육제도 개혁에 관한 예쩬의 인식을 보자. 정계에서 은퇴한 유학자들이 주도하는 향촌 교육을 서양에서 본뜬 일본식 교육제도로 바꾸었다. 이는 식민지 조선에 일본의 영리한 프로파간다가 효과적인 결과를 가져올 수 있는 제도적 장치였다. 공예미술 전문가 예쩬은 일본의 이왕직미술품제작소와 조선총독부공업전습소 정책과 조선 수공업에 지원되는 국가적 재정지원까지 살펴보았다. 공예학교 공업전습소에서 수공예인을 배출하고 이들이 졸업 후 공예품을 생산할 수 있는 제작소와 연계생산된 공예품을 일본의 박물관에서 박물관 공예품으로 판매하였다. 예쩬은 이와 같이 교육과정과 공예품 산업화를 연계시키는 제도를 독일 등 유럽 제국주의국가들이 식민지 교육정책에 고려해볼 만한 제도라고 생각했다. 유럽에서 판매되는 수많은 위작 공예품이 생산되는 과정을 경험하며, 그러한 동아시아의 공예품에 막대한 돈을 지출하는 컬렉션들을 비꼬았다.

또한 예쩬은 독일에서 경험한 일본인으로 인해 그들을 신뢰하지 않았다. 일본의 제조업자들은 생산품이 유럽인의 취향인 것을 자랑스럽게 여겼지만, 예쩬은 1911년 토리노 세계박람회에서 신기한 경험을 하였다. 이때 출품된 일본 디자이너의 작품이 아르누보 양식이었다. 일본 내에서 최고의 명망과 완벽한 작품이라는 평가를 받았던 이 작품은 심사위원들에게 그다지 큰 호응을 받지 못했다. 여기에서 예쎈은 의문을 갖게 되었다. 왜 일본인이 갑자기 아르누보 디자인을 선호하게 됐을까?

당시 모토노 외무무 장관의 동생 모토노 세이고는 베를린예술공예박물관에 유학을 왔었고, 귀국하면서 아르누보 양식의 가구, 그릇, 실내장식 도안을 모두 베껴서 가지고 갔다. 모토노 세이고는 이를 베낀 것이 아니라, 베를린에서 배웠다고 스스로 굳게 믿었다고 한다. 그는 현재까지 일본 근대건축 디자인의 선구자로 평가받는 사람이다.

또한 20년 전 일본 교육부 장관이 예쎈의 아버지를 만나서 독일의 연필공장에 관하여 물어봤을 때 그의 아버지는 일본의 필기용구 중 붓을 높이 평가하였으며, 서양의 필기도구인 연필의 사용을 허락하지 말라고 하였다. 예쎈과 그의 아버지 눈에는 자신의 정체성을 서양화시키는 일본인들의 모습이 안타까웠다.

아시아인의 정체성을 버리면서 서양의 풍물을 선호하게 된 일본인들의 근대화는 메이지유신 시기 후반부터 지식인들의 표어인 화혼양재(和魂洋才)에서 근원한다. 일본 개화기의 교육자 후쿠자와 유키치의 주장이었다. 그는 미일수호통상조약이 체결된 후 1859년 요코하마를 방문하고 그동안 배웠던 네덜란드의 난학(蘭學)이 세계 중심이 아니고 영어권 중심의 영학(英學)이라는 재빠른 판단을 내렸다. 1860년 미국으로 건너가 서구 문명을 처음 접하게 되었다. 1862년 유럽을 방문하는 막부사절단의 수행원이 되어 3차례에 걸쳐 서구

문명을 접하고 귀국하여 탈아(脫亞)를 주장하며, 일본이 좀 더 적극적으로 서구문물을 수용해야 한다고 하였다. 1868년 도쿠가와 막부체제가 폐지되고 메이지 천황이 유신을 실행하는 데 지대한 영향을 미쳤다. 또 조선 개화파의 김옥균, 박영효, 유길준, 서재필 등의 스승이다.

화혼양재 이전의 시기는 화혼한재였으며, 일본 정신과 중국의 선진기술을 중시하며 수천 년을 살아왔다. 메이지유신을 단행하며 외국인 초빙사를 초청하였고, 이들을 통한 일본의 근대화를 위해 노력하였다. "서양문화가 우월하고 일본 문화는 정체되어 있다"가 이들의 주장이며 일본 정신을 유지하며 서양의 선진 기술을 적극적으로 받아들여야 한다는 것이 화혼양재의 핵심이었다. 당시 고용된 외국인 초빙사는 1872년 3월 약 214명이었으며, 영국인 119명, 프랑스인 50명, 미국인 16명, 중국인 9명 그리고 프로이센(독일)인 8명이었다. 메이지유신 기간 1868년부터 1889년까지 총 2,690명이 일본에 초빙되었으며, 영국인 1,127명, 미국인 414명, 프랑스인 333명, 중국인 250명, 독일인 215명, 네덜란드인 99명이었다. 이들은 사회적으로 존경을 받았으며, 이들의 급료는 일본 1년 예산의 1/3에 해당했다.[Hasel Jones, 『Lives Machines. Hired Foreigners and Meiji Japan』(Uni.British Columbia Press, 1980)]

이들의 영향이 사회 곳곳에서 보이지만, 예쎈이 속한 일본 예술사 부분에서 살펴보자.

일본의 난화(南畵)는 중국 남종화 양식의 영향을 받았으며 문인

화(文人畵)라고도 한다. 야마토에(大和繪)와 다른 장르이며 18세기 초부터 하이쿠 작가인 요사 부손(与謝蕪村 1716-1783)과 서도의 대가인 이케노 타이가(池大雅 1723-1776)가 대표적 인물이다.

1868년 문호개방 이후 메이지정권은 서구에게 근대적이고 진보적인 일본을 보여주길 원했다. 이에 예술계 또한 국제적으로 이해할 수 있는 일본 문화를 구축하고자 서화분리(書畵分離)를 단행하고 서도와 회화를 분리하였다. 이때부터 일본의 서도는 사의(寫意)를 표현하여 의경에 이르는 문인의 예술이 아니라, 먹과 붓이라는 도구는 같지만 서도는 문자기호를 표현하는 기능적 역할만 강조하게 되었다. 서도는 예술이 아니라고 주장한 오카쿠라 텐신(岡倉天心 1862-1913)은 미국에서 일본으로 건너온 동양학자 어네스트 페넬로사(Ernest Fenollosa 1853-1908)의 영향을 받는다. 그는 서양화 이론을 받아들여 일본화의 새로운 정의를 내렸다. 텐신이 말하는 일본화는 동양화 구도 중에서 심원기법을 사용하고 음영이 없는 화법을 말한다.

예쎈은 과거의 전통을 버리고 서양문물의 수용을 통해 근대화하려는 화혼양재의 정책 아래, 조선과 에조치의 고유 문화가 일본에 의해서 소멸되어 가는 과정을 직접 목격하게 되었다. 예쎈은 일본이 서구의 제국주의 국가로 변신하는 것이 목표였으며, 그에 따른 그들의 모든 행동과 문화 행사는 전시성을 띤 정치적 성격을 내포하고 있다고 보았다. 다만 그들의 목표에 희생되는 조선과 에조치의 고유 문화의 몰락이 안타깝기만 하였다.

3

백두산
가는 길

지배하는 제국, 저항하는 민족

1919년 1월 21일 대한제국 제1대 광무황제(재위 1863-1907)가 승하했다. 불운한 황제 고종이 승하하자 조선인은 살아 있다고 전 세계에 알렸던 1919년 3·1운동을 기점으로 우아한 루저의 나라 대한제국은 다시 깨어나 의병의 나라가 되어 잃어버린 주권을 되찾고자 애썼다. 1919년은 파리강화회의가 개최되고, 국제연맹이 결성된 해이기도 하다. 중국은 웰링턴 쿠(Wellington Koo 顧維鈞 1887-1985)의 활약으로 서방세력과 일본 앞에서 산둥반도 반환과 제국주의 부당성을 강력하게 주장하였다.[웰링턴 쿠는 컬럼비아대학 출신이며, 쿠의 정치 인생은 위안스카이 내각장관부터이다. 그는 파리강화회의 이후부터 1956년 국제사법재판소의 판사로 중국을 대

웰링턴 쿠

1919년 고종 황제 장례 행렬

표하는 외교관이었다. 그는 프랑스(1936-1940), 영국대사(1946)를 역임했으며, 국민당이 공산당에게 패하고 타이완으로 넘어가자 미국 대사로서 타이완과 동맹관계에 주력을 다하였다.]

　　1919년 3·1운동 이후, 조선은 4월 11일 상하이에서 독립운동가들이 모여 대한민국임시정부를 수립했고, 만주와 연해주 지역을 중심으로 독립군 집단이 다수 조직되어 무장 독립투쟁을 펼쳤다. 안창호는 임시정부에 적극 참여하였으나, 자유주의를 주장하는 대통령 이승만과 공산주의를 주장하는 국무총리 이동휘 사이의 갈등에

지배하는 제국, 저항하는 민족

1919년 상하이임시정부

1945년 대한민국임시정부 환국 기념

서 민족개조론과 함께 사상(이데올로기)을 초월하는 대공주의를 주장하였다. 안창호[安昌浩 1878-1938 문성공 안향의 후손이며, 안중근과 친척 관계이다.]는 김구(金九 1876-1949)와 함께 상하이임시정부의 중심 역할을 하였다. 그러나 윤봉길의 훙커우공원사건으로 체포되어 서대문형무소로 이송되었다. 1935년 가출옥 후 또다시 강연 활동을 하다가 형무소에 수감되고 병보석으로 풀려났으나 심한 고문의 합병증으로 사망하였다. 윤치호, 여운형과 친분이 돈독했으며 이광수, 김성수 등은 그의 병원비를 지불하였다.

일제강점기는 한일병합 후 1. 무단통치 시기(1910-1919), 2. 문화통치 시기(1920-1929), 3. 민족말살통치 시기(1939-1945)로 나눌 수 있다. 1919년은 3·1운동뿐만 아니라 같은 해 9월 조선총독 하세가와 요시미치(長谷川好道 1850-1924)의 후임으로 사이토 마코토(齋藤實 1858-1936)가 부임하는 해이기도 하다. 강우규는 서울역에서 사이토에게 폭탄을 던졌으나 명중하지는 못했다. 현장에서 바로 체포된 강우규는 사형이 집행되었다. 사이토는 식민지 정책의 방향을 바꿔 표면적으로 회유의 문화정치를 실시하였다. 이 기간 동안 조선인들을 이간질 시키고 고등경찰제를 실시하여 서로 밀고하는 친일파 집단으로 변모시키고자 노력했다. 독립협회의 윤치호 등은 교육사업에 앞장섰지만, 문화정치로 인한 조선 독립의 부정적 입장을 변호하는 친일파가 되었다. 그는 조선이 독립국가가 될 수 있다는 다른 이들의 노력에 매우 회의적이었다.

1920년대 안창호를 비롯한 애국지사들은 북중국과 만주 지역,

피압박민족대회 기사　　　　　　연맹 회원증

길림성 일대에 조선인 이민자 정착촌을 만들고자 물심양면으로 애썼다. 그러나 토지 구입 등 재정 문제와 1920년 간도참변(경신참변), 1931년 제1대 광무황제 만주사변까지 일본의 농간으로 포기할 수밖에 없었다.

1927년 벨기에 브뤼셀 에그몽궁전에서 세계피압박민족대회가 개최되었다. "아시아는 깨어난다"를 제창하며 세계 여론을 형성한 웰링턴 쿠의 활약은 중국에서 활동하는 독립운동가들과 비밀애국집단에게 실낱같은 희망을 주었다. 프랑스에 유학 중인 김법린과 베를린의 이극로, 뮌헨의 이미륵, 조선의 허헌 등이 참가하였다. 이극로와 참가자들은 영어, 불어, 독어로 「한국의 문제Das Koreanische

피압박민족대회 참가한 김법린, 이미륵, 이극로, 허헌

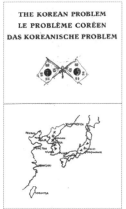

「한국의 문제」표지

Problem」를 작성하여 대회 참가자들에게 유인물을 배포하였다. 김법린은 조선의 대표로서 회의장에서 발의하였으며, 일제강점기가 20여 년이 지난 지금도 조선인은 여전히 독립주권을 위해 저항하고 투쟁하고 있다고 만천하에 알렸다. 이처럼 국내의 윤치호, 이광수, 김성수 등이 조선 독립이 요원하여 비관적인 입장을 취할지라도 조선 땅과 만주에서 독립군의 활동은 계속되었다. 이들의 활동은 조선에서 발간되는 신문뿐만 아니라 독일 신문에서도 그 활약을 찾아볼 수 있다. 1926년 2월 12일 〈알게마이네 짜이퉁〉 기사에 따르면 조선인 세 사람이 총독부 폭파를 계획했으나 폭탄과 전단지가 압수되었다고 쓰여 있다. 같은 해 4월 30일 〈알게마이네 짜이퉁〉은 순종의 죽

1926년 2월 12일 Allgemeine Zeitung

Das Komplott von Korea

Das Komplott von Korea
Japanische Enthüllungen
Paris, 10. Februar. Eine im „Journal"
veröffentlichte Meldung aus Tokio be-
sagt, daß die japanische Polizei ein von
unzufriedenen Koreanern geschmiedetes
Komplott aufgedeckt habe. Es habe sich
darum gehandelt, das Regierungs-
gebäude in die Luft zu sprengen. Drei
der hauptsächlichsten Verschwörer seien fest-
genommen und eine große Menge von
Bomben und revolutionären Flugschriften
seien beschlagnahmt worden.

의열단, 총독부 파괴 시도 기사

1926년 4월 30일 Allgemeine Zeitung

Aufruhr in Korea

Aufruhr in Korea
Wüste Demonstrationen gegen einen toten Kaiser
Tokio, 29. April. Die Zeitung „Dschidschi" ver-
öffentlicht Nachrichten aus Seoul, nach denen der
Tod des vormaligen Kaisers Piwang in der
Stadt eine ungewöhnliche Erregung hervor-
gerufen hat. Die Polizei ist eifrig tätig, um die
Ordnung unter der ungeheuren Menschenmenge
aufrecht zu erhalten. Dabei haben koreanische
Polizisten, die die Menge zurückzutreiben versuch-
ten, im Ueberseiter einen Japaner getötet und
einen zweiten verwundet.

순종 황제 서거 항쟁 기사

1926년 6월 12일 Allgemeine Zeitung

Das Leichenbegängnis der 35,000

Das Leichenbegängnis der 35000
Der letzte Kaiser von Korea
Seoul, 11. Juni. 250000 Personen sind
hier eingetroffen, um der feierlichen Bei-
setzung des ehemaligen Kaisers von Korea
beizuwohnen. Der Trauerzug zählte 35000
Personen, die den Sargträgern folgten. In
der Nähe der Grabstätte entstand eine Un-
ordnung dadurch, daß etwa 40 Studenten
versuchten, mit großem Geschrei aufhetzende
Flugblätter zu verteilen. Die Studenten
wurden verhaftet. Die Menge aber stieß
Schreie aus, was die Verwirrung vermehrte.

6·10만세운동 기사

1930년 11월 9일 Deutsch-Chinesische Nachrichten

Truppenverstärkungen der Russen an der
mandschurischen Grenze?

Truppenverstärkungen der Russen an der
mandschurischen Grenze?
Shanghai, 6.11. (Asiatic News) Drahtnachrichten
aus Harbin zufolge sollen die Sowjet-Truppen an der
Grenze gegen die Mandscharei in der letzten Zeit
bedeutend verstärkt worden sein. Russische Flugzeuge
und Artillerie machen sich bemerkbar, russische
Kriegsschiffe sollen von Habarowsk nach Heiho im
Marsch sein. Man berechnet, dass drei russische
Divisionen mit 4 Panzerzügen an der mandschurischen
Grenze seien und eine vierte Division von Tschita im
Anmarsche sei. Koreanische Räuber werden geworben,
um aus ihnen ein "Eisenblut"-Korps zu bilden, deren
Aufgabe es ist, die Arbeiter und unliebsamen Elemente
entlang der Chinesischen Ostbahn zu Störungen
während der Jahresfeier der Sowjetrepublik anzustiften.
Die Sowjetleute in Harbin wollen zum Jahrestage
drei Tage feiern. Die Behörden treffen ihre Massregeln.

만주 철혈단 기사

펑텐의 조선인 항쟁

의열단 명단 카드

음으로 국민들이 거리로 쏟아져 나오고 폭동이 일어났음을 알렸다. 또 같은 해 6월 12일 같은 신문 기사에는 거국적인 6·10만세운동이 보도되었다. 순종 황제의 장례행렬을 따라 35,000명의 조선 국민들이 학생들과 함께 행렬하며 유인물을 뿌리고 봉기하였다. 그러나 일본 신문은 단지 40여 명 학생들의 항쟁이라고 축소 보도하였다. 1930년 11월 9일 〈도이췌-히네지쉐 나흐리흐텐〉의 기사는 하얼빈에서의 철혈단 활동을 보도하고 있다. 이들은 독립군 중에 '아이젠-불르트(Eisen-Blut)'라는 용어를 사용한 것을 보아 철혈단을 인

1938년 조선의용대

식하고 있었다. 1931년 9월 26일 〈도이췌-히네지쉐 나흐리흐텐〉에
는 펑톈에서 조선인이 봉기하였고, 이 사건은 베이징에서 펑톈까지
운행하는 기차에서 발생하였다고 보도하고 있다.

일본이 꾸민 반중여론

1931년 7월 7일 〈도이췌-히네지쉐 나흐리흐텐〉의 기사를 보면 완바오산사건은 일본의 계획에 따라 단계적으로 진행되었다고 하였다. 완바오산사건은 만주에서 거주하는 농부들의 의견 차이가 반중운동으로 번져 조선에 거주하는 중국인까지 탄압한 사건이다. 만주에서 일본이 의도적으로 중국인과 조선인의 민심을 불안하게 조성하고, 조선과 일본

1931년 7월 7일 Deutsch-Chinesische Nachrichten

Zu den Zwischenfall in Wan Pao Shan

Zu dem Zwischenfall in Wan Pao Shan.

Tientsin, den 6. Juli (Chung Hwa News Agency). Zu dem Vorfall in Wan Pao Shan hat der japanische Konsul in Kirin sehr entschieden Stellung genommen und von den chinesischen Behörden die Schadlosbaltung der koreanischen Verluste verlangt. Gleichzeitig hat der japanische Konsul Polizisten und eine grosse Menge Munition nach Was Pao Shan geschickt. Der Vorfall ist nicht Zufall. Er ist von den Japanern von langer Hand vorbereitet. Unter dem Vorwand von Unruhen beabsichtigten sie, ihre Soldaten in die innere Mandschurei zu senden. Wir müssen ruhig überlegen, was zu tun ist, damit wir den Japanern diese günstige Gelegenheit nicht geben.

Das Auswärtige Amt in Nanking hat von Moukden Mitteilung erhalten, dass wegen der gewaltsamen Vertreibung chinesischer Bauern durch japanische Polizisten in Wan Pao Shan bereits bei dem japanischen Gesandten und der japanischen Regierung Protest eingelegt worden sei, und dass man eine Frist für die Beantwortung der Note gestellt habe.

Von Seoul wird berichtet, dass der Zwischenfall in Wan Pao Shan unter den Chinesen in Chosen grosse Bestürzung hervorgerufen hat. Bis zum 5. Juli haben mehr als 7000 Chinesen in dem dortigen chinesischen Konsulat Zuflucht gesucht. Der diplomatische Verein hat am 6. Juli das Auswärtige Amt gebeten, in den mit Japan aufnehmenden Verhandlungen sehr energisch vorzugehen.

완바오산 신문 기사

에서 온 이주민들이 신변 보호를 위해 군대를 요청하게 되면 자연스럽게 만주로 일본 군대를 파견하려는 계획이었다. 그 후 순차적으로 일본 군대를 내몽고로 보낼 생각이었다. 조선인과 중국인의 갈등은 북만주 곳곳으로 번지고, 매수당한 조선인들은 자신들을 보호하는 명목으로 일본 군대를 보내달라고 요청했다. 같은 시기 조선에 거주하는 4,000여 명 중국인들은 제물포항에서 산둥성 지부(芝罘, Zhifu, Chefoo)로 도피하기 위한 배편을 기다리고 있었다.

조선에 남은 중국인 7,000여 명은 중국 대사관으로 피신해야 했다. 조선의 반중운동으로 300여 명의 조선 거주 중국인들이 폭도들에게 학살당하였으며 1,000여 명이 부상당했다. 평양의 폭도들은 어디에 중국인이 살고 상점이 있는지 정확히 알고 있었으며 조선 전체에서 동시에 중국인 탄압 사건이 일어났다. 조선의 폭도는 마치 조직된 집단처럼 움직였으며, 순박한 조선인은 중상모략에 이용당하고 순식간에 민족간의 적개심과 분노를 표출하며 중국인과 화교들을 학살하였다. 일본은 각료회의를 열고 상황을 파악한 후, 일본 정부는 이번 사건과 무관

166. 1931년 7월 17일 Deutsch-Chinesische Nachrichten

Bilder von dem Aufruhr in Korea

Bilder von dem Aufruhr in Korea.

조선의 반중국운동

하지만 손해보상은 하겠다고 발표하였다.

그렇다면 누가 조선인을 선동했고 폭도를 조직적으로 움직였을까? 독일 기자는 완바오산사건 뒤에 감춰진 일본의 만주 진출 야욕과 만주에서 곧 발생하게 될 심각한 결과를 알아차려야만 하고 그 대비책을 미리 강구해야만 한다고 전 세계에 지속적으로 경고하였다.

1931년 7월 18일 〈도이췌-히네지쉐 나흐리흐텐〉 신문 기사는 조선인 기자 김이삼에 관한 것이다. 그는 사실과 다른 조작된 기사를 〈조선신보〉에 게재했고, 그의 선동적 기사는 반중운동의 도화선이 되었다. 김이삼 기자는 지린(吉林)으로 와서 극동호텔에 머물면서 신문사에 정정 기사를 보냈다. 그는 어떤 영사가 자신을 바보로 만

1931년 7월 18일 Deutsch-Chinesische Nachrichten

Ein Koreanischer Berichtstatter wurde wegen antijapanischer Propaganda von einem japanischen Polizisten erschossen

김이삼 기자를 다룬 기사

들었으며 이들을 용서하지 못할 것이라고 하였다. 그 후 일본 경찰이 극동호텔에서 그를 살해했다. 일본은 김이삼이 반일본운동을 선동해서 죽음을 당했다고 변명하였다. 김이삼은 독일신문 자료조사를 통해 내가 처음 밝혔다. 그동안 조선인이 그를 살해하였다는 것이 통설이었지만 독일신문에는 정확히 일본 경찰이 호텔에서 그를 살해했다고 보도하였다.

이에 국민당위원회는 1931년 7월 23일 거국적으로 대중집회를

하고 반일운동을 시작한다고 결정했다. 이러한 결정은 조선의 반중운동을 더욱 강화시켰다. 조선에 있는 중국 상점과 집의 70%가 화염속에 사라졌다. 조선에서 반중운동은 9월까지 계속되었다. 같은 해 6월말 내몽고로 여행을 떠난 일본인 장교 나카무라 대위가 중국인에게 붙들려 사형을 당한 사건이 발생했다. 일본 정부는 그로부터 약 2개월이 지난 8월 18일자 〈도쿄아사히신문〉에 이를 보도하며 일본과 조선의 반중여론을 지속적으로 선동했다.

1931년 9월 18일 일본 관동군이 펑톈 류타오후(柳条湖) 부근의 남만주철도 선로를 폭파하고 북대영과 펑톈을 공격하면서 만주사변을 일으켰다. 일본은 완바오산사건을 계기로 관동군과 본토에서 건너온 군인들은 이미 전쟁을 준비하고 있는 상태였다.

1932년 1월 9일 워싱턴협약에 의해 미국은 9개 강대국을 호출하여 만주문제조사위원회를 결성하고자 하였다. 미국 정부는 중국과 일본의 이해관계가 얽힌 만주사변을 국제연맹의 조사위원회가 쉽게 해결할 수 있을 것이라고 생각했다. 그러나 같은 날 일본은 보란듯이 산하이관(山海關)을 점령하여 중국의 주권과 문화개방주의를 무시하고 중국을 무력으로 침략하였다. 세계는 다시 한번 놀랐고 일본의 파렴치한 행위를 알아차렸지만 무장한 군대를 파견할 수 없었다.

그러나 국제연맹은 리튼 경(Earl of Lytton, Victor Alexander George Robert Bulwer-Lytton, 2nd Earl of Lytton 1876-1947)을 단장으로 하여 이탈리아 대표 마레스코티(Luigi Aldrovandi Marescotti 1876-1945), 프랑스의 클로

델(Henri Edouard Claudel 1871-1956) 장군, 미국의 맥코이(Frank Ross McCoy 1874-1954) 장군 그리고 독일의 슈네 (Heinrich Albert Schnee 혹은 Albert Hermann Heinrich Schnee 1871-

Die mandschurische Untersuchungskommis-sion gebildet.

Genf, 14. Januar . . . Reuter meldet heute von hier, dass Briand zusammen mit dem Generalsekretär des Völkerbundes heute die Mitglieder der mandschurischen Untersuchungskommission, so wie sie vorgeschlagen waren, bestätigte. Die Mitglieder sind nun also endgültig folgende:
  M. Cotti, Italien.
  General Claudel, Frankreich.
  Earl of Lytton, Gross-Britannien.
  General McCoy, Vereinigte Staaten.
  Dr. Schnee, Deutschland.

만주문제조사위원회 기사

1949) 박사로 이루어진 조사위원회(Lytton Commission)를 구성하여 일본 군국주의의 실상을 밝히기 위해 만주로 급히 파견되었다.

그러나 조사 범위가 극히 제한적이었기 때문에 1932년 10월 2일 「리튼 보고서The Lytton Report」는 결과 발표를 늦췄고, 결국 일본에게 만주를 침략할 시간을 벌어준 결과가 되었다. 일본은 그보다 8개월 앞서 1932년 2월 18일 일본의 꼭두각시 만주국(1932-1945) 수립을 선포하였으며 일본은 그들의 목적을 달성하였고 교묘하게 국제적인 비난을 피할 수 있었다. 늦게나마 「리튼 보고서」에서 만주국은 중화민국에 속해야 한다고 하였지만, 일본은 만주국 수립 후에 그들의 계획대로 중국 대륙과 인도까지 침공할 수 있는 기회를 쟁취하였고 1933년 3월 국제연맹을 탈퇴하였다.

1932년 일본이 산하이관을 점령하고, 리튼 조사단이 만주국으로 떠난 같은 날, 이봉창 의사가 도쿄에서 히로히토 일본 천황을 향해 수류탄을 투척하는 사건이 발생하였다. 이어 4월 29일 윤봉길

178. 1932년 1월 9일 Deutsch-Chinesische Nachrichten

Attentat auf der Japanischen Kaiser

Attentat auf den japanischen Kaiser.

Tientsin, den 8. Januar . . . Wie Reuter aus Tokio meldet, seit heute vormittag um 10 Uhr bei einer Truppenbesichtigung ein Koreaner auf den japanischen Kaiser geschossen haben. Der Kaiser wurde nicht verletzt. Tientsin, 8. Januar . . . Weitere Nachrichten über das Attentat auf den japanischen Kaiser besagen, dass der Attentäter ein 32 jähriger Koreaner, namens Riho Sho sei, der unter den japanischen Namen Asayama lebt. Ferner wird gesagt, dass der Attentäter auf den Kaiser nicht geschossen habe, sondern eine Bombe geworfen habe, die hinter dem kaiserlichen Wagen folgenden Wagen explodierte. Niemand sei verletzt worden, nur ein Pferd sei leicht verletzt. In der Tasche des Attentäters fand man eine zweite Bombe. Das Attentat fand in der Nähe des Kirschentors des kaiserlichen Palastes statt.

이봉창 의사 기사

183. 1932년 4월 30일 Deutsch-Chinesische Nachrichten

Bombenattentat auf den Japanischen Gesandten

Bombenattentat auf den japanischen Gesandten.
Shigemitsu, Murai, Ueda leichter, Shirakawa lebensgefährlich verwundet.

Schanghai, 29. April . . . Reuter meldet aus Schanghai:

Viele Tausend Jen, er wohnten heute dem Vorbeimarsch der 10 00.. offam japanischen Truppen im Hongkew Park zu Ehren des japanischen Kaisers, der Geburtstat hatte, bei.

Auf einer kaiser Plattform standen Shigemitsu, der japanische Gesandte in China, Murai, der japanische Generalkonsul, General Shirakawa, Admiral Nomura und General Ueda.

Plötzlich wurde eine Bombe gegen diese Plattform geworfen, die in ihrer Mitte aufschlug. Murai hatte gerade seine Rede halb beendet.

Murai und Shigemitsu werden gefährlich, General Shirakawa und General Ueda ausserordentlich schwer verwundet. Admiral Nomura erhielt . Wunden im Gesicht.

Man glaubt, dass die Granate von einem Koreaner geworfen wurde. Bevor er von den Soldaten gefangengenommen werden konnte, wurde er von der Menge so übel zugerichtet, dass er das Bewusstsein verlor. Unter der Menge entstand eine Panik.

Später.

General Shirakawa hat eine schwere Kopfwunde empfangen; ausserdem Verletzungen am Körper. General Ueda ist an Bein verwundet, Admiral Nomura ein Bein. Der Kopfverletzung davon, Shigemitsu's ein Bein ist gebrochen. Murai hat ebenfalls Beinverletzungen erlitten.

Die japanischen Truppen umstellten sofort den Hongkew Park, versperrten alle Ausgänge und begannen mit einer rücksichtslosen Untersuchung der tausende von Zuschauern. Ausser den koreanischen Bombenwerfer, wurden sieben Chinesen verhaftet. Seit dem Zeitpunkt, in dem das Attentat geschah sind alle Aus- und Eingänge geschlossen und sämtliche Besucher und Zuschauer, einschliesslich der ausländischen Presseleute, wurden so festgehalten.

Später.

Die Untersuchungen haben ergeben, dass der Bombenwerfer ein 25 Jahre alter Koreaner namens Yinho Kinu ist. Er wird im japanischen Hauptquartier gefangengehalten.

윤봉길 의사 기사

의사는 상하이 홍커우공원에서 천황의 생일을 축하하러 온 사절단에게 폭탄을 던졌다. 이들 뒤에는 1931년 김구 주석이 상하이에서 일본 주요 인물들의 제거를 목적으로 조직한 한인애국단이 있었다.

이들은 을사조약과 정미조약 때 궁궐 앞에서 화염병을 들고 기다리던 의병들이었고 이완용 등 을사오적과 대신들의 집을 불태운 사람들이었다. 신돌석, 최익현을 따르는 의병들은 주권을 잃어가는 조선을 풀을 베던 낫과 쟁기를 들고 결연한 의기로 저항했지만 모두 허사였다. 그러나 폰 주트너 여사는 이토히로부미를 하얼빈역에서 암살한 안중근 의사의 행동을 조선인의 복수라고 논평하였다. 나라의 주권을 무력으로 빼앗기고 가만히 앉아 있을 수 없는 우아한 루저의 원형들이 보여준 항쟁이었다. 안중근은 해주의 유학자 집안에서 태어났으며, 그가 구상한 동아시아의 평화론은 주권을 잃은 조선에서는 평화 실천의 도구가 권총으로 탈바꿈할 수밖에 없는 당위성을 갖는다. 조선 루저의 원형들이 나라가 제국주의의 희생양이 되어 비참한 지경에 이르자 무지와 순박함에서 깨어나기 시작한 것이다.

이러한 때 독일인 지리학자 헤르만 라우텐자흐가 1933년 한반도의 지형과 기후 등을 연구하기 위해 독일 기쎈에서 블라디보스토크까지 기차를 타고 시베리아를 경유해 한반도에 첫 발을 디뎠다.

독일의 동아시아 지리 연구

독일의 동아시아 지리학(Geographie)과 지형학(Germophologie) 연구
는 19세기 리히트호펜의 프로이센 동아시아 탐사단(1859-1862) 참가
이후에 이루어졌다. 프로이센 동아시아 탐사단은 중국, 일본, 시암
(태국)과 경제협정을 통한 관세동맹을 체결할 목적이었다. 탐사단 조
직은 그의 삼촌 에밀 리히트호펜(Richthofen, Emil 1810-1895)이 하였고,
탐사단의 대표는 안트베르펜과 바르샤바 외교관을 역임한 오일렌
부르크 백작이 맡았다. 오일렌부르크 덕분에 일본에 진출했던 프로
이센 상인들이 추방되지 않았고, 프로이센 상선이 중국과 일본의
항구에 무사히 도착할 수 있었다. 리히트호펜은 탐사단과 아시아에
도착한 후 2년 동안 실론, 일본, 포모사(타이완), 필리핀, 자바를 탐사
하며 화산암 지역을 찾아다녔다. 방콕에서 버마의 벵골만 밀림 지

역까지 답사하였고 중앙아시아 답사도 계획했지만 가지 못했다. 오일렌부르크는 1862년 귀국하여 후에 비스마르크재상의 독일제국(Deutsches Kaiserreich 1871-1918)에서 내무장관을 역임하였다.

리히트호펜은 귀국길에 캘리포니아의 지질 조사에 참여하게 되었다. 이때는 시에라 네바다(Sierra Nevada) 지역에서 금은광이 발견된 직후였다. 1868년 캘리포니아 주정부 지질국장 휘트니(Whitney, Josiah D. 1819-1896)는 그에게 중국 지질 조사를 적극 추천하였다. 그는 북아메리카의 금광 분포 조사 이후 캘리포니아 은행과 상하이 주재 유럽-아메리카 상공회의소 후원으로 아시아 지역의 석탄지질층 탐사를 위해 1868년 중국 상하이로 왔다. 그의 답사는 지질 조사뿐만아니라 잘 알려지지 않은 중국의 경제와 정치 상황에 대한 보고서까지 감안하였다.

리히트호펜은 1872년까지 여행하기에 매우 열악했던 중국의 18성 중 13성을 답사한 최초의 지리학자였으며 그의 거대한 관측 자료는 지리학에서 새로운 학문으로 지형학이 탄생할 수 있었다. 리히트호펜이 그린 베이징과 톈진 지도와 1870부터 1872년까지 그의 편지글 「Letter on China」는 상하이에서 출판되었고, 산둥성의 거대한 석탄

리히트호펜이 그린 베이징과 톈진 지도

매장 지역과 비옥한 황토평원을 형성한 정보가 세상에 드러나게 되었다. 그는 1872년 독일로 돌아온 후 오일렌부르크를 통하여 프로이센 정부의 연구비를 받고 그동안 조사한 자료를 정리하였다. 리히트호펜은 1875년부터 1879년까지 본(Bonn)대학의 지리학과 교수가 되었으며, 1883년에 라이프치히, 1886년에 베를린으로 자리를 옮겼다.

그의 중국여행 자료와 과학적 조사 방법에 의한 결과는 당시 매우 유용한 자료였으며 그에게 세계적 명성을 가져다주었다. 그는 학생들에게 현장답사와 연구를 수행할 수 있는 능력이 중요하다고 강조하였다. 그러나 그의 요구는 대부분의 학생들에게 어려운 일이었지만, 헤딘(Hedin, Sven 1865-1952), 헤트너(Hettner, Alfred 1859-1941) 등 성공적인 탐험을 완수한 제자들이 탄생하는 계기가 되었다. 리히트호펜의 덕분에 19세기 말 독일의 지리학은 주요 학과로 자리잡게 되었다. 그는 독립적 지리연구소를 설립할 수 없었지만, 해양학연구소와 해양박물관은 설립할 수 있었다. 그의 자료에 관한 출판작업은 티쎈(Tiessen, Ernst 1871-1949)에 의해서 『중국 일기Tagebücher aus China』가 사후에 출간되었다. 그의 주요작업 "지형학을 고려한 과학지리 초안(Entwurf der physischen Geographie mit besonderer Berücksichtigung der Geomorphologie)"은 『연구답사자 안내서Führer für Forschungsreisende, 1886』(1901년 증보판, 1973년 재판)라는 오해의 소지가 있는 제목으로 출판되었다. 1877년 그의 조사 연구를 바탕으로 동서문화 교류사 『중국China』 전 3권 중 1권이 출간되었다. 그 후 1882

년, 1912년 티쎈에 의해서 전 3권이 출간되었다. 그의 답사 보고서에 기반한 『중국』은 유럽의 지식인들에게 동아시아의 자연과학적 지질학 정보뿐만 아니라 인문학 현상을 지역적 관점에서 설명할 수 있는 지리학 정보를 제공하였다. 그의 책 후반부에서 처음 언급한 자이덴슈트라쎄(Seidenstrasse)는 중국에서 중앙아시아의 시르다리야강과 아무다리야강 사이에 위치한 사마르칸트와 부하라를 경유하고, 서북인도지역까지 포함한다. 이후 자이덴슈트라쎄는 비단 물품을 교역하는 비단길, 실크로드가 되었다.

그 후 독일의 동아시아 식민지정책에 그의 조사 보고가 결정적인 영향을 주었고, 특히 1897년 빌헬름 2세가 자오저우만(교주만)과 칭다오(청도)항을 점령하는데 그가 기록한 지역적인 정보와 지도가 큰 역할을 하였다. 또한 리히트호펜의 동아시아 지질탐사와 그 구상은 독일에서 수학하던 일본인에게 크나큰 선물이었다. 이토 히로부미는 1882년 베를린에 체류하며 1883년 8월 귀국전까지 독일 제국의 헌법과 군국주의를 연구하였다. 독일헌법은 그가 1889년 메이지헌법을 발표할 수 있었던 배경이 되었으며, 리히트호펜과 그의 제자들이 이룬 동아시아 지질탐사는 한일병합의 주요한 기초자료가 되었을 것이다.

유럽인들이 19세기 말에 언급한 위험한 황인종(Gelbe Gefahr)이란 용어는, 1897년 11월 산둥성 조주부에서 중국인들이 독일 선교사를 살해한 사건에서 근거하였다. 이것이 의화단사건[1899년 11월부터 1901년까지 중국에서 발생한 청나라의 외세배척운동]으로 확산되자 당시 영국, 프랑스, 독일 등 유럽 제국주의 국가 안에서 팽배했던 황색인종 즉 중국인을 경고한다는 인종주의적 단어이다.

조선은 동아시아 지정학에서 매우 중요한 위치를 차지하고 있다. 그러나 서구 제국주의 외교관과 상인들 대다수는 조선이 상업적으로 아무 쓸모가 없다고 평가하였다. 1883년 고종의 외국인 조언자 묄렌도르프는 당시 일본 도쿄대학에서 지리학을 강의하던 고췌를 조선으로 불렀다. 고췌는 일본인 측량기사와 함께 1884년까지 조선 지질 조사를 마쳤다.

같은 시기 제물포에 세창양행을 설립한 볼터는 우여곡절 끝에 1897년 조선의 광산 채굴권을 획득하였다. 독일은 실리적인 광산 지역을 찾기 위해 크노헨하우어에게 지형학적인 조사를 위탁하고, 그는 1898년 2월 제물포항에 입항하였다. 크노헨하우어는 그의 처남 짐머만과 함께 6주 동안 동서남북 약 2,500km를 답사하며 조선의 지질현황을 조사하였다.

펜크

백두산 여행기의 주인공인 라우텐자흐는 베를린에서 리히트호펜의 제자가 되고 싶었으나 그가 1905년 사망하자, 그의 후임자이며 알프스의 빙하기 연구로 유명한 지질학자 알브레히트 펜크의 첫 번째 제자 중 한 명이 되었다. 그는 1910년 박사학위를 받은 후, 펜크가 하바드대학 교환교수로 가 있는 동안 그의 조교수를 역임하며 결핵에 걸릴 정도로 연구에 몰두하였다. 학교 실험실에서 각혈을 하며 쓰러진 후, 펜크의 연구실을 그만두게 되었다.

라우텐자흐는 1911년부터 1927년까지 베를린과 하노버의 김나지움 지리 수업을 맡게 되었다. 그리고 그는 고등학교 재직 동안에 지리학 잡지 〈Geographischen Anzeiger(Gotha)〉에서 연구한 작업, 지리 수업의 재설계를 위해 논문을 발표하였고 1924년 지리학을 시민 교육으로 확장시키기도 하였다. 그의 활발한 연구 활동으로 『독일학교 지리학German School Geography, 3 vols., 1921-24』, 『슈틸러의 수기지도책 교과서Handbuch zu Stielers Handatlas, 2 vols., 1926, 1944』, 『시도우-바그너의 학교지도책의 방법Sydow-Wagne Methodical School Atlas, H. Haack, 1930-44』 등은 당시 지리학계에서 라우텐자흐가 제작한 지형지도책(Atlas on Geography)을 따르게 될 정도였다.

당시 대학에서 재직 중인 지리학자들은 그의 업적을 인정하였고, 41세가 된 그는 1928년 기쎈에서 하빌리타찌온을 위해 같은 나이였던 클루테(Klute, Fritz 1885-1952) 교수의 조수가 되었다. 그는 그동안 저축했던 8천 마르크를 다음 연구를 위한 답사여행에 모두 투자하여 기쎈에서 블라디보스토크까지 가는 삼등기차에 몸을 실었다. 라우텐자흐는 동아시아 답사를 떠났으며, 약 20년 동안 지속적인 연구를 통해 1952년 발표한 「라우텐자흐의 형태변화Lautensach'scher Formenwandel」이론을 증명하기 위한 첫발을 내디뎠다.

그는 1933년 10개월 동안 자동차와 열차, 선박을 이용하여 조선과 러시아, 시베리아를 여행하였다. 북으로는 백두산부터 남으로는 제주도까지 한반도 구석구석을 조사하였다. 동아시아 탐사를 마친 이후 1934년 브라운슈바이크 공과대학(TH Brauschweig)에서 한 학기를 보내고, 1933년 정치적인 문제로 사퇴를 한 브라운(Braun, Gustav 1881-1940)의 후임으로 1935년 그라이프스발트(Greifswald, Mecklenburg-Vorpommern)대학 지리학과 교수가 되었다.

그의 연구 주제였던 이베리아반도와 조선은 철저한 현장답사를 기반으로 한 연구 결과였다. 그의 연구는 지형학, 지질학, 농업 지리학 및 문화 경관을 총망라한다. 그는 지리학 방법론 「자연지리의 과학적 연구방법」(1933)과 「경관 지역의 기록 및 구분」(1938)에 관한 강의를 하였다. 그가 조선을 여행하고 쓴 책 『Korea, Land, Volk, Schicksal』(K.F.Koehler Verlag: Stuttgart 1950)은 1945년 라이프치히에서 출간되었으며 한국에 관한 포괄적인 지리백과사전이었다. 그러나 전쟁 중 원고의 2/3 이상이 훼손되었다. 1950년 간추린 버전 『Korea』가 다시 출간되었다. 그의 책 『Korea』는 1945년 발간된 지리학연구서 『Korea. Eine Landeskunde auf Grund eigener Reisen und der Literatur』가 절판되고, 1950년 새롭게 대중서 형식으로 발간되었다고 한다. 당시 남북으로 나뉘진 한국의 운명은 라우텐자흐의 지도와 상세한 정보가 필요했다. 특히 라우텐자흐는 서문에서 원산이 고향인 이미륵과 친분이 있었으며, 1950년 3월 20일 병으로 세상을 떠난 그에게 이 책을 선물한다고 쓰고 있다.

그라이프스발트에서 제2차 세계대전이 끝났을 때 지리학과가 폐과되고, 라우텐자흐는 서독으로 이주하였다. 다양한 활동을 한 후 1947년에 슈트트가르트 공과대학에 임용되었고 1949년 정교수가 되었다. 그곳에서 그는 전쟁이 끝난 폐허더미 위에서 지리연구소를 설립하고 1952년 은퇴까지 그곳에서 과학적 지리 연구를 계속했다.

그는 「지리적 형태변화」(1952)에 대한 연구에서 지구 표면의 기후, 토지, 수종상태는 규칙을 통하여 공간적 변화가 발생하고 있다고 인식했다. 독일 지리학에서 그의 이론을 '라우텐자흐의 형태변화'라고 부른다. 공간에 대한 지리학 분석이며, 지역공간 속의 풍경이 연속성을 띠며 어떤 법칙을 만든다고 하였다. 지역적인 지리학에서 이런 현상을 볼 수 있으며, 그것은 지역 지리의 특징이 되었다.

라우텐자흐의 분류는 다음과 같다.

1. 플라네타리쉬(Planetarisch): 남극과 북극에서 적도를 향하는 지역의 기후, 토지, 식물의 변화는 지구축이 기울어져서 태양을 받아들이는 각도가 다르기 때문에 차이가 난다.

2. 서쪽과 동쪽 방향에 있는 기후, 토지, 식물의 변화는 바다에서 육지 방향으로 부는 폭풍, 바람 그리고 해안가에서 떨어진 거리에 따라 차이가 난다.

3. 수직고도에 따른 기후, 토지, 식물은 고도가 높을수록 기온이 낮아지기 때문에 차이가 난다.

4. 힙소메트리쉬(Hypsometrisch): 지구 중심축과 주변부가 연결되며 그 상호작용에 따라 차이가 난다.

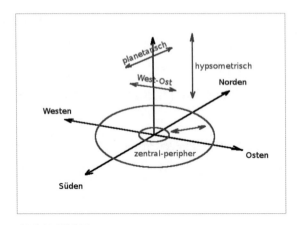

라우텐자흐의 형태변화 도표

라우텐자흐의 형태변화 이론에 따르면 같은 위도상에서 지구의
중심축에서 주변부까지 거리, 즉 지구의 서쪽 끝과 동쪽 끝 가장자
리까지 거리, 고도에 따라 육지의 형태가 규칙적으로 변한다고 주
장한다. 그는 그의 반도 지형 이론과 지질학적 방법론을 눈으로 확
인하고 적용하기 위해 지구의 서쪽 끝에 있는 이베리아반도(북위 40
도, 서경 4도)와 동북쪽 끝에 위치한 조선(북위 37도, 동경 127도)을 탐사하
였다.

하지만 조선은 이베리아반도와 같은 위도이지만 기후가 완전히
다르다. 여름은 고온 다습하고, 겨울은 한냉건조하여 연교차가 심

하다. 여름에 강수량이 집중되어 있어서 벼농사에 적합하다. 반면 포르투갈의 동부는 남북으로 산지가 길게 뻗어 있고, 북부 포르투갈의 가을과 겨울은 바람이 많이 불고 산이 많고 비도 많이 내린다. 남부 포르투갈은 낮은 평야가 많고 건조한 지역이다. 이곳은 편서풍과 온대해양성 해류의 영향을 받는 난류가 흘러 삼면이 바다이지만 땅이 빨리 더워지고 빨리 식고, 바다는 천천히 더워지고 천천히 식기 때문에 연교차가 적어 혹한이나 혹서가 적다.

라우텐자흐는 조사와 관찰에 따라 조선을 "과도기적 공간(Übergangsraum)"이라고 하였다. 그의 분류에 의하면 조선은 두 가지 관점에서 과도적 공간의 특징을 증명할 수 있다. 첫째, 플라네타리쉬(라우텐자흐 형태변화 분류 1번)에 속하고 북위 43도와 33도 사이에 위치한다. 남북 방향으로 형태변화가 발생한다. 둘째, 지형학적으로는 지구 중심축과 동아시아 대륙 주변부가 상호작용(라우텐자흐 형태변화 분류 4번)을 통하여 서쪽에서 동쪽으로 형태변화가 발생하였기 때문에 과도기적 형태변화의 특징을 보인다고 하였다. 그의 연구 중 「지리 연구에서 유형과 개인의 개념」(1953)에서 그는 지형(Landschaft)과 육지(Land)를 서로 비교하였다. 1928년 칼 리터 은훈장을 받았다.

라우텐자흐의
「조선-만주 국경에 있는 백두산의 강도여행」
(1933)

다음은 라우텐자흐 교수가 『움샤우Umschau』에 게재한 백두산
여행기 전문이다. 백두산 여행기는 라우텐자흐 교수가 1933년 8개
월 동안 15,000km를 여행하며 아시아를 경험한 기록의 일부이다.

조선과 만주의 경계선에 있다

1905년부터 만주에는 대규모 이민자들이 몰려들었다. 중국 제국 지리책 4권 『Tai thsing y tung chi(Da qing yi tongzhi 大淸一統志)』가 1744년에 출간되었다.[대청일통지는 강희 『대청일통지』, 옹정 『대청일통지』, 가경 『중구일통지』가 편찬되었고 약 200년에 걸쳐 작업하였다. 여기에서 인용된 것은 출간연도로 추측하면 옹정 『대청일통지』이다.] 중국 황제 국가와 조선의 경계선은 압록강과 두만강이고, 거대한 산맥(장백산=백두산)이 존재하는 곳이라고 쓰고 있다.

1786년 일본 지리학자 린지페가 보고하기를 두 나라는 이 산맥을 따라서 완전히 분리되었으며 어떤 통로조차 발견되지 않았다.[린지페는 에도시대 사무라이 하야시 시헤이(林子平 1738-1793)이다. 그는 유교학자였으며 1785『삼국통람도설三国通覧図説』을 출간하였다. 여기서 삼국은 에조, 조선, 류큐, 오가사와라군도를 칭하는 무인도이다. 필립 프란츠 폰 지볼트는 이 책에 매우 흥미를 가졌으며, 에조(북해도)는 네델란드어로 번역하였다. 하인리히 율리우스 클랍프로스(Heinrich Julius Klaproth 1783-1835)는 1832년에 불어로 번역하면서 한국 부분을 더 첨가하였다(Paris 1832, Murray).]

장백산의 최고봉은 백두산이라고 칭하였고 이곳에서 두 개의 강줄기가 시작된다.[백두산 천지는 조선 방향으로 압록강과 두만강의 발원지이고, 만주 방향으로 송화강의 발원지이다.] 우리의 여행은 이러한 조선과 만주 국경 지역에 대한 정보로 가득 찼다. 일본인이 말한 삼각형 지점은 장백산의 전설을 파괴하였다.

백두산(일본어 하쿠토잔)은 그러나 듣던 대로였다. 남만주와 북조선

라우텐자흐의 「조선-만주 국경에 있는 백두산의 강도여행」(1933)

압록강과 두만강(Tokuroko) 유입 부분

지역에서 육중한 무게감으로 존재하였다. 그 산은 2,744m이고 활화산 범위에 포함된다. 2,100m에서 1,400m까지는 현무암 지층으로 구성되었다. 또한 강줄기의 단층, 특히 압록강과 두만강 그리고 작은 지류들은 500m 깊이에서 솟아오른다. 현무암 지역과 편마암, 얇게 쪼개지는 점판암, 사암, 화강암으로 기본 구성된 지각 구조가 보인다. 이 지각 구조는 강물에 의해서 깊게 잘라졌고, 네 개의 봉우리로 전개된다.

조선 측에서 보면 산꼭대기는 2,300m에서 2,500m 높이에 이른다. 그 높이는 북서쪽으로 가면서 낮아지고 압록강 저편에서 1,500m 높이 정도에 이른다.

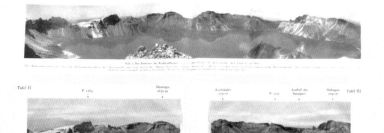

라우텐자흐가 찍은 백두산 천지 파노라마사진과 봉우리 높이가 표시된 사진
사진 왼쪽부터, P.(제운봉) 2564, Matengu(마천우) 2670, Kochikuho(백운봉) 2737,
P.(차일봉(용문봉) 2535, 종덕사지, 송화강(Sunggari) 입구, Hakugan(천문봉) 2741

특별한 백두산 여행

동아시아 지리학 탐사 여정에 따라 나는 1933년 7월부터 10월
까지 조선 전체를 조사하였다. 특히 위에서 언급한 북쪽 국경 지대
조선을 조사하였다. 당시 이 지역 양쪽은 거대한 정치적 변화의 영
향권 아래 놓여 있었다. 1905년부터 1931년까지 압록강과 두만강
의 경계 지역은 일본 제국의 북서쪽 국경에 속하였다. 당시 조선은
세계대전 이후 일본 정부의 계획 아래 발전하고 있었다. 도로와 철
도가 개설되고, 도시는 재개발되었으며, 강물은 높은 제방으로 막
아 농업관개시설이 설치되었다. 새로운 문화국가로 변모하고 있었
다. 헐벗은 산중턱에 나무를 심었고, 그 외 야생 숲은 전문가의 손

라우텐자흐의 「조선-만주 국경에 있는 백두산의 강도여행」(1933)

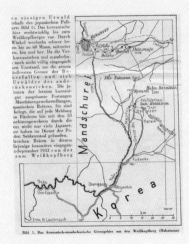

라우텐자흐가 자신의 여정을 그린 지도

길로 다듬어졌다. 곳곳에 경찰서가 배치되어 1919년 이후 조선의 공공질서는 더 이상 혼란스럽지 않았다.

만주 지역은 19세기 초부터 러시아의 지배를 받았으나, 1905년 러일전쟁을 종식시키는 포츠머스평화회의[포츠머스조약] 이후 1644년부터 정치적으로 연관된 중국의 영향력이 다시 강하게 작용하였다.[만주족은 1618년 누르하치가 건국한 금(金 1616-1636)을 그의 아들 숭덕제(崇德帝 재위 1636-1643)에 이르러 청(淸 1636-1912)으로 나라 이름을 바꾼다. 1644년 명나라(明 1368-1644)의 이자성(李自成 1606-1645)이 반란을 일으키고, 오삼계(吳三桂 1612-1678)와 연합한 청은 베이징을 점령하고 순치제(順治帝 재위 1643-1661)가 중국의 황제가 되었다.]

지금까지 청나라는 그들의 조상 땅인 만주에 이주민 집단이 존재하지 않을 것이라 여겼다.

그러나 거대한 중국인 이주자 무리가 떼를 지어 몰려왔고, 그 숫자는 때때로 100만 명이 넘었다. 그 때문에 만주 지역은 중국 제국이 겪는 혼란기를 고스란히 같이 경험해야만 했다.[일본은 1905년 포츠머스조약 이후 러시아의 조차지 다롄과 뤼순을 넘겨받고 이 지역에 관동주를 설치하고 관동군을 창설하였다. 관동관 사령관은 러시아에게서 넘겨받은 철도와 부속지를 기반으로 일본 국책 회사 남만주철도회사를 설립하여 관리하였다. 1927년 장제쓰(蔣介石 1887-1975)의 국민혁명군이 장쮜린(張作霖 1875-1928)을 압박하기 전까지 관동군은 장쮜린의 봉천파군대, 봉군(奉軍) 혹은 동북군(東北軍)이라고도 하며 1920년대 만주에 주둔하던 중화민국정부의 군대와 연계하였다. 장쮜린이 더 이상 필요없자 관동군 참모 고모토 다이사쿠(河本大作)는 1928년 6월 황구툰역에서 남만주철도 기차를 폭파하여 그를 암살하였다.]

위장전투를 연출하는 대장과 평화롭게 농사를 짓는 농사꾼의 평화관계는 무참히 짓밟히고, 야심만만한 장군들은 용병군대의 도움으로 이들과 대치하였다. 그러나 장군과 용병은 참패를 당하였고, 급료가 없는 농노들은 농기구를 든 강도가 되었다.[완바오산사건(萬寶山 만보산사건. 1931년 만주 만보산 지역에서 일본에 매수된 중국인 하오융더(郝永德)가 조선인 이주자 이승훈(李昇薰) 등 8인에게 농사가 가능한 땅을 계약한 후 수로공사 과정에서 발생한 조선과 중국 농민충돌 사건이다. 일본은 조선 농민을 보호한다는 명목으로 무장한 경찰을 파견하였고, 중국은 이들보다 몇배 많은 무장 경찰력으로 대치하였다.]

이와 같이 압록강과 두만강의 경계선은 해가 지날수록 살얼음을 걷는 듯한 예민한 국경선이 되었고, 두 나라가 충돌하며 다양한 사건이 전개되었다. 조선 쪽 국경 지역은 헌병대와 경찰이 비상사태 상황으로 늘 경계태세를 취하고 있다.

1931년 가을, 일본 장교가 만주에서 살해된 사건을 계기로 일본은 무장한 군대가 집결하고 있었다.[나카무라 신타로(中村震太郎) 대위는 1931년 6월 27일 중국 동북부 흥안령 지역을 여행하다가 마약 소지 혐의로 체포되어 7월 1일 사형당했다. 일본 정부는 이를 한 달 반이 지난 8월 18일 〈도쿄아사히신문〉 석간에 보도하였고, 이에 일본 국민들의 반중여론이 조성되었다. 나카무라 대위는 국가훈장을 받고

다음 해 야스쿠니신사에 봉안되었다.]

그리고 너무나 빠른 시간 내에 만주 중심 지역까지 일본 관동군이 투입되었다. 이들은 조선의 북쪽 국경에서 수많은 충돌 사건을 야기시켰다.[1931년 9월 18일 관동군이 류타오후 부근의 남만주철도 선로를 폭파하고 북대영과 펑톈을 공격하면서 만주사변을 일으켰다.]

1932년 3월 만주국이 독립을 선언한 이래로, 일본 제국은 이 나라를 인정하였고 압록강은 두 친선 국가의 국경이 되었으며, 두 나라는 군사적인 국경이 없는 계약을 체결하였다. 사실상 만주 평야 지역이 어느 국가에도 귀속되지 않아서 국경 지역의 민감한 부분은 초긴장 상태가 지속되었다.

만주의 강도들은 절반 정도 훈련받은 정규 군인과 일반 중국인(조선인도 포함한) 집단이며 일본의 무력 진압에 대항하는 반일본 게릴라 집단이다. 이들은 듣기만 해도 용맹한 작전을 거침없이 수행하였다. 그래서 두만강과 압록강에서 배를 타면 불법적으로 활약하는 민첩한 패거리들이 총격을 가하기 때문에 위험하다고 하였다. 그러나 일반적으로 만주의 강도들은 이주민들이 거주하는 압록강과 두만강이 흐르는 지역에서 활동하지 않았다.

백두산의 온천 지역은 다르다! 위에서 언급한 현무암으로 덮힌 지역은 일본 경찰의 보호에서 벗어난 지역이며 아무도 살지 않는 초자연 밀림이다. 조선의 영토는 이 지점에서 90도 직각으로 백두산 최고봉까지 돌출되었다. 이러한 각도 때문에 무장한 강도떼 60여 명 정도는 기관단총을 들고 신출귀몰할 수 있었다. 조선과 만주 관청이

아직 이들의 활동에 적극적으로 관여한 적은 없었다. 이들은 자연지형을 이용하여 가난한 양치기들이 살고 있는 국경의 집단이주 지역을 습격하거나, 다른 나라 영역의 밀림 속으로 숨어버린다. 마지막 조선인 부락에 위치한 일본 경찰서는 튼튼한 울타리와 기관단총 요새, 철조망과 스페인식 경기병 병종으로 둘러싸인 요새를 구축하였다.[스페인 기마병(히네테)이 투창, 검, 방패 등으로 무장한 것을 말한다.]

상비군들은 20여 명 정도이며, 강도가 나타났다는 신고가 들어오면 50파운드 무게의 기관단총을 들고 밀림 속으로 출동한다. 수많은 일본인뿐만 아니라 조선인들도 경찰 근무를 하다가 병사들의 시체를 발견한다.

이 국경 지역을 수없이 탐사한 나는 1933년 8월부터 9월까지 압록강 어귀부터 백두산 꼭대기까지 올라가는 특별한 여행을 하였다. 압록강 다리에서 조선 지역에 위치한 해안가에 새로운 철도 건설자들의 촌락 신의주에는 거대한 양의 나무들이 작업장에 쌓여 있다. 급류를 따라 떠내려 온 것이다. 이 지점부터 배를 타고 600km 전진하여 신카파친(Shinkapachin)에 이른다. 백두산 원천지에서 140km 떨어진 곳이다. 반면에 처음에 말했던 중국 제국 지리에서 언급한 좀개구리밥강(enten Flusses)에서 작은 배가 다닐 수 있는 물길은 230km 정도이다.

압록강 급류와 역류 항해

일본인들은 프로펠라 배를 사용한다. 16m 길이에 2m 너비로 납작하게 만들어졌다. 수위가 얕은 강이기 때문에 모터 대신 공기 프로펠라를 갖추었다. 유일하게 승객이 탑승할 수 있는 곳에는 의자 대신 동아시아식의 방석이 바닥에 놓여 있다. 배 안은 조선인과 중국인으로 꽉 차 있었다. 일본인 선장에게 총독부로부터 받은 허가증을 제시했더니 짐 싣는 곳 앞에 있는 양철 덮개 위에 내 자리를 마련해주었다. 나는 이 자리에서 최고의 경치를 감상할 수 있었으며 사진을 찍을 수 있었다.

역류 항해는 4일이 걸렸으며, 물길을 거스르며 550m 고도를 극복해야만 했다. 이때마다 작은 배는 해안가에 튀어나온 암석 부분을 잡으면서 가능한 천천히 급류의 얕은 지역을 통과했다. 다른 지역의 모퉁이를 건널 때 급속히 흐르는 강을 건너가기도 했다. 이때 배는 후퇴하였고, 배의 속도가 강 중심의 급류보다 느리게 갔다. 항해 중 한 번은 우리는 꼼짝하지 못했고, 거의 모든 사람이 배 아래로 뛰어내려 배를 밀어 겨우 다시 운행할 수 있었다.

나흘째 되던 날 전진하기가 특히 힘들었다. 추코진[Chukochin 중

만주 해안의 중국 배

강진을 말한다.]부터 신카파친까지 330m 고도 차이를 극복해야만 했
다. 우리는 오전 5시 반부터 오후 7시 반까지 배를 탔고, 평균 시속
12km 정도였다. 이날 무쇠로 만든 투구를 쓴 경찰이 우리 배를 호
위했으며, 갑판위 경기관단총은 만주 지역의 해안가를 향하였다.
어떤 사건도 발생하지 않았다.

　항해하는 동안 우리는 대단히 아름다운 풍경을 사진으로 남길
수 있었다. 양쪽으로 1,000m 높이의 가파른 절벽 산과 유일한 오르
막길이 보였다. 하류에는 빽빽한 원시림에 주로 떡갈나무, 소나무,
만병초로 덮혀 있다. 4일째 되던 날 숲의 나무가 꽉 차서 햇빛이 전

라우텐자흐의 「조선-만주 국경에 있는 백두산의 강도여행」(1933)

혀 통과할 것 같지 않는 원시림을 볼 수 있었다. 급류는 그 속으로 역류하는 소용돌이 물길을 만들었지만, 중국과 조선 정크선에서 갑자기 웅성거리기 시작하였다. 역류 항해는 4~6명의 노동자들에게 매우 힘든 작업이다. 강가의 예선로를 따라 천천히 앞으로 나갈 수 있게 노끈으로 당기는 작업이었다. 정크선 또한 연안의 돌출된 부분의 얕은 지역에서 이 같은 작업이 필요하였다. 특히 어렵고 위험한 점은 만곡의 곡절에서 발생하는 급류를 건너는 것이다. 그들은 힘찬 노젓기와 돛으로 통과했다. 특히 빠른 급류 지역은 정크선을 모아서 함께 이동하면 예인선용 밧줄로 서로가 힘이 되었다.

뗏목선은 급류에서 빠져나오기가 비교적 쉽다. 뗏목은 침엽수인 소나무, 가문비나무, 전나무, 낙엽송으로 만들었다. 압록강 상류의 원시림과 그 지류에서 벌목한 것이다. 이러한 뗏목은 한눈에 봐도 중국과 일본이 다르다. 중국 뗏목은 느슨하게 만든다. 그들은 볼

일본 뗏목

품없이 사각형 뗏목을 만들고 가운데에 박공지붕집을 설치한다. 일본 뗏목은 자연적인 관계에 순응하는 형태이기 때문에, 뗏목을 운행하는 노동자들이 주위를 살피면서 인내심을 가지고 고도가 다른 물길을 운항해야만 했다. 뗏목은 각각 나무 기둥을 이어 놓은 것이고, 가늘고 긴 떡갈나무로 연결하여 하나로 묶었다. 뗏목 앞 부분은 가장 좁고 뒤로 갈수록 점점 넓어지는 V자형이다. 떡갈나무 연결 부분은 V자 형태를 굽어 꺾어지게 한다. 그것으로 강만곡의 날카로운 지역을 통과할 수 있었다. 튼튼한 나무로 만든 조정대는 첫 번째 뗏목나무 이음새와 연결되어 두 번째 뗏목 나무의 방향을 바꿀 수 있다. 욱일기로 장식된 뗏목을 타는 일본인은 불쾌한 급류와 날씨에 아무런 대책 없이 여기까지 왔으나, 그들의 힘든 일정은 최고의 열정으로 상쇄되었다.

신카파친과 케이잔친

신카파친[압록강을 따라 중강진(추코쿠진)과 혜산진 사이에 위치한다.]에는 나의 여행 경로를 위해 미리 주문한 1905년산 포드 자동차가 기다리고 있었다. 이 자동차는 9,000km에 이르는 조선까지의 험난한 여정을 함께하였다. 5시간 만에 백두산 탐사의 출발점에 이르렀다. 압록 강변의 작은 마을 케이잔친이다.[현재 혜산시이다.] 여기서부터 백두산 꼭대기까지 130km 떨어져 있고, 자동차로 20km 정도 이동이 가능하다.

나는 조선인 마부와 그들이 다루는 5필의 말과 함께 식량 등 보

我が討伐隊に捕捉せられ鮮人なれば軍に従へる虚代

露国の乱方に銃て此の彈藥……

くに彼等……手に移……國なり武器……

今は兇器もる治らむ

治安ならざる發山杉鑌山憲

乱す安なら擾て器

（行發山杉鑌山憲）

케이잔친(혜산시) 일경에게 잡힌 독립군

급품을 운반할 일행을 주문했다. 이 조선인 일행은 지나치게 번거롭다. 조선인들은 그들의 가축에게 아침과 저녁으로 따뜻한 된장국을 먹였다. 가축과 일행의 끼니를 만들기 위한 준비는 매번 3시간씩이나 걸렸다. 그러나 다른 방법은 없었다.

멀리 떨어진 경찰서에서 알려준 최근의 강도 습격 소식은 우리 일행을 매우 불안하게 만들었다. 며칠 전 30명의 강도떼가 호타이산[포태산] 북서쪽 5km 떨어진 중국 벌목인들의 거주지를 통과하며 머물렀다고 한다. 만주 지역에서는 이들 강도떼와 군대가 전쟁을 치렀다. 체포된 두 명의 강도 머리는 공공장소에 내걸렸다. 이것은 케이잔친 건너편에 있는 만주의 작은 마을 장파이[장백]에 일반적으로 본보기 경고를 하기 위한 체벌이며 중국 관습을 따른 것이다.

백두산 강도숲으로 향하는 일행

케이잔친에 있는 일본 경찰서장은 우리 일행 20명을 보호하려면 3개의 기관단총이 필요할 것이라고 하였다. 그러나 지금은 동행할 수 있는 군대가 없다고 하였다. 그는 나에게 주의를 주면서 여행에 따른 위급 상황은 스스로 해결해야 한다고 하였다.

우리는 이틀 밤을 행군하였다. 그곳은 사람이 살고 있으며 호타이산까지 일본 경찰의 보호 아래 놓인 지역이었다. 그 여정은 압록강 계곡의 현무암 고산 평지[개마고원]까지 이어졌고, 부분적으로 조선 화전민들이 만들어 놓은 피폐된 들판을 통과했다. 작은 촌락에는 통나무로 만든 집과 나무 굴뚝이 있었다. 케이잔친 경관의 조언에 따라 나는 소유한 현금의 대부분을 무기 구입으로 지불했다. 미래의 위급 상황에 대비하여 강도들과 협상하기 위한 중국어 통역자도 한 명 모집했다.

여정 중에 좁은 오솔길은 눈으로 주위 확인이 불가하여 스스로 방어하기가 쉽지 않았다. 짐을 많이 실은 말들은 빽빽이 서 있는 나

라우텐자흐의 「조선-만주 국경에 있는 백두산의 강도여행」(1933)

압록강 상류 지역의 조선인 마을과 굴뚝

무 사이를 통과하느라 자주 위험에 빠졌다. 첫째 날 강도숲을 통과할 때 아무런 사건도 발생하지 않았고, 현무암 고산 지역을 통과하여 가을 낙엽이 아름다운 숲을 지나 동물들이 복부 부분까지 잠기는 늪지대를 통과하였다. 쿄테라이(Kyoterei) 협로는 특히 위험지역으로 여기는 곳이다. 이곳에는 반쯤 무너졌지만 산신을 모시는 작은 절이 있다.

나의 동행인들은 아침에 여행식량으로 아침밥을 공양하며 수차례 절을 하며 불교의 기도문을 중얼거렸다. 그날 밤 우리 일행은 낙엽송과 자작나무로 둘러싸인 작은 호수에서 노숙을 했다. 산짐승에 대한 위험이 밤새 모닥불가에 도사리고 있었지만, 우리는 강도 습격을 더욱더 조심하면서 접이식 텐트에서 잠을 잤다.

백두산 숲에서 만난 강도

셋째 날 오후에 강도숲에서 우리는 되도록 소리가 나지 않게 조심스럽게 다녔다. 그러나 우리 일행은 벨기에식 권총을 소지하고 날카로운 덫을 놓는 자신을 사냥꾼이라고 말하는 한 남자를 만났다. 우리와 정상까지 동행하자고 제안했으나 그는 움직이지 않았다. 한밤중에 우리는 부토호 휴게소에 도착했다. 이 부토호 휴게소는 다음 행선지를 위하여 꼭 필요한 숙박지였다. 이곳은 2,050m 높이에 있는 강도숲 경계 지역에 위치한다. 고산 지역이라 동물들의 먹이가 부족했다.

다음 날 아침 우리는 속돌로 된 민둥산과 용암이 흐른 화산암 비탈길 너머로 쉽게 정상에 올랐다. 그곳에서 함몰분지가 만들어내는 숭고한 광경을 보았다. 함몰분지는 최소한 넓이 5×4km, 깊이 500m 정도로 보였다.[백두산은 1903년과 1925년에 화산 폭발이 있었다.]

옛 중국 소설가가 말하기를, 백두산은 톱니모양 가장자리를 가진 도자기 그릇 같다고 하였다. 실제로 한눈에 보이는 사실적인 모양을 표현하였다. 용암지층은 분지에 생동감 있는 적갈색과 황갈색으로 색을 입힌 지질층을 보여준다. 호수는 지하에서 뜨거운 유황 온천을 분출한다. 만주의 강 슌가리(Sungari 송화강松花江)가 여기서부터 시작되고, 그 원형 고리는 좁은 협곡을 통과한다.

이곳에는 1906년부터 사람이 살지 않는, 얇은 나무판자와 기둥으로 힘들게 만든 중국 양식 수도원이 있다. 팔각형 건축물인 종덕사(宗德寺)로 만주인들이 청나라 말기 1906년 성지 백두산에 건축했

라우텐자흐의 「조선-만주 국경에 있는 백두산의 강도여행」(1933)

종덕사

명문기와

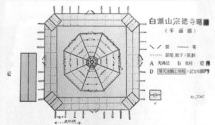

종덕사 건축물 전개도

다고 한다. 백두산 정상까지 힘들게 나무를 가져와서 건축했으며 팔각형 사원 건축을 사각형 나무로 만든 담으로 둘러쌌다. 팔각형 사원 안에는 제단이 있다. 외벽을 따라 가면 수도사 토굴이 있다. 그러나 이곳에는 사람이 살지 않으며, 중국인 불교 신자 혹은 도교 신자들이 성지순례를 하느라 방문하거나 때때로 조선인들이 사원에 앉아 천지를 바라보고 있었다.

사람들은 분화구벽 가장자리에서 4km 떨어진 호수를 건너 그곳에 도착하였다. 내가 파노라마사진을 찍을 때, 최소 22명 강도떼가 중무장을 하고 나무조차 없는 화산의 기저부에서 얼마 떨어지지 않은 곳으로 이동했다. 다행히 그들은 앞에 있는 임시 숙소를 떠나 내 동행인들이 정상 아래의 협곡에 방금 도착했을 때 이들을 괴롭히지 않고 북쪽으로 방향을 바꿨다. 나는 이곳 임시 숙소에서 3일 동안 머물면서 고리산맥 지구를 조사했다.

눈보라가 몰아치며 모든 비탈에 눈이 내리기 시작하여 우리는 바로 베이스캠프로 돌아가야만 했다. 그곳에서 다음 일본 경찰서(요새)까지 돌아가는데 우리는 빈번하게 강도들과 맞부딪쳤다. 첫 번째는 그들이 모닥불을 피우는 바람에 우리는 그들의 존재를 알 수 있었고 살그머니 다른 길로 돌아서 갔다. 그러나 우리는 두 번이나 고집스럽고 까칠한 사냥꾼에게 잡혔으며, 나는 중국인 통역사에게 적절하게 말해달라고 부탁하였다. 또 수많은 덫과 강도를 만났을 때 가르쳐준 해결 방법에 대하여 감사했다. 그에게 나는 생활용품과 기구를 주었으며, 나를 협박하여 상당한 몸값을 요구하지 않은 것을 고맙게 생각한다고 말했다. 내 일기장, 수집물품, 사진기들은 일꾼 노인의 가방에 숨겼기 때문에 다행히 그들이 알아차리지 못했다.

라우텐자흐의 「조선-만주 국경에 있는 백두산의 강도여행」(1933)

백두산 강도는 누구인가?

백두산은 리히트호펜의 『중국』 2권에 서술되었다. 백두산에 최초로 오른 유럽인은 1886년 영국인 영허즈번드(Younghusband, Francis Edward 1863-1942)와 플포드(Fulford, Henry English 1859-1929)였다. 일본인들은 1901년부터 체계적으로 백두산을 조사하기 시작했으며, 이들의 조사를 통해 총독부가 만든 지도가 그 결과이다.

라우텐자흐는 백두산 여행기를 끝내고 1941년 독일 지리학 학술지 〈Geographische Zeitschrift〉에 백두산에 관한 두 편의 논문 「백두산Das Hakutozan」을 게재하였다. 그는 백두산 지역을 답사한 후에 '머리가 하얗다'는 뜻의 백두산 혹은 장백산이란 명칭이 알프스산맥처럼 1년 내내 눈이 덮힌 모습 때문에 붙여진 명칭이 아니란 것을 밝혀냈다. 백두산 정상은 만년설이 아니라 선캄브리아기에 화강암이 침투되어 크리스탈 결정체가 형성된 것이라고 하였다.

백두산 정상에서 각각 2,000m 높이의 계곡 부분은 새롭게 화산폭발로 형성되었으며, 1,800~1,900m 높이에 놓인 천지는 전형적인 함몰칼데라(Einsturzkaldera)라고 하였다. 함몰칼데라는 화구 아래 마그마 양이 감소하여 그 부분이 패인 것이다. 백두산 정상에 쌓인 눈은 여름과 가을에 사라지며 그 후에는 경석(輕石)으로 둘러싸인 곳곳에서 흰빛을 발색한다고 하였다. 그는 백두산의 식물분포와 수종을 거의 모두 조사하였다. 그의 『Korea』 책에는 백두산뿐만 아니라 금강산과 한라산까지 답사한 후, 조선의 인문지리와 자연과학지리를 총망라하여 분석하였다.

라우텐자흐 일행은 압록강을 따라 북쪽으로 백두산을 향해 올라가면서 가장 위험한 강도숲이라는 쿄테라이 협로에서 벨기에식 권총을 소지한 사냥꾼을 만났다. 북쪽으로 소백산(작은 백두산, Sho Hakusan)을 지나고, 2,050m 높이에 있는 부토호 대피소까지 이들 일행은 더 이상 강도를 만나지 않았다. 라우텐자흐가 백두산 천지에 올라 사진을 찍는 동안 22명이 넘는 중무장한 무리가 정렬한 후에 송화강이 있는 북쪽으로 올라갔다. 그렇다면 라우텐자흐가 본 이들은 과연 누구일까? 왜 무기를 소유하고 있었을까?

홍범도는 조선 말기 의병장이었으며, 사격술에 능한 사냥꾼이었다. 1910년 홍범도는 간도로 이주하였고, 1919년 8월 두만강을 두 번이나 가로질러 혜산진과 갑산에서 일본군과의 전투를 승리로 이끌었다. 1920년 삼둔자와 봉오동전투 그리고 김좌진과 함께 청산

리전투를 참가하였다.

1920년 10월 일본군은 만주에서 활동하는 대한독립군을 대대적으로 소탕하기 위해, 마적단과 짜고 일본 관공서를 습격하는 훈춘(琿春, 두만강 위쪽 러시아와 국경지역)사건을 야기시켰다. 이 사건을 핑계로 대규모 일본 군대가 훈춘에 입성하였으며 주변의 독립군과 전투를 시작하였다. 당시 펑톈과 동북 삼성까지 관할하던 봉천파 장쭤린은 일본과 좋은 관계를 유지하기 위해서 이미 8월경부터 대한독립군에게 기지를 이전하라는 요청을 하며 압박하기 시작했다.

당시 일본과 전투를 한 독립군은, 1919년 북간도에서 결성된 김좌진이 지휘하는 북로군정서(北路軍政署)와, 홍범도가 이끄는 직속부대와 함께 1920년 10월 21일부터 26일까지 청산리에서 일본군에게 포위되어 일대 접전을 하게 되었다. 이들은 승리하였지만, 이는 곧 만주 지방에 살고 있는 3,000여 명 조선인들이 무차별 학살당하는 간도참변(경신참변)을 초래하였다.

북로군정서는 대한독립군, 대한국민회, 대한신민회 등과 북만주 밀산에 모여 대한독립군단을 결성하고 러시아 지역으로 이동하였다. 그러나 자유시참변(黑河事變 1921)으로 독립군단은 무장해제를 당하고 뿔뿔이 흩어졌다. 홍범도는 일본과 싸우기 위해 러시아 붉은 군대(소비에트군)에 들어갔다.

라우텐자흐가 백두산 정상에 오른 1933년은, 일본 제국이 1931년 만주사변을 일으키고 1년 후 만주국을 수립한 직후이다. 만주국은 조선과 국경선을 두지 않고 마음대로 오고 갈 수 있는 협약을 맺

었기 때문에 양국간의 이동은 자
유로웠다. 일본은 조선을 발판으
로 만주국과 함께 전쟁 보급로를
만들고 아무런 방해 없이 북중국
과 동시베리아로 진출할 수 있게
되었다. 만주국 수립 이후 소련의
극동지역까지 일본 군대가 침투
되자, 소련의 스탈린은 고려인 이
주 정책을 고안하였다. 고려인(조
선인)은 일본의 첩자가 되어 소련

홍범도 장군 고려 이주민 입국 서류

에 해를 끼칠 수 있다고 생각하였기 때문이다. 1920년대부터 30년대
까지 소련의 극동지역으로 이주한 고려인 17만여 명은 1937년 고려
인강제이주정책으로 카자흐스탄, 우즈베키스탄으로 이동하였다. 홍
범도는 1943년 카자흐스탄에서 사망하였다.

1933년 라우텐자흐가 백두산 밀림 지역 강도숲에서 본 무장한
무리들과 벨기에산 권총을 들고 있던 백두산 사냥꾼들은 대한독립
군의 활동무대가 백두산이란 것을 증명한다. 그들은 북로군정서의
일부이거나 홍범도가 이끌던 대한독립군 잔류 무리일 것이라 추측
된다. 또한 백두산 지구는 1936년 중국공산당의 지도 아래 만주에
서 활약한 동북항일연군(東北抗日聯軍)이 유격구를 건설했던 지역이었
으며, 1937년 보천보사건(普天堡事件)이 발생하는 장소이기도 하였다.

라우텐자흐 교수와 함께 천지에서 찍은 사진을 보면 앞줄 중앙

라우텐자흐 교수와 여행한 조선인

에 장총을 짚고 팔짱을 끼고 늠름하게 앉아 있는 조선인은 그의 왼편에 서 있는 라우텐자흐 교수보다 더 당당하게 보인다. 이와 같이 건장한 조선인들은 사냥꾼과 여행 안내인으로 백두산 지역에서 활동하고 있었다.

우아한 루저, 조선인의 자각

동아시아의 중국과 한국, 일본은 지난 2천여 년 동안 정치, 문화, 역사적으로 상호 영향을 받아야만 하는 지형학적인 공동운명체였다. 수많은 굴곡과 시간 속에서 중국은 여전히 동아시아의 강국으로 존재하였다. 세 나라의 역사와 문화적 흐름은 서역과 접경하는 중국을 통한 신문물의 유입과 황하와 양자강의 문화 강물이 상류에서 하류로 흐르듯 상류의 중국에서 중류의 한국을 거치고 하류의 일본으로 향했다.[일본은 남중국해로를 통한 중국 문화의 직접 유입을 주장하지만, 통일신라 말 엔닌이 동중국해에서 장보고를 만나 구사일생으로 위기를 극복하듯이 세 나라의 상호 문화 교류는 역사 속에서 늘 언급된다.] 그러나 17~18세기 서구 제국주의 국가들의 산업혁명과 잉여생산물의 시장 형성, 값싼 노동력과 자원 획득은 이들의 야망을 동아시아로 향하게 만들었고 이와 같은 제국주의 지각변동을 재빨리 수용한 일본은 동아시아의 역사와 문화 흐름을 역방향으로 돌려놓았다. 자포니즘의 탄생 배경이다. 19세기 메이지유신이 실행되고 동아시아의 자포니즘 물결이 서구유럽까지 파랑을 일으키게 되었다.

쇄국과 개항의 틈바구니

1839년 청나라는 아편전쟁을 통한 서구의 개항 요구를 하찮게 여겼지만, 에도막부 일본은 1854년 3월 미국과 미일화친조약을 체결하였다. 1867년 마지막 쇼군 도쿠가와 요시노부(德川慶喜 1837-1913)의 에도바쿠후(幕府, Shogunate)체제가 판적봉환[다이묘의 영지와 영민을 황제에게 반환한다.]으로 정치권력 이양을 제안하자, 메이지 천황은 사쓰마번(薩摩藩), 조슈번(長州藩), 도사번(土佐藩)과 봉환을 반대하는 다이묘 저항세력을 무너뜨리고, 1868년 에도에 무혈입성하면서 연호를 메이지(明治)로 정하고 천황권력제를 복귀하였다. 1869년 에도성은 메이지궁성이 되고 에도를 도쿄로 개명하며 판적봉환을 허락하였다. 2년 후 1871년 250여 년의 막번체제가 완전히 폐지되는 폐번치현을 실시하며 중앙집권국가가 탄생하였다. 메이지 정부의 근대화 작업을 위해 같은 해 11월 정부 각료를 포함한 이와쿠라사절단을 구미 12개국에 파견하였다.[이와쿠라 도모미(岩倉具視 1825-1883)가 사절단 단장이자 전권대사이기 때문에 붙혀진 명칭이다.] 이들은 1873년 9월까지 1년 10개월 동안 미국과 유럽의 제도, 교육, 법률 등을 시찰하였다. 또한 외국인 초빙사(오야토이 가이코쿠진) 214명(1872년 기준)이 일본의 근대화를 위하여 모든 분야에 고용되어 활동하였다. 1879년 독일인 프란츠 에케르트도 해군군악대 교육을 위해 외국인 초빙사의 일환으로 도쿄에 도착하게 되었다.

이와쿠라사절단에 포함된 이토 히로부미는 죠슈번의 요시다 쇼인(吉田松陰 1830-1859)이 설립한 쇼카손주쿠(松下村塾) 출신이다. 또한 이토 히로부미는 1862년부터 2년 동안 죠슈번에서 파견한 영국 유학생 5인 중의 1인이었다. 쇼카손주쿠는 동아시아의 병법과 손노죠이(尊王攘夷, 존왕양이: 왕실을 받들고 오랑캐를 물리친다)를 교육하는 보수적인 곳이었다. 신분 차별을 하지 않고 입학생을 받았기에 하급 무사 출신 이토 히로부미는 이곳에서 공부할 수 있었다. 요시다 쇼인의 사상은 손노죠이(존왕양이), 야마토 다마시이(大和魂, 대화혼: 일본의 민족정신), 세이칸론[征韓論, 정한론은 무력을 키워 군함과 포대를 갖추고 에조(홋가이도)와 유구(오키나와)를 개척하여 러시아 동쪽 반도 캄차카와 오호츠크를 빼앗는다. 조선, 만주, 중국을 복종시키고, 개항 후 미국과 러시아 교역에서 손해 본 것을 다시 조선과 만주에서 충당하자는 주장이다.]이다. 특히 세이칸론은 그를 따르는 제자에게 막대한 영향을 끼쳤다.

바쿠후 정치 말기부터 죠슈번의 정치세력 외에 메이지유신의 주역이었던 사쓰마번의 사이고 다카모리(西鄕隆盛 1828-1877)도 변혁세력이었다. 사쓰마번의 수장이었고 메이지유신 3걸 중의 한 사람이었다. 이와쿠라사절단의 일원이었던 오쿠보 도시미치(大久保 利通 1830-1878)와 기도 다카요시(木戶孝允 1833-1877)가 3걸에 속한다. 사이고 다카모리는 사무라이 정신을 되살리기 위해 정한론(세이칸론)을 주장했으나, 이와쿠라사절단이 귀국한 후에 정한보다는 내정개혁을 통한 근대화가 우선이라는 메이지 천황의 정책 결정으로 좌초되었다. 그로부터 10년 후 1881년 조선의 조사시찰단(신사유람단)이 일본의 근대화를 경험하게 되었다. 일본은 내재된 동아시아의 전통과 문화를 부정하고 서구화에 총력을 다하는 상황이었다. 메이지 군주와 정치인, 지식인들까지 모두 합세하여, 일본을 서구화하는 것이 문명화된 일본식 근대국가가 되는 것이라 굳게 믿었다. 19세기 조선은 쇄국정책, 아편전쟁, 메이지유신의 틈바구니 속에 있었다.

조선을 개항시킨 1876년 조일수호조규 이후 무역권, 치외법권, 주사권, 주병권을 갖게 된 일본은 반대급부로 근대무기류 보급과 일본 유학생 파견을 제안하였다. 고종은 1880년 통리기무아문(현재 외교부)을 설치하고, 일본식 군대 별기군을 창설하였다. 1881년 3월 25일(양력 4월 11일) 일본의 근대문물제도를 참관하기 위한 비공식적인 조사시찰단으로 박정양, 홍영식, 어윤중을 포함한 12인의 사절단, 유학생 유길준, 윤치호 등 총 64명이 동래부에 모였다.[일본의 명칭은 신사유람단이라고 하였으며, 조선의 공식 직함은 동래암행어사이다.]

이들은 1876년 부산항 관리인(일본 영사대리) 곤도 마스키(近藤眞鋤 1840-1892)를 예방하고, 3일 후 일본으로 향하였다. 유길준과 유정수는 최초의 관비유학생으로 후쿠자와 유키치가 세운 게이오기주쿠(慶應義塾)에 입학하여 근대 학문을 배웠다.[1858년 네덜란드학을 가르치는 란가주쿠(蘭學塾)에 기원을 둔다. 영어의 중요성을 깨닫고 1863년 에이기주쿠(英義塾)로 바꾸고, 1868년 게이오기주쿠로 명칭을 다시 바꾼다.]

윤치호는 도진샤(同人社)[1873년 나카무라 마사나오(中村正直 1832-1891)가 사저에 세운 사숙이다. 영어와 영국학을 가르쳤다.]에 입학하였고, 일본어와 영어를 익히며 당시 일본 외교관과 지식인 그리고 민영익과 개화파의 거두 박영효, 김옥균, 서광범 등과 교류할 수 있었다. 이들 유학생 외에 일본에서 7월 1일까지 약 4개월 동안 체류한 후 조선으로 돌아온 조사시찰단은 19세기 메이지유신의 근대화 개혁을 다음과 같이 평하였다. 중앙집권적 통치체제 아래 헌법, 의회, 국민징병제도, 국민을 파악하기 위해 신분제를 철폐하고 호적제를 만들었다. 국민을 평등하게 교육하는 학교를 설립하고 박물관을 세우고 신문을 발행하였다. 그 외 토지제도, 교통, 화폐와 도량형 통일 등이 실시되어 근대화 개혁정책이 효과적으로 진행되고 있었다. 초기에는 심각한 재정난을 초래하였지만, 메이지 문명개화를 위해 프랑스 육군, 영국 해군, 미국 교육, 영국 황실, 독일 헌법 제도를 학습하였다.

일본이 주장한 문명화란 서구 문명을 동아시아의 유교 문화에 이식하는 것이 아니라, 메이지 천황의 강력한 집권 아래 서구 문화와 제도를 국민교육에 균일하게 이입시키는 것이었다. 즉 서구화를 기저로 한 일본형 국민국가의 탄생이었다. '고쿠민'의 의미가 형성되는 시대적 배경이다. 메이지 천황은 개혁 세력을 탐탁하게 여기지 않는 내부의 불만을 밖으로 돌려 류큐(현재 오키나와)와 타이완을 침략하고 조선에 개항을 요구하기에 이르렀다.

조선은 1876년 부산, 제물포, 원산항을 개항한다는 강화도조약을 체결하면서 미, 영, 프, 러 등 제국주의 국가들이 이권 다툼을 하는 나라가 되었다. 고종은 제국주의 물결 속에서 이들과 공존할 수 있는 방책을 강구하기 시작했다. 일본은 조선합병 계획에 방해받지 않기 위해 청일전쟁(1894)과 러일전쟁(1904)을 일으켰다. 두 번의 전쟁에서 모두 승리한 일본은 시모노세키조약(1895)과 포츠머스조약(1905)을 통해 조선을 밟고 대륙으로 진출할 수 있는 정한론의 꿈을 실현하고자 하였다.

대한제국의 탄생과 독일인의 시선

1897년 10월 12일 대한제국을 선포하고 조선의 국명은 대한국이 되었고, 조선인은 대한인이 되었다. 그로부터 한 달 후, 크노헨하우어는 제물포에 세창양행을 설립한 볼터의 광산 채굴권 탐사 의뢰를 받고 독일의 브레멘항구를 떠나 동아시아로 향했다. 약 2개월 후 상하이에 도착하여 조선 탐사 준비를 끝내고 1898년 2월 상하이를 떠나 제물포항에 도착하였다. 그는 독일의 광산 투자자들을 만족시킬 수 있는 채산성 있는 지역을 신속하게 찾아내야만 했다. 크노헨하우어는 궁내부 소속 통역사 오인택과 전국을 돌아다니며, 강원도 당현(당고개)을 채광 지역으로 결정하였다. 이 책 내용의 절반을 차지하는 크노헨하우어의 강연문 「Korea」의 배경이다. 그는 아프리카 탐사 외에 독일에 머물렀으며, 중국 상하이에 4주간 머물고 조선에 1년 5개월(1898년 2월-1899년 6월) 동안 체류하면서 아시아 문화를 경험하였다. 다음은 그의 강연문에서 언급한 조선 역사 중에서 몇 가지 의문점을 나열해보자.

1. 12세기부터 한국의 남해안 지역을 일본이 점령했었고, 신라는 일본 소유였다고 하였는데, 그렇다면 일본이 1876년 강화도조약을 맺을 시 부산항 개항 요구는 모순이 아닐까?

2. 일본이 16세기부터 20여 년 동안 조선인의 신체 일부를 조공으로 바치라고 요구했다. 선한 영향력을 가진 신을 섬기는 것은 조선인의 일상적 삶과 맞지 않아서 악령에게만 기도한다는 부분은 19세기 독일인이 동아시아의 문화를 아프리카 원시문화와 동격으로 해석하는 유럽중심적 오리엔탈리즘[헤르더(Herder, Johann Gottfried 1744-1803)와 헤겔(Hegel, Georg Wilhelm Friedrich 1770-1831)의 유럽 우월주의 사조가 20세기 사이드(Said, Edward W. 1935-2003)의 오리엔탈리즘에게 자리를 넘겨주고, 동아시아를 기독교와 함께 문명화시켜야 한다는 당위성을 제공한다.] 사고가 아닐까?

3. 그가 조선을 세 차례 탐사하면서 경험한, 낡고 파괴된 조선의 건축물들은 이웃 국가들의 침략전쟁 때문이 아니라 조선의 민중봉기 때문이라고 해석하였다. 그렇다면 수줍고 평화를 사랑하고 순종적이라 평가를 받는 흰옷을 입은 조선인은 파괴적인 면도 갖고 있다는 뜻인가?

크노헨하우어의 조선인에 대한 시선은 혼란스러울 수밖에 없었다. 그가 경험한 고을 현감은 평상시의 근엄한 얼굴과 식사 초대에서 보여준 천진난만한 웃음의 양면성이 그것이다. 나라의 재산을 순순히 넘겨주지 않으려 거짓말을 하는 고을 현감이 있는 반면 통역사 오인택은 궁내부 광산 지역 목록을 들고 나와 이들에게 금광 지역의 위치를 알려주며 협조하고 있었다.

"금을 채취하면 가난한 조선이 된다"는 관념은 근대 무역과 상업 이윤에 대한 근대적 경제 개념을 전혀 인지하지 못한 조선의 후진적 사고를 잘 설명하고 있다. 이는 19세기 말 조선의 유교문화 중심 세계관을 대변한다. 크노헨하우어는 영변의 유기공예와 묘향산 보현사와 상원암에서 경험한 조선인들의 불교유물을 보고, 이러한 우수한 물질문화가 존재하지만 그 가치를 깨닫지 못하는 조선인이 안타까웠을 것이다.

강연문에는 조선의 호랑이 사냥을 자세히 언급하였다. 유럽의 사냥은 영국의 귀족문화에 속한다. 이는 그의 강연을 듣는 베를린 청중들의 호기심을 충분히 자극할 만한 주제였다. 호랑이 사냥은 원산 지역에서 최소한 한 달의 여유시간이 필요하다고 하였다. 그 외에 조선인 식탁에 오르는 꿩, 오리 등 다른 사냥감도 풍족하다고 하였다. 그가 경험한 호랑이 사냥꾼의 위엄은 일반인은 범접할 수 없는 기운이었다. 이들 사냥꾼들은 당고개 노동자들의 시위를 진압할 때도 언급되었다.

크노헨하우어가 당고개에서 작업한 시기는 동학농민운동이 발생한 지 2~3년 후이지만 동학 세력은 여전히 농촌사회에 존재하였다. 훗날 간도와 백두산에서 일본군에 대항하며 대한독립군을 이끌던 홍범도 장군과 상하이임시정부를 이끌었던 김구 주석도 동학농민운동 참여자였다.

또한 크노헨하우어는 부처님오신날 사찰 음악 범패를 라다우 (Ladau), 즉 음계를 무시한 고양이 소리라고 하면서 청각에 이상이 올 정도라고 하였다. 그가 만약 1901년 에케르트가 대한제국군악대를 만들고, 1915년 7월 매주 목요일 파고다공원(탑골공원)에서 연주한 이왕직양악대의 바그너 연주를 들었다면 뭐라고 했을까?

크노헨하우어는 강연을 통해 독일의 투자자들에게 조선 광산이 투자가치가 있다는 당위성을 인식시켜야 했다. 조선의 제물포는 리스본과 메시나와 같은 위도상에 위치하고, 부산은 키프로스와 크레타와 같다. 그러나 유럽의 도시들과 달리 겨울은 매우 춥고, 여름엔 우기가 있다. 이러한 여름의 우기는 지질을 변화시키고, 침식과 퇴적작용을 반복하여 지하자원을 풍부하게 하는 요인이 된다고 하였다. 하지만 욕심 많은 황제 고종은 제국주의 국가들에게 광산 채굴권을 허락하며 생산 이윤의 25%를 약속받았다. 고종이 내탕금 명목으로 의병과 사절단의 국외활동을 지원할 수 있는 자금으로 사용하기 위해서였다. 그러나 크노헨하우어는 사리사욕에 눈이 먼 욕심 많은 군주라고 간주했다. 경제 개념이 전혀 다른 동서양의 문화권이 이익을 추구하는 과정에서 보여준 적나라한 모습이었다.

1899년 6월 크노헨하우어는 대한제국에서 그의 목적을 달성하고 빌헬름 2세 황제의 동생 하인리히 왕자와 함께 자오저우만 독일 조차지로 떠났다. 그가 떠난 후 강원도 당고개는 독일 조차지가 되어 중국학자 오토 프랑케, 신문기자 지그프리드 겐테 등이 방문하는 독일인 순례 장소가 되었다.

1905년 포츠머스조약 이후 대한제국은 일본과 을사조약을 체결하여 외교권을 박탈당하였다. 그러나 고종 황제는 1907년 헤이그평화회의에 특사 3인-이상설, 이준, 이위종을 파견하였다. 이들은 대한제국을 집어삼키려는 일본의 부당함을 전 세계에 알리려 하였지만, 일본은 이미 영일동맹과 가쓰라-테프트밀약으로 영국, 프랑스, 미국, 러시아는 자국의 이익을 지키느라 급급하였고 일본의 파렴치한 행위를 묵인하였다. 1909년 하얼빈역에서 이토 히로부미가 안중근 의사에게 피살되었다. 이토의 죽음은 한일병합 시기에 박차를 가하는 계기가 되었다. 1910년 8월 29일 대한제국은 역사 속에만 존재하는 나라가 되었다.

예쎈은 1913년 부관연락선과 부산-만주간 철도를 이용하여 조선에 도착했다. 그는 한일병합 이후 일본의 근대화 작업을 통해 어느 정도 문명화된 조선을 경험하였다. 그는 조선에 오기 전에 미국의 복지제도와 일본의 문화경영, 식민지정책을 살펴보고자 하였다. 이를 통하여 독일이 시대에 뒤떨어지지 않는 문화국가 정책을 구상하려는 목적이었다. 식민지 건축양식이 즐비한 거리에 세워진 박물관과 도서관을 답사하며 그에게 미국은 고대 문화가 부재된 뿌리 없는 신생국가일 뿐이었다. 예쎈은 자포니즘의 원류를 찾아서 그리고 아시아의 고대 문화를 만끽하기 위해 부푼 기대감을 안고 일본에 도착하였다. 예쎈은 일본의 고대 문화를 공부하였고 유럽에서 자포니즘은 여전히 상류사회의 이슈였다. 그러나 빠른 시간에 적극적으로 서구화된 일본을 보고 고대 문화와 예술공예의 소멸을 안타까워했다. 그의 눈에 비친 일본의 문명화는 서양을 모방하는 것이었다. 무차별적으로 서양 문화를 복사하며 서구 취향이라고 자랑스럽게 설명하고 있었다. 그가 경험한 일본의 국가 정책은 일본 예술의 원류까지 모두 서구화시키려는 것이었다. 그는 심각하게 일본인의 문화 변동과 그 후유증을 생각하지 않을 수 없었다.

예쎈은 일본 문화의 원류를 조선에서 발견하였다. 고대 일본 문화의 본거지 나라 아스카의 호류지 문화는 조선에 근원한다고 하였다. 조선 왕실의 서고와 소장품에서 동아시아의 고대 문화 흐름을 파악할 수 있었으며, 조선의 인쇄술과 한글구조에 감탄하였다. 고려 왕릉급 분묘를 거의 모두 도굴한 이왕가박물관 관리자가 그에게 보여준 유물 목록은 관리자 개인유물 목록이었고 판매가 가능하였다. 고대 유물을 판매하여 벌어들이는 수입을 왕궁과 일본에 억류되어 있는 왕족들에게 사용한다는 명목이었다.

예쎈은 독일이 배워야 할 식민지 정책 중에서 예술행정 정책을 눈여겨보았다. 일본은 식민지 왕족을 경제활동에 귀속시켜 이들의 인지도를 이용하였다. 왕실공예품을 만들 수 있는 공예학교인 조선총독부공업전습소를 일반 교육제도로 확장, 졸업생들이 이왕직미술품제작소에서 조선과 일본의 박물관 상품을 생산하는 제도를 만들었다. 또한 이들의 사회 제도는 막대한 자금과 군대를 지원하여 지조와 충절이 깊은 조선인들을 제도 안에 가두고 복종시킬 수 있는 연대조직을 만들었으며, 일본어를 전혀 모르는 조선 어린이들을 신속하게 제국 국민으로 재탄생시킬 수 있는 교육 제도를 실시하였다.

예쎈은 전 세계 어느 곳에서도 일본의 작은 마을 상점에서 판매하는 사진엽서보다 더 우아하고 섬세한 엽서를 발견할 수 없었다. 그러나 그는 1911년 토리노박람회의 디자인 공모 심사위원 때 있었던 일본 디자이너의 작품에 대한 논란을 떠올렸다. 일본에서 최고 권위의 디자이너가 세계 디자인 공모전에서 아르누보 양식의 작품을 제출했으나 예쎈의 눈에는 유럽의 그것을 그대로 복제한 것이었다. 예쎈은 베를린에서 예술공예박물관 견학생으로 몇 년 동안 체류한 모토노 세이고의 경우를 바로 옆에서 경험한 장본인이었다. 모토노 세이고는 일본에 귀국할 때 도서관에 있는 아르누보 실내장식, 가구, 그릇과 패턴을 모두 종이에 옮겨 가지고 갔다. 그는 귀국 후 교토고등공예학교 교수로 재직했으며 일본 근대건축의 선구자가 되었다. 그는 데라우치 정권 외무장관 모토노 이치로의 동생이었다. 모토노 세이고는 직접 베낀 아르누보 양식의 패턴을 자신이 독일 유학할 때 배운 것이라고 굳게 믿었다. 따라서 이를 알고 있는 예쎈은 일본 디자이너가 제출한 아르누보 양식 디자인의 출처를 알기에 공모수상작으로 선택할 수가 없었다.

또한 예쎈의 아버지 오토 예쎈을 방문한 일본 교육부 장관은 연필을 생산하고자 많은 자문을 구했다. 함부르크와 베를린 수공예직업학교 교장이었던 그는 "붓의 예술을 창조하는 나라에서 연필 사용을 허락하면 안 된다"고 강조하였다.

일본의 서구문명화가 무엇인지 단편적으로 경험했던 예쎈은, 30년 후 2차 세계대전이 끝나고 무차별 서구화를 쫓아간 일본인의 정체성 문제 그리고 일본에 의한 식민지 조선의 문명화가 초래할 부작용을 과연 예측할 수 있었을까?

그의 눈에 비친 우아한 루저의 원형 조선 선비는 조선인의 정체성을 온몸으로 껴안고 살아가는 제국주의 희생양이었다. 반면 서구화가 곧 문명화라고 굳게 믿고 문명과 비문명의 정의를 내린 일본인들은 머리끝부터 발끝까지 모두 개조하려 했었고, 그 여파로 일본인의 정체성이 크게 흔들릴 것이라고 보았다. 만약에 예쎈이 21세기 대한민국을 경험한다면 우리나라의 끈질긴 생명력의 원천이 무엇이라고 생각할까?

1916년 베버 신부는 뮌헨예술사박물관 강당에서 동양회 회원들을 모아 놓고 'Korea und die Koreaner' 강연을 하였다. 지구 동쪽 끝에 있는 평화를 사랑하는 대한제국이라는 나라는 더 이상 존재하지 않는다, 하지만 이들의 문화가 모두 파괴되기 전에 독일은 좀 더 관심을 가져야 한다고 강조하였다.

1919년은 파리강화회의에서 미국의 윌슨이 국제연맹을 제창한 해였다. 그러나 누구를 위한 국제연맹인가? 이때 김규식은 상하이에서 배편으로 파리로 향하였다. 그의 장도를 위하여 같은 해 2월 지린(길림)에서 무오독립선언서가 발표되고, 일본 유학생들은 2·8독립선언을 하고, 조선에서 3·1운동이 일어났다. 그러나 고생 끝에 파리에 도착한 김규식은 또 한 번 일본의 강력한 외교력과 방해 때문에 강화회의에 참석할 수가 없었다. 외교는 강대국들의 정치행위이지 약소국가, 주권이 없는 나라는 이런 놀음에 낄 수도 없다는 것을 다시 한번 뼈저리게 느끼는 순간이었다.

1920년대 홍범도, 김좌진의 대한독립군과 김구와 김원봉의 상하이 대한민국임시정부(1919-1948), 한인애국단은 커다란 바위를 계란으로 치는 격이었지만 이들은 끊임없이 투쟁하였다. 그러나 만주와 간도에서도 일본의 압박을 피할 수 없어 대한인들은 소련에서 고려인집단을 이루기 시작했다. 우여곡절 끝에 홍범도 장군도 볼셰비키에 합류하였다.

1927년 브뤼셀 에그몽궁전에서 열린 세계피압박민족대회가 개최되었다. 강대국들의 외교에서 소외된 약소민족, 주권을 잃은 식민지국가들이 모였다. 영국의 란스베리 경은, 약소국가에 침투하는 공산주의를 경고하였다. 그러나 아시아와 아프리카의 약소국가들은 국제연맹과 자유주의를 내세우는 제국주의 국가들을 더 이상 신뢰하지 않았다. "아시아는 깨어나라"는 표어 아래 중국, 인도, 페르시아, 터키, 이집트 등은 곧 소비에트공화국과 함께 볼셰비키-아시아-아프리카 민족연맹을 결성하게 될 것이라는 란스베리 경의 예측은 적중했다.

1920년대부터 극동러시아로 이주한 고려인(대한인)과 독립군은 볼셰비키가 일본군으로부터 보호해줄 것이라 생각했다. 그러나 17만 명이 넘는 고려인 이주민들은 스탈린의 이주정책(1930-1937)으로 중앙아시아의 집단농장으로 강제 이동되었다. 또 한 번 나라 잃은 설움으로 고통을 당해야만 했다.

독일 지리학자 라우텐자흐는 1933년 10개월 여정으로 조선, 러시아, 시베리아를 향하여 동아시아 답사를 떠났다. 그는 1927년부터 1년 동안 이베리아반도를 연구하고, 그가 세운 가설, 반도 지형의 형태변화 법칙을 확인하기 위해 조선에 도착하였다. 서쪽 끝의 이베리아반도와 동쪽 끝의 조선반도는 같은 횡축선 북위 38도에 위치한다. 1933년 7월부터 10월까지 백두산부터 남으로 한라산, 동으로 울릉도까지 조선의 산맥, 강, 지질, 식물분류 등 조선 지리학의 제반 지식을 망라할 자료를 조사하였다. 1945년 조선지리책 『Korea』를 출간하고, 1950년 판본에는 뮌헨에 있는 이미륵과 친분 관계를 표시하는 헌정사를 남겼다.

그의 백두산 답사는 혜산진에서 백암온천까지 일본 경찰의 보호구역이지만, 그 지역을 벗어난 백두산 원시림지역에서 독립군 무리를 만난 내용이 담겨 있다. 그는 "백두산 강도숲"이라 부르며 이곳에서 은신하고 있는 무장독립군들의 모습을 묘사했다. 1933년은 일본의 만주 침략 이후 조선총독부가 조선인의 창씨개명, 일선동조론과 내선일체를 주장하며 민족말살 정책을 실시하는 기간이었다. 이 시기 라우텐자흐의 여행기를 통하여 뜻밖에 백두산에서 은신하고 있는 독립군의 활동 지역이 밝혀지게 되었다.

백두산 천지는 서쪽으로 압록강과 동쪽으로 두만강, 북쪽 만주 지역으로 흐르는 송화강의 발원지이다. 중국과 조선의 경계선이 만들어지는 압록강을 따라 서쪽으로 혜산진, 신카파친, 중강진까지 백두산의 서쪽 영역이다. 라우텐자흐는 신의주에서 배를 타고 4일 동안 압록강을 역류하며 백두산으로 향했다. 백두산이 가까워지며 역류 물길의 고도가 올라가고 중강진부터 신카파친까지는 고도는 330m였다. 네다섯 명의 장정들이 노끈으로 배를 끌고 강을 거슬러 올라갔으며, 급류지역에서 작은 배들이 모여 서로 단단히 묶고 함께 노젓기를 하며 통과하였다. 백두산을 오르며 포태산, 소백산을 거쳐 온천지대를 통과하면 거의 직각으로 백두산 최고봉이 솟아있다. 이러한 지형을 활용하여 신출귀몰한 독립군 60여 명 정도는 충분히 은신할 수 있었다.

라우텐자흐 일행이 만난 이들은 강도가 아니라 사냥꾼이라고 하였다. 일행은 곧 백두산의 천지에 이르렀다. 천지 옆에는 유황온천이 분출되었으며, 송화강이 북쪽 봉우리 사이 협곡을 통과하였다. 달문에는 만주인들이 1906년에 건축했다고 전하는 종덕사와 수도원이 있다. 백두산은 1920년대 만주에서 활동한 대종교인들의 성지였다고 전하며, 종덕사와 연관성은 아직 밝혀진 바 없다. 라우텐자흐가 천지와 봉우리의 자료 사진을 찍을 때 북쪽 송화강을 따라 정렬한 무장행렬을 보았다. 이들의 긴장감은 곧 발생할 항일투쟁의 비장함이었을 것이다.

루저에서 독립국가로

나는 최근 몇 년 동안 대한제국 시기의 독일 언론을 접하면서 기존에 인지하고 있는 지식들이 꽤 많은 오류가 있음을 발견하였다. 무능하다고 고정화된 고종 황제의 이미지가 그 첫 번째이다. 독일 신문 기사를 통해 그가 얼마나 개화(문명화)를 원했는지 밝혀졌다.

죽음을 불사하고 헤이그 특사 3인을 보낼 때 그의 비장함은 이위종이 미국으로 루스벨트를 만나러 가기 직전 영국 로이터통신과 나눴던 인터뷰에 고스란히 전해졌다. 또한 〈알게마이네 짜이퉁〉 1924년 5월 3일자 기사를 작성한 이탈리아 기자 치폴라의 눈에 비친 대한제국 순종 황제의 모습은 나라를 일본에게 주고 호위호식하는 이왕가의 왕족이 아니라, 50세의 황제를 80세 노인으로 착각할 정도로 피폐된 용모였다. 순종 황제가 거간꾼을 통해 여행객으로 조선에 온 기자와 접견한 것은 일본에 억류되어 있는 왕족의 안위를 걱정하는 행위였다.

1945년 해방 후, 대한독립을 외치던 독립투사들이 왜 공산권과 민주 진영으로 양분되어야만 했는가에 대한 정답은 독일 신문을 통해 여실히 증명되었다. 헤이그평화회의, 파리평화회의, 국제연맹 창설, 워싱턴군축회의 등 대한제국의 독립을 위해 무던히 뛰어다녔던 독립투사들은 제국주의 강대국이 주도하는 평화회의의 닫힌 문을 얼마나 황망하게 쳐다봐야만 했을까. 이들은 1927년 벨기에 에그몽궁전에서 열린 식민지압제에 대항하는 회의, 세계피압박민족회의에 당당하게 참석하였다. 식민지 민족들은 깨어나기 시작했으며, 인종차별에 반대하는 안건을 비난하던 서구 제국주의 국가들에 대항하는 볼셰비키-아시아-아프리카 민족연맹이 결성된 것이다. 홍범도 장군이 소련에 입국하는 고려인 이주민 기록에 남긴 직업이 "의병"이고, 목적이 "고려독립"이라고 적은 이유가 여기에 있다.

이 책을 마무리하면서 '유교문화의 외교'란 무엇일까? 라는 의문이 들었다. 19세기 말 일본은 동아시아 유교문화에 속했지만, 메이지유신으로 서구 제국주의 같은 문명화를 이루고, 그들의 외교력을 배우고 동등하게 어깨를 겨루며 아시아의 서양국가가 되었다.

일본이 대한제국을 식민지로 만들면서 보여준 비인간적인 행위, 산둥반도를 강탈하고 "국토방위였을 뿐이었다"고 하는 몰염치, 관동대지진의 불안한 민심을 조선인을 향한 증오심으로 승화시키는 정치력, 워싱턴군축회의에서 회의장에 불참하는 일본 외교대신, 매일 밤 워싱턴 회의장 앞에서 호텔 만찬을 개최하여 군축회의 정치위원들에게 보여준 웃음과 외교력, 서구 언론들이 말하는 "영원히 웃음을 띠고 있는 작은 사람들, 일본"의 모습은 더 이상 유교문화의 외교라고 정의할 수 없다.

일본이 국제사회에서 주장했던 비문명국가의 대한제국을 문명국가로 전환시켜야만 한다는 명분은, 비문명이 유교문화라는 등식이 성립된다. 또한 일본의 외교전략은 미국과 러시아와 체결한 불평등조약에서 당한 굴욕을 만주와 조선, 중국에서 보상받으려는 정한론의 포장술이었다.

그렇다면 19세기 말 급변하는 세계 흐름과 공존해야 한다는 인식이 부족했던 우아한 루저의 원형 조선 선비는 누구일까?

이들은 서구문명화를 위해 내재된 유교전통문화를 깡그리 없애고 서양일본인이 되고자 몸부림친 이웃과 다르다. 이들은 자주적 조선 개화를 위해 몸부림쳤으며, 동학농민운동을 통해 유교사회 부

조리에 항거했으며, 국권을 회복하고자 대한독립군이 되어 만주벌판과 백두산을 누볐으며, 때로는 무기력하고 보잘것없는 투쟁이었지만 끊임없이 일제에 항거하며 끝까지 대한인의 징체성을 지키고자 죽음을 불사했다. 이들이 없었다면, 독립된 주권을 소유한 21세기 대한민국은 존재하지 못했을 것이다.

도판 목록

책을 펴내며
하이델베르크대학 도서관 전경(저자)
하이델베르크대학 도서관 내부(저자)
노이엔하이머팰트 지질학과 도서관 348동(저자)
크노헨하우어와 그의 처남 짐머만, 볼터(Deutsche Fotothek)
오토 프랑케(Public Domain)
지그프리드 겐테(『Korea: Reiseschilderungen』)
예쎈(『Museumalltag vom Kaiserreich bis zum Demokratie』)
라우텐자흐(wissen.de/lexikon/lautensach-hermann)

머리말
〈독립신문〉 10월 16일 대한제국 선포 기사(국립중앙도서관 아카이브)
칼 프리드리히 아우구스트 귀츨라프의 모습(Peabody Essex Museum)
홍주 고대도(저자)
고대도교회(저자)
오페르트(Public Domain)
지볼트(저자)
『Nippon』에서 묘사된 조선인 표류인(『Nippon』)
오일렌부르크 백작(Public Domain)
페르디난트 폰 리히트호펜(Public Domain)
관복을 입은 묄렌도르프(Public Domain)
에케르트 프란츠(Public Domain)
대한제국 애국가(한국콘텐츠진흥원)
〈알게마이네 짜이퉁〉 1924년 5월 3일(『독일어 신문 한국관계기사집』)
경복궁 경회루 건너편 음악당(우리역사넷)
음악당에서 양악대 연주 모습(우리역사넷)
1915년 경복궁 조선물산공진회 엽서(서울역사박물관)
1915년 경복궁공진회 탑과 광화문(Designerparty)
상트 오틸리엔수도원 현재(Public Domain)

진남포 입구(구글 지도)
나룻배, 삼판(저자)
평양 시장(국립민속박물관)
평양 성당(천주교 서울 대교구)
볼터와 크노헨하우어 운산광산 숙소(Deutsche Fotothek)
묘향산 보현사(Public Domain)
작센-안할트주 보데탈 위치(구글 지도)
보현사 팔각십삼층석탑(국립중앙박물관 소장 유리건판)
상원암 전경(『북한의 전통사찰』)
1836년 큄멜 곡주 길카(Public Domain)
머릿수건을 한 조선 여인들(맥케이 목사)
곤장 형벌(정성길)
크노헨하우어가 그린 산악 지형도(digital.slub-dresden.de/kollektionen)
쇄석(저자)
크노헨하우어가 그린 토층(digital.slub-dresden.de/kollektionen)
당고개에서 금을 채취하는 조선 광부(Michael Dirauf, 『Goldrausch in Korea』)
크노헨하우어 텐트(Deutsche Fotothek)
하인리히 왕자 부부, 칭다오 (Bundesarchiv, Bild 134-B2327/CC-BY-SA 3.0)
독일 함대 S.M.S Deutschland(Bundesarchiv)
독일 제복 차림의 고종 황제(Public Domain)
대한제국 궁궐 덕수궁(고궁박물관)
제국주의와 동아시아를 표현한 신문 만평(bre.is/cmt6eWuP)
미미즈카, 귀무덤(저자)
청일전쟁 때 파괴된 평양(권태균)
독일제국 식민지 국기(Public Domain)
한성덕어학교와 교장 볼얀(Public Domain)
바우어에게 보낸 하인리히 왕자의 엽서(Michael Dirauf, 『Goldrausch in Korea』)
당고개 월급날 조선인 광부가 줄을 서 있는 모습(Michael Dirauf, 『Goldrausch in Korea』)
칭다오특별고등전문학당인 덕화대학(Public Domain)

2. 우아한 루저의 원형
러일전쟁 시기 우르진-푸르진스키 일대 지도(『Kleine Führer durch das annektierte Korea』)
고종 밀서(Public Domain)
고종의 1907년 헤이그 특사 파견 밀서(저자)

헤이그 특사 3인(저자)
비넨호프, 헤이그평화회의장(저자)
넬리도프 위원장(〈베를리너-폴크스 짜이퉁〉)
〈뉴욕트리뷴〉 파리판 1907년 7월 26일(〈New York Tribune〉)
고종과 일본 천황(〈베를리너-폴크스 짜이퉁〉)
프린세스그라흐트 거리 위치(구글 지도)
〈프리덴스-바르테〉 프린세스그라흐트 기사(『독일어 신문 한국관계기사집』)
프린세스그라흐트 6a 집(구글 지도)
이위종 인터뷰와 새로운 황제 순종(〈베를리너-폴크스 짜이퉁〉)
주트너 노벨평화상 수상 100주년 기념 우표(Public Domain)
〈프리덴스-바르테〉 1913년 표지(Public Domain)
〈프리덴스-바르테〉 고종 강제 퇴위로 조선인의 항쟁 기사(『독일어 신문 한국관계기사집』)
이토 히로부미(〈베를리너-폴크스 짜이퉁〉)
〈프리덴스-바르테〉 이토 저격 기사(『독일어 신문 한국관계기사집』)
안중근 의사(Public Domain)
안중근 의거 이유 비문(저자)
〈프리덴스-바르테〉 주트너 칼럼(『독일어 신문 한국관계기사집』)
〈프리덴스 바르테〉 유럽의 평화주의자들은 귀머거리, 벙어리(『독일어 신문 한국관계기사집』)
지리학 학회지에 실린 한일병합 기사(『독일어 신문 한국관계기사집』)
『부시도』 독일어 번역 표지 1901년(Public Domain)
조선인 모습 풍자. 〈대한민보〉 1909년(저자)
예술사도서관 현재 전경(Public Domain)
「유럽 민족은 너희들의 신성한 재산을 지켜준다」(Public Domain)
일본 고미술 전람회 현장(BPK/ZENTRALARCHIV, SMB)
금강역사상(베를린동아시아박물관)
「쿤다이칸소오죠오키」 일부(베를린동아시아박물관)
1904년 한성(예쎈, 「답사기: 조선의 일본인」)
호류지 금당(Public Domain)
조선인 부부(예쎈, 「답사기: 조선의 일본인」)
상복을 입고 삿갓을 쓴 조선인(예쎈, 「답사기: 조선의 일본인」)
시골 민가 정경(예쎈, 「답사기: 조선의 일본인」)
조선의 짐꾼(예쎈, 「답사기: 조선의 일본인」)
경성의 상점(예쎈, 「답사기: 조선의 일본인」)
경성의 상점 주인(예쎈, 「답사기: 조선의 일본인」)
조선왕궁 경복궁 근정전(예쎈, 「답사기: 조선의 일본인」)

경복궁의 경회루로 건너는 다리(예쎈, 「답사기: 조선의 일본인」)
향원정(국립중앙박물관 소장 유리건판)
경복궁 안에 조각된 석물, 현재 모습(저자)
창경궁 어원박물관, 옆모습(architecture.kunsan.ac.kr)
이왕직박물관 청동 불상(예쎈, 「답사기: 조선의 일본인」)
현화사 석등(예쎈, 「답사기: 조선의 일본인」)
광화문과 해치(서울역사박물관)
상감청자 주자(예쎈, 「답사기: 조선의 일본인」)
이왕직박물관 유리진열장(koreana.or.kr)
유약을 입힌 꽃문양 도자기판(예쎈, 「답사기: 조선의 일본인」)
2014년의 같은 도자기판(Museum of Fine Arts)
조선시대 이재 초상화(예쎈, 「답사기: 조선의 일본인」)
15세기 동국정운식 한글 금속활자(고궁박물관 도록)
데라우치(〈베를리너-폴크스 짜이퉁〉)
부관연락선(〈국제신문〉)
1913년 부산 잔교역(〈국제신문〉)
1911년 토리노박람회 포스터(Public Domain)
남만주철도 노선도(Public Domain)

3. 백두산 가는 길
웰링턴 쿠(Public Domain)
1919년 고종 황제 장례 행렬(〈문화아이닷컴〉)
1919년 상하이임시정부(독립기념관)
1945년 대한민국임시정부 환국 기념(〈동아일보〉)
피압박민족대회 기사(『독일어 신문 한국관계기사집』)
연맹 회원증(『독일어 신문 한국관계기사집』)
피압박민족대회 참가한 김법린, 이미륵, 이극로, 허헌(〈동아일보〉)
「한국의 문제」 표지(『The Korean Problem』)
의열단, 총독부 파괴 시도 기사(『독일어 신문 한국관계기사집』)
순종 황제 서거 항쟁 기사(『독일어 신문 한국관계기사집』)
6·10만세운동 기사(『독일어 신문 한국관계기사집』)
만주 철혈단 기사(『독일어 신문 한국관계기사집』)
의열단 명단 카드(〈세계일보〉)
평톈의 조선인 항쟁(『독일어 신문 한국관계기사집』)
1938년 조선의용대(Public Domain)

완바오샨(만보산)사건 신문 기사(『독일어 신문 한국관계기사집』)
조선의 반중국운동(『독일어 신문 한국관계기사집』)
김이삼 기자를 다룬 기사(『독일어 신문 한국관계기사집』)
만주문제조사위원회 기사(『독일어 신문 한국관계기사집』)
이봉창 의사 기사(『독일어 신문 한국관계기사집』)
윤봉길 의사 기사(『독일어 신문 한국관계기사집』)
리히트호펜이 그린 베이징과 톈진 지도(Public Domain)
펜크(Public Domain)
라우텐자흐의 형태변화 도표(Public Domain)
압록강과 두만강 유입 부분(라우텐자흐, 「조선-만주 국경에 있는 백두산의 강도여행」)
백두산 천지 파노라마사진과 봉우리 높이가 표시된 사진(라우텐자흐, 「Hakutozan」)
라우텐자흐가 자신의 여정을 그린 지도(라우텐자흐, 「조선-만주 국경에 있는 백두산의 강도여행」)
압록강 상류에 있는 물 위의 집(라우텐자흐, 「조선-만주 국경에 있는 백두산의 강도여행」)
만주 해안의 중국 배(라우텐자흐, 「조선-만주 국경에 있는 백두산의 강도여행」)
일본 뗏목(라우텐자흐, 「조선-만주 국경에 있는 백두산의 강도여행」)
케이잔친 일경에게 잡힌 독립군(신동규, 한국학중앙연구원 프로젝트)
백두산 강도숲으로 향하는 일행(라우텐자흐, 「조선-만주 국경에 있는 백두산의 강도여행」)
압록강 상류 지역의 조선인 마을과 굴뚝(라우텐자흐, 「조선-만주 국경에 있는 백두산의 강도여행」)
종덕사(라우텐자흐, 「조선-만주 국경에 있는 백두산의 강도여행」)
명문기와(『연변문물략편』)
종덕사 건축물 전개도(luckcrow.egloos.com/2663288)
홍범도 장군 고려 이주민 입국 서류(〈국민일보〉)
라우텐자흐 교수와 여행한 조선인(라우텐자흐, 「조선-만주 국경에 있는 백두산의 강도여행」)

*(Public Domain)은 위키피디아에 공개된 자료이다.

우아한 루저의 나라

독일인 3인, 대한제국을 답사하다

지은이 | 고혜련

초판 1쇄 발행 2021년 12월 15일
초판 2쇄 발행 2021년 12월 23일
초판 3쇄 발행 2022년 2월 21일

펴낸곳 | 정은문고
펴낸이 | 이정화
디자인 | 원선우

등록번호 | 제2009-00047호 2005년 12월 27일
주소 | 서울시 마포구 동교로13길 60 503호
전화 | 02-392-0224
팩스 | 0303-3448-0224
이메일 | jungeunbooks@naver.com
블로그 | blog.naver.com/jungeunbooks
페이스북 | facebook.com/jungeunbooks

ISBN 979-11-85153-47-6 93910